教育部新文科研究与改革实践项目
"新时代幼儿园教师岗位胜任力的模型建构及其职前培养的研究与实践"
（项目号：2021040014）的研究成果

幼儿园教师专业核心素养研究

蔡军 著

教育科学出版社
·北京·

序　言

这是我第二次为蔡军的著作作序。6年前作为一个青年教育学人，他出版了自己的第一部专著《西部农村幼儿园转岗教师生存状态与专业发展研究》；6年后他围绕幼儿园教师专业核心素养进行了更为深入的研究，并撰写成著。作为他的硕士和博士导师，我颇为欣慰。

关于教师素养的研究是一个既古老又有生命力的研究领域。不同学者针对不同类型的教师提出了相似或不同的素养结构，至今尚难达成一致。这充分反映出教师素养研究的复杂性和艰巨性，而针对专门化、专业化较强的幼儿园教师专业核心素养的研究则更属不易。

建设高质量的学前教育体系，推动学前教育的高质量发展，需要一支具有胜任力的幼儿园教师队伍。然而目前拥有合格学历的部分幼儿园教师却表现出职业信念淡化、专业发展迟滞、深陷"艺术技能陷阱"、"不胜任"行为频发等状况。要解释"胜任"教师的这些"不胜任"表现，就必须揭示幼儿园教师成长的规律性。这种规律性在现象上表现为"什么样的人可以成长为优秀的幼儿园教师"，在本质上表现为"具备什么样的核心素养的人可以成长为优秀的幼儿园教师"，对这一问题的反思和追问，构成了该研究的逻辑起点和问题空间。

该书力图通过对幼儿园教师所必备的最核心、最关键的素养进行定位，进而建构出与其岗位需求相匹配的专业核心素养模型。围绕这一目标，作者采用文本分析法、问卷调查法、德尔菲法等方法，依据"立场建构—指标建构—模型建构—理论建构"的研究思路，开展了定性与定量相结合的研究，并从以下3个方面阐述了自己独特的学术观点。

一是确立了模型建构的基本价值立场。已有研究更多侧重在国际借鉴和历史考察基础上进行模型建构，往往忽略了对教育本质的回溯。作者独辟蹊径，从对童年、儿童的本质分析出发，紧密围绕教育—管理—保护型的师幼法律关系、对话—理解型的师幼教学关系、父母关怀型的师幼生活关系的三重结合，探讨幼儿园教师的本质，并基于这些本质分析提出指导幼儿园教师专业核心素养模型建构的6个基本价值立场，即固守儿童本位、护育生命价值、坚守学前属性、彰显专业伦理、突出专业知能、强调实践品性，力图彰显模型建构的技术性与价值性的有机统一。

二是建构了幼儿园教师专业核心素养模型并进行理论审视。作者建构了由"儿童立场""职业信念""专业知能"3个维度，"理解儿童""恪守师德""实践智慧"等12个核心指标所构成的幼儿园教师专业核心素养模型。在此基础上，概括形成"信念为基、知能为体、伦理为范"层次递进的模型基本理念，从价值向度、伦理向度和能力向度上剖析模型的内容结构，总结抽取出"多维统整、多点辐射、多元功能"的模型主要特征，并探究了"三段螺旋"与"三重对话"的幼儿园教师专业核心素养的生成机制。在模型建构基础上进行理论审视，相对传统研究侧重模型结构内容而言更为系统和全面。

三是通过因子分析法对模型效度进行客观验证。与已有大多数研究在运用德尔菲法建立模型后直接计算指标权重不同，作者还采用因子分析法对幼儿园教师专业核心素养模型进行验证。首先通过SPSS主成分分析法提取公因子，进行探索性因子分析，随后利用AMOS结构方程模型方法，进行验证性因子分析，对素养模型的效度进行客观检验，弥补了德尔菲法主观性较强的不足，提高了模型的科学性。

如同任何学术著作一样，该书难免存在局限和不足，但作为国内第一部系统研究幼儿园教师专业核心素养的专著，其研究结果对拓展我国幼儿园教师专业发展理论的生长空间，扭转对幼儿园教师专业核心素养认识的经验主义和理想主义偏差，具有重要理论借鉴价值和实践指导价值。

陈鹏

2022 年 10 月 17 日

目 录

第一章 绪论 ·· 1
    一、研究缘起 ·· 2
    二、研究意义 ·· 8
    三、研究进展 ·· 10
    四、概念辨析 ·· 29
    五、研究方法与思路 ·· 40
    六、创新之处 ·· 45

第二章 幼儿园教师专业核心素养的理论基础与历史考察 ·········· 47
    一、理论基础 ·· 47
    二、历史考察 ·· 61

第三章 幼儿园教师专业核心素养建构的价值立场 ···················· 75
    一、童年的本质分析 ·· 76
    二、幼态持续与游戏：儿童的本质探讨 ·························· 78
    三、师幼关系的三维合成：幼儿园教师的本质剖析 ········ 80
    四、基于教育本质分析的模型建构价值立场 ··················· 86

第四章 幼儿园教师专业核心素养的指标建构 ·························· 93
    一、指标建构原则 ··· 93

  二、指标建构思路 ·· 96
  三、指标建构方法与结果 ······································ 97
  四、指标含义诠释 ·· 116

第五章　幼儿园教师专业核心素养的模型建构 ·················· 119
  一、基于德尔菲法的幼儿园教师专业核心素养模型建构 ······· 120
  二、基于因子分析法的幼儿园教师专业核心素养模型验证 ····· 144
  三、基于专家排序法的指标权重测算 ·························· 155

第六章　幼儿园教师专业核心素养模型的理论审视 ············ 162
  一、幼儿园教师专业核心素养模型的基本理念分析 ············ 162
  二、幼儿园教师专业核心素养模型的内容结构分析 ············ 164
  三、幼儿园教师专业核心素养模型的特征分析 ················· 168
  四、幼儿园教师专业核心素养模型与专业标准的关系分析 ····· 172

第七章　幼儿园教师专业核心素养模型的现实观照 ············ 175
  一、幼儿园教师专业核心素养的生成机制 ····················· 175
  二、幼儿园教师专业核心素养的培育路径 ····················· 177

参考文献 ·· 191

附录
  附录1：幼儿园教师专业核心素养调查问卷（指标征集） ······· 200
  附录2："幼儿园教师专业核心素养研究"专家预访谈提纲 ······ 202
  附录3："幼儿园教师专业核心素养研究"专家咨询表（第一轮） ····· 204
  附录4："幼儿园教师专业核心素养研究"专家咨询表（第二轮） ····· 211
  附录5："幼儿园教师专业核心素养研究"专家咨询表（第三轮） ····· 217
  附录6：幼儿园教师专业核心素养调查问卷（因子分析） ······· 223

后记 ·· 227

第一章 绪 论

公民素养是国际竞争的根本，学前教育是我国未来高素质公民的"教育摇篮"。为迎接知识经济时代的国际竞争和人才需求，各国纷纷出台教育改革规划与目标，力图对公民素养的培育进行反思与重构。经济合作与发展组织（OECD）等国际组织和世界主要国家推动核心素养（key/core competencies）研究和实践，力图从对个体发展、社会发展有影响的若干素养中，遴选最有价值、最具核心意义的素养，在个体有限的生命周期中对其进行培育，最大限度地协助个体获得成功，进而推动社会进步。我国于2016年发布《中国学生发展核心素养》，力图构建全新的育人目标体系，肩负教育改革与公民核心素养培育直接使命的教师的专业化及素养问题，成为破题的关键。在学前教育领域，伴随着近年来学前教育事业的高速发展，我国幼儿园教师的数量也在快速增长。然而大量拥有合格学历、持有教师资格证书的幼儿园教师却不能适应新时代学前教育发展的要求，表现为教师保教知识、能力与岗位需求脱节，因过度强调"弹唱跳画"的基本功而陷入"技能陷阱"，职业信念淡化，专业发展迟滞，不能为幼儿发展提供专业而有效的支持，甚至出现歧视、虐待等"不胜任"行为。要解释"胜任"教师的这些"不胜任"表现，就必须发现幼儿园教师成长的规律性。这种规律性在现象上表现为"什么样的人可以成长为优秀的幼儿园教师"，在本质上表现为"具备什么样的品格和关键能力的人可以成长为优秀的幼儿园教师"。对这一问题的反思和追问，构成了本书的逻辑起点和问题空间。

一、研究缘起

核心素养是近年来教育理论研究的焦点和热点问题，是教师专业发展领域的重大议题。研究幼儿园教师专业核心素养，并非套用新词汇的"新瓶旧酒"或"新鞋老路"，并非对国际社会的盲从，并非对前期幼儿园教师能力、素质、胜任力研究成果的全盘否定，也并非要进行词语的辨析，因为研究主旨不在于素养的"构成"而在于"核心"。采用核心素养一词，就是要彰显素养的"核心"地位。从个体层面来说，一个人终其一生必定需要多方面的素养，即个体在有限的生命周期和职业生涯中，必须获得最关键、最核心的品质与能力，方能迎接和适应个体终身学习与社会永续发展的挑战；从组织层面来说，快速复制和传承专家型教师的核心素养（知识、技能、态度和动机等），可以有效提高幼儿园的保教质量。

我国学前教育毛入学率达到88.10%（2021年），已迈入"全面普及"阶段，开启了高质量发展的新征程。我国学前教育发展方式正在实现由以空间拓展和规模扩张为特征的外延发展向以结构优化和质量提高为特征的内涵发展的转变。"后普及"时代，教育领域改革与发展的主基调将是提高质量、促进公平、增强活力。可以说，发展高质量的学前教育已然上升为重要的国家战略。[①] 影响学前教育质量的因素是多层面的。从宏观来看，主要涉及政府对学前教育的投入、教育管理的体制机制等，经费投入越充足，体制机制越顺畅，则越能从制度、师资、条件等方面形成坚强保障；从中观来看，主要涉及教师队伍的建设，师资队伍越稳定，教师专业化程度越高，则越能保障教育质量；从微观来看，主要涉及课程体系的系统性、教学条件的完备性、保教管理的规范性、教学活动设计与组织的有效性等因素。虽然这些因素彼此交织，均会对教育质量产生直接或间接的影响，但是由于幼儿园教师的教学活动居于传导的最末端，其他因素最终都要通过教师有效的教学活动来发

---

① 赵微. 我国学前教育质量现状的原因分析[J]. 学前教育研究, 2012（2）: 11-14.

挥对教育质量的干预,因此可以说,教师就是决定学前教育质量的最关键因素。

高质量的学前教育一般具有以下特征:关怀型的师幼关系、有准备的教学环境、基于幼儿经验与需要的学习内容、被唤醒的学习主体性、发展性的教学评价等。能够符合这些质量标准的教师,必然应具备胜任学前教育工作的基本品格和关键能力——专业核心素养。由此可见,无论是学前教育事业的高质量发展,还是幼儿的身心和谐发展,都依赖于具备专业核心素养的幼儿园教师。教师专业核心素养已成为鉴别教师专业素质的关键指标和衡量教师队伍建设质量的重要标尺。

(一)知识能力取向的专业标准对幼儿园教师专业核心素养的偏离

在对幼儿园教师的"规格"进行设定时,教师教育课程标准、幼儿园教师专业标准、幼儿园教师资格制度等都属于最基本的国家标准。

2011年教育部颁发《教师教育课程标准(试行)》,试图从"教育信念与责任""教育知识与能力""教育实践与体验"3个方面对教师教育的课程设置与教学进行规范和引导。2012年教育部发布《幼儿园教师专业标准(试行)》,包含专业理念与师德、专业知识、专业能力3个维度,14个领域及62条基本要求,反映了国家对合格教师专业素质的基本要求,是教师开展教育教学活动的基本规范,是引领教师专业发展的基本准则,成为教师培养、准入、培训、考核等工作的重要依据。这两个标准系统地设计了幼儿园教师培养培训的课程、教学、规格和目标,具有重要的导向意义。但由于这两个标准基础性、全面性的制度定位,导致在职前培养和职后培训等各环节均不同程度地出现了"本位不本""重要不重"等现实困境。如在《幼儿园教师专业标准(试行)》的62条基本要求中,涉及教育知识与技能方面的多达42条,呈现出鲜明的"知识能力取向"。

教师资格制度是国家对教师实行的一种法定的职业许可制度,教师资格是国家规定的从事教育、教学工作人员应具备的特定条件。不具备《中华人民共和国教师法》规定的教师资格的申请者,应当通过国家教师资格考试。国家通过教育法规形式所确立的教师资格制度,规范了幼儿园教师的基本入职条件,即具备幼儿师范学校毕业及其以上学历,并通过教师资格考试。显然,"修业期满、成绩合格"是具备中专以上学历申请者的基本资历条件,而衡量该条件是否达标的依据是以知识和能力为考核要点的课程得分。对《中小学和幼儿园教师资格考试标准(试行)》进行分析发现,该标准包含职业道德与基本素养、教育知识与应用、保教知识与能力3个一级指标、10个二级指标,然而在试图对考生进行综合评价时,由于对道德、态度、动机等方面测量的不便利性或不够重视,使得该标准依旧成为以知识能力为核心的评价体系。尤其是对幼儿园教师资格的认定考核中,笔试包括保教知识与能力、综合素质,从内容上看是典型的知识能力测验,从形式上看是典型的纸笔测试;面试涉及职业认知、心理素质、仪表仪态、交流沟通、思维品质、了解幼儿、技能技巧和评价与反思8个方面,采取结构化面试和展示相结合的方法,通过展示、回答问题、陈述等方式进行,主要考查申请人员应具备的基本素养、职业发展潜质和保教实践能力,其本质也是知识能力测验。幼儿园教师选聘标准的知识能力取向,使得对幼儿园教师的动机、态度、情感等方面考核不足,形成了对幼儿园教师专业核心素养的偏离。

(二) 幼儿园教师专业性的隐匿与对艺术技能的过度关注

一项对澳大利亚幼儿园教师现状和地位的研究表明,该职业呈现高流失率、低保有率和低士气的特点。一个影响因素可能是公众对从业者专业实践的隐藏维度的忽视[①],即学前教育专业人员无法找到被尊重和展示其工作复杂性的方法——幼儿园教师的专业性被隐匿,无法被公众了解和认可。相比较而言,艺术技能技巧因其相对的外显性、易测评性和较强的区分度,成为幼儿园教师职业标志性的特殊能力,在社会评价中得到普遍追捧。无论是职前培养还是在职培训,无不表现出对艺术教育的偏爱,从而造成对幼儿园教师专业核心素养的背离。

在职前培养阶段,高校教师教育专业人才培养方案的制订仍然更多沿用

---

① GOODFELLOW J. Practical wisdom in professional practice: the person in the process [J]. Contemporary issues in early childhood, 2003, 4 (1): 48-63.

已有认识和历史经验，无论是省属师范大学还是地方师范学院或综合性院校，学前教育专业人才培养方案中的艺术技能类课程占据了较大比重的课时。在必修课程的三大模块（文化课、学前教育理论、艺体课程）中，艺体课程占据总课时的31.60%。① 如笔者调研的陕西省3所不同层次高校的人才培养方案，艺术类课时平均达到520学时，最多的达到640学时，在总学时中的比重达26.40%，在专业课学时中的比重36.90%，这意味着学生在校期间超过四分之一的时间是在课堂上学习艺术技能，这还不包括课后大量的练习巩固时间。学前教育专业被异化为音乐、舞蹈、美术综合的"准艺术"专业，艺术技能好的学前师范生会被认为"专业"好，学前教育的专业性、幼儿园教师的专业性均被遮蔽。

艺术技能导向的评价标准在幼儿园教师的选拔、考核、比赛等社会性评价中也颇为盛行：在对幼儿园教师从业资格的考核中，技能考查占据重要比重②；自《中华人民共和国公务员法》及《事业单位人事管理条例》确立了教师入职的"凡进必考"制度，幼儿园教师的招聘、选拔等环节主要依靠"专业化"的考试完成；很多地级市在带有导向意义的"特级教师"等荣誉称号的评审和幼儿园教师专业技能大赛等活动中，基本上以测评学前教育知识和技能的笔试为主，即使含有面试环节，仍然以艺术技能或者教育活动设计与组织能力的考核为重点；在新教师入职培训或园本培训中，各幼儿园所强调的"幼儿园教师基本功"训练和考核，依然是以艺术技能为主体的。可以说，艺术技能已然成为公众视野中幼儿园教师必备的专项技能，成为一名教师胜任幼儿园保教工作的"看家本领"和能力标志，这必然导致学前教育专业人才培养规格与幼儿园教师专业身份、岗位需求的严重背离。

（三）对幼儿园"胜任"教师的"不胜任性"的现实检讨

《国家中长期教育改革和发展规划纲要（2010—2020年）》发布前的一

---

① 全国教师教育学会幼儿教师教育委员会. 中国幼儿教师教育转型 [M]. 北京：新时代出版社，2008：25.
② 杨一帆，陈攀攀. 幼儿园教师核心素养的内涵及培养路径 [J]. 科教导刊（下旬刊），2020（27）：62-63.

段时间内，学前教育资源一度呈现萎缩态势，幼儿园教师的经济地位和社会地位都处于教师序列中的最底层，导致各地高职和中职学前教育专业招生沦为最后批次，学生几乎零门槛入学，生源质量大幅下滑。再加上当时实行师范专业毕业生教师资格证书免考认定制度，一定程度上让很多实际上并不合格的人员进入了幼儿园教师的行列。① 这些进入幼儿园教师队伍的"胜任"教师，行为失范现象频发。有研究显示，在助人行业，服务对象的年龄越小，工作人员滥用权力的概率就越大。②

一段时间以来，个别幼儿园教师背弃社会公德及职业道德，漠视幼儿身心发展规律，歧视、孤立、体罚、胁迫甚至虐待幼儿等行为失范甚至触犯法律的现象频发。涉及行为失范的教师中，也不乏经过系统培训、取得教师资格证书或具有学前教育学历背景的法定"合格"教师。幼儿园教师行为失范现象虽属个例，但当个例集中、持续爆发时，不得不承认，或者是我们认可的"胜任"标准与其本质的"胜任"标准有较大偏差，或者是我们评价"胜任"标准的方式有效性不强。

（四）对优秀幼儿园教师成长"无规律性"的个人困惑

笔者在高校从事学前教育教学、研究累计20多年。21世纪的学前教育到底需要什么样的教师？幼儿园教师究竟应该具备哪些关键性素养？优秀幼儿园教师成长到底有没有规律？这些是回归教育原点的追问，是对进入新时代的教育发展的反思，也是我个人自身职业生涯发展的困惑。

规律是事物之间的内在、必然联系，是客观的，不以人的意志为转移。寻找规律、认识规律、运用规律是科学研究的宗旨。对教师成长与发展的规律进行探索是一个非常有价值并颇受追捧的议题。③ 探究教师专业成长过程中存在的普遍的、共性的、可以推广的规律，一直是教师发展研究的终极目标和最高愿景。然而综合大量优秀教师成长历程和经验来看，"教师专业发

---

① 葛向阳，靳晓燕. 幼儿园虐童案频发的背后 [N]. 光明日报，2014-12-10 (5).
② 凯兹. 与幼儿教师对话：迈向专业成长之路 [M]. 廖凤瑞，译. 南京：南京师范大学出版社，2004：251-253.
③ 张俊超，刘献君. 优秀高校教师成长与发展的规律性特征探究 [J]. 高等教育研究，2014，35 (8)：68-76.

展往往是在独特境遇中,教师通过发挥自身特点与个人所处环境作斗争的结果"①。教师成长既呈现出一定的规律性,即人们据此在职前阶段设定相应的培养目标、开设相应的课程,在职后阶段确立相关的培训体系,可以使大多数学习者达到入职的要求,也呈现出鲜明的"无规律性",即使执行同样的人才培养方案和培训方案,也并非所有教师都可以成长为优秀教师。

一是"优秀学生"未必都成长为"优秀教师"。长期以来,各培养培训机构几乎都是通过测验智商和知识掌握程度认定教师资格的。笔者每年目睹近500名学前教育专业学生成长为幼儿园教师,每年都会获悉部分往届毕业生获得职称晋级或者省市各级奖励,甚至有的已经成长为省市级学科带头人,这些学生不可谓不优秀。然而在与这些毕业生曾经的辅导员或任课教师的交谈中总会发现,此时的"优秀幼儿园教师"并不一定是彼时的"优秀学生",有些学生的学业水平甚至只能算差强人意。"第十名现象"再次应验。一些研究已经证实了笔者的感受,即学业成功的师范生的表现与入职后成功的专业行为表现不一定具有直接的关系。

二是具有专业背景的教师未必都成长为"优秀教师"。笔者接触过大量已经担任园长、副园长等管理岗位的优秀的幼儿园教师,其学科专业背景竟然并非学前教育或幼儿教育。他们在入职之初不一定具备传统观念上幼儿园教师必备的弹唱跳画的技能或组织幼儿教育活动的能力,但他们成长为了优秀的幼儿园教师或管理者。可见,三四年专业教育所获得知识技能的多少,并不能成为预测其日后成长为优秀幼儿园教师的决定性因素。

这种现象在幼儿园转岗教师身上体现得更加明显。幼儿园转岗教师是指从中小学教师岗位及其他行业岗位调整到幼儿园教师岗位的教师。他们不仅不具有学前教育学历背景,还经常受其他岗位工作固有经验的干扰。笔者主持的一项教育部人文社会科学研究针对13名幼儿园转岗教师的教育叙事进行了研究,发现其中有8名教师已经实现成功转型,更有3名教师自述"不仅班级活动搞得有声有色,还在园里举办的课堂技能竞赛中获得了一等奖",

---

① 肖凯. 优秀教师成长的"中国经验"[J]. 中国教育学刊, 2013, (3): 55-59.

"带领教师们申报了一个市级微型课题","从原来的门外汉到现在的行家里手"。① 显然,专业不对口、岗位转换的经历并未对其从事学前教育工作产生不良影响。这种经验层面的感受也得到了已有研究的证实:学前教育专业毕业的幼儿园教师只在胜任力的某些方面表现出优势。②

到底是优秀幼儿园教师成长无规律,还是我们没有发现规律?这些幼儿园教师成长的"无规律性"现象,并不能说明教师成长的无规律性本质,反而恰恰反映了学术界和公众对幼儿园教师成长规律性认识不足的窘境。哈佛大学的一项研究引起了广泛的关注,也从侧面印证了笔者的困惑。文章《挑一个好老师比培训一个好老师更容易》(It's Easier to Pick a Good Teacher than to Train One)中指出,教师的课堂表现与教师获得的资格认证类型无关,与教师所获得的高层次学历无关,也与教师所上的大学无关。③ 也就是说,优秀教师的绩效与其教学经验、学历等并不存在必然正相关,可能存在一种内在的尚未被发现的"规律性"。而本书就是力图找到影响幼儿园教师工作绩效最关键的品质和能力,建构幼儿园教师专业核心素养模型。

二、研究意义

本书力图通过实证主义研究范式,较为全面系统地梳理、提炼幼儿园教师专业核心素养指标,并对幼儿园教师所必需的方方面面素养中最核心、最关键的素养进行定位,进而建构与幼儿园教师岗位需求高度匹配的专业核心素养模型。这不仅是对教师成长理论的充实和完善,也是教育实践变革的现实需求。

---

① 蔡军. 西部农村幼儿园转岗教师生存状态与专业发展研究[M]. 北京:教育科学出版社,2016:158-191.
② 高健. 幼儿园教师健康教育胜任力研究[D]. 南京师范大学,2015.
③ CHINGOS M M, PETERSON P E. It's easier to pick a good teacher than to train one: familiar and new results on the correlates of teacher effectiveness[J]. Economics of education review,2010,30(3):449-465.

(一) 理论意义

第一，有效定位我国幼儿园教师专业核心素养，充实幼儿园教师专业核心素养研究的成果。本书从学术界关注较多的学生发展核心素养拓展到关注较少的幼儿园教师核心素养，从较为宏观的幼儿园教师核心素养拓展到与岗位高度匹配的专业核心素养，力图探索幼儿园教师专业核心素养研究的新疆界。

第二，为能力素质研究等相关理论的发展提供借鉴。研究幼儿园教师专业核心素养，是教师专业成长研究的逻辑起点，是开展教师评价的理论基础。本书聚焦幼儿园教师专业核心素养建构，这不仅是对千百年来教师能力素质领域已有研究的印证和延伸，更为丰富和发展幼儿园教师专业发展理论、教师评价相关理论等提供了初步借鉴。

第三，克服对幼儿园教师认识的经验偏差，促进正本清源。无论是由于办学传承还是个人经验，艺术技能因其相对的外显性、易测评性和较强的区分度，往往被视为幼儿园教师职业标志性的特殊能力，在职前培养、入职选拔和在职培训中无不受到追捧。虽然有《幼儿园教师专业标准（试行）》等相关国家政策和标准的匡正，但对于哪些能力最关键、哪些素养最核心的问题始终缺乏明确解答。因此，本书所形成的初步认识，将有助于克服对幼儿园教师必备品格和关键能力认识的经验偏差，是对"什么素质最重要"认识的正本清源。

(二) 实践意义

第一，为幼儿园教师个体和群体层面提升岗位核心胜任力提供价值和方向指引。本书所建构的幼儿园教师专业核心素养模型，明确了幼儿园教师应具备的最核心的能力、素质和品格，有助于教师在自我教育、自我提升的过程中以其为方向和目标，有的放矢，补齐短板。

第二，为科学地确定学前教师教育培养目标、毕业要求提供基本依据。幼儿园教师的专业性一方面取决于在职教育、在职学习的效果和效率，另一方面取决于其入职前接受的学前教育专业学习的培养目标和毕业要求。本书将为学前教师教育改革提供必要的理论借鉴和实践反思。

第三，有助于教育政策制定者和相关学校领导者创建相应的学习资源和课程体系，也将为宏观政策和教育标准的有效落地提供积极补充。《幼儿园教师专业标准（试行）》《学前教育专业师范生教师职业能力标准（试行）》等国家标准内容全面、体系完整，但要有效落地，必须有重点、分步骤地推进。本书聚焦教师素养中的核心素养、关键素养、少数素养，与国家标准价值趋同，且有助于其落地。

三、研究进展

与幼儿园教师专业核心素养研究有较重要关联的，主要有三方面的上位研究：教师素养研究、教师核心素养研究和幼儿园教师核心素养研究。对这三方面国内外研究进展的梳理与系统分析，将成为本书的知识准备、方法基础和理论借鉴，而已有研究存在的不足及研究空白将构成本书开展研究的逻辑起点和可能的创新点来源（见图1-1）。

（一）教师素养研究

1. 教师素养结构研究

对教师素养的研究已经持续多年。自1959年玛丽·休斯（Marie Hughes）在美国犹他州开始教学质量评估以来，相关研究变得日趋具体。美国教育办公室（United States Office of Education）1967年出台的小学教师教育计划模式（Models for Elementary Teacher Education Plan）助推了教师素养研究的热潮。美国联邦基金支持下的八个机构在教师素养研究上开始发力。20世纪70年代后期，美国中学校长协会建立了校长素养评价指标体系，并据此来指导学校管理者选拔和职业发展工作。贾妮思·哈里斯（Janice Harris）认为幼儿园教师素养是特定教育情境中能够支持和引导幼儿发展的高绩效行为，其模型被视为一个多维度、多层次、多要素的复合结构。丹尼尔森（Danielson）提出了教师素养的模型，该模型包括计划与准备、教师环境监控、教学

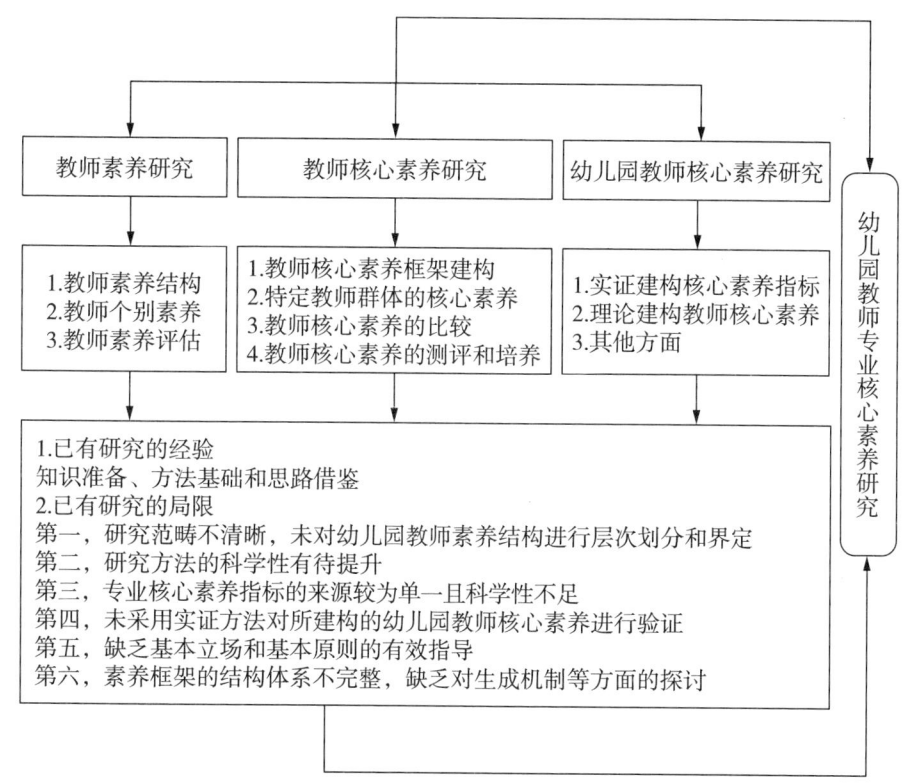

图 1-1 幼儿园教师专业核心素养研究现状梳理

和专业责任感四个维度。① 比朔夫和格罗布勒（Bisschoff and Grobler）采用结构化问卷，对教师的专业承诺、教学基础、反思、有效性和领导等八个层面进行了因素分析，最后得出包括教育素养和协作素养的二因素模型。② 麦克贝尔（McBer）提出高绩效教师素养模型包括专业化、领导、思维、计划或设定期望、与他人关系五个特征维度，进而提出了优秀学校领导素养模型（Models of excellence for school leaders）。也有一些研究认为，教师素养除了包

---

① DANIELSON C. Enhancing professional practice: a framework for teaching: 2nd ed [M]. Alexandria Virginia, USA: Association for Supervision and Curriculum Development, 2007: 2-18.
② BISSCHOFF T, GROBLER B. The management of teacher competence [J]. Journal of in-service education, 1998, 24 (2): 191-211.

括个性诊断、教育机智等能力之外，还包括爱的倾向与热情、人格影响力。[1]中国台湾学者王立行、饶见维认为教师的专业素养应包括四个基本要素：专业知识（学科知识和教学知识的结合）、专业技能（专业知识应用到教学情境以解决实际问题的能力）、专业精神（基于对教育工作的认同与奉献所产生的使命感）以及后设省思（一种有关知识的知识，是对知识的来源、结构、程序及价值的自觉力，主要是将前述各种省思活动的结果加以阻止、综合、演绎和归纳的结果）。斯洛伐克学者伊什特万·索科（István Szököl）认为教师除了应具备指向每一个个体水平和学术的信息素养，学习、认知和人际关系素养等素养之外，还应具备专业素养、心理教育的素养、沟通的素养、评估的素养、规划和组织的素养、建议和咨询的素养以及自我反思的素养。[2]

叶澜认为面向未来的教师应该具有与时代精神相通的教育理念，即在认识基础教育的未来性、生命性和社会性的基础上，形成新的教育观、学生观和教育活动观；面向未来的教师不应仅仅局限于"学科知识+教育学知识"的传统知识模式，而是要强调多层复合的素养结构；面向未来的教师还应该具备三方面的新能力：理解他人及和他人交往的能力、管理能力、教育研究能力。[3]由这三方面构成的素养结构被视为未来教师的理想风采。

陈向明则认为，教师在教育实践中需要多种素养，但最需要的是"择宜"的素养——一种来自实践性知识、能通过实践推理根据具体情形采取最恰当策略的教育素养。[4]该观点突出了教师素养中"最急需"的素养，强调了教师素养的实践性。

2. 教师个别素养研究

与研究教师素养的完整结构不同，一些研究则关注个别、特殊的素养，如试图发现教师身上存在的一些可以识别的特征，这些特征将预测教师能否

---

[1] 吴秋芬，刘健儿. 论凯兴斯泰纳的教师观及其现实意义[J]. 比较教育研究，2009（1）：71-75.
[2] SZÖKÖL I. Key competences in educating teachers[J]. Edukacja-technika-informatyka. 2015（6）：249-253.
[3] 叶澜. 新世纪教师专业素养初探[J]. 教育研究与实验，1998（1）：41-46+72.
[4] 陈向明. 教师最需要什么素养[J]. 中国教育学刊，2018（8）：3.

成功。贾妮思·哈里斯等的研究则推翻了"自我概念"和教师素养之间呈正相关的经典假设。① 他巴和佛兰德斯（Taba and Flanders）的研究发现，教师在特定培训中的特定技能，如质疑，可以使他们成为更称职的教师。也有研究认为胜任的教师往往拥有强烈的自我接纳感，更倾向于多产、快乐和高效。罗古利亚（Rogulja）强调了欧盟八大核心素养之一的"数字化素养"即信息通信技术对幼儿园教师的重要意义：信息通信技术在教学中的有效运用可以显著强化学习环境，丰富儿童的经验，特殊需要或行为困难的儿童可以通过不同的方式从中获益，教师可以利用信息通信技术技能和资源来改进教育实践，与同事、家长的合作。

3. 教师素养评估研究

当研究者对教师素养的结构有了一定认识后，就自然而然地要基于一定的理论假设来进行教师素养的评估。朱迪·威尔克森和威廉·朗（Judy Wilkerson and William Lang）提出了"基于教师标准的素养评估模型"（CAATS），操作过程包括五步。第一步：明确目标、使用、命题、内容和其他相关因素；第二步：制订有效的抽样计划；第三步：创建与标准和抽样计划相契合的任务；第四步：设计并实施数据的聚合、跟踪和管理系统；第五步：确保数据的信度和效度（可信度和实用性）。② 针对幼儿园教师素养结构的研究本来就很少，可以用来对幼儿园教师素养进行评价的工具更是少之又少。其中，《幼儿园教师素养评价量表》（A Preschool Teacher Competence Rating Scale，PTCR）较为有代表性，该量表包括四个维度：理解并评估幼儿的行为（Understanding and Evaluating Children's Behavior）、跟踪及解释指导的策略（Following and Interpreting Guidance Guidelines）、关系（Relationships）、评估（Evaluation）。③ 该量表在国外幼儿园教师胜任力研究中得到广泛应用，经多

---

① SUGAWARA A I, HARRIS J J, O'NEILL J P. Self-concept and teacher competency among early childhood student teachers [J]. Early child development and care, 1988, 39 (1)：177-185.

② WILKERSON J R, LANG W S. Assessing teacher competency：five standards-based steps to valid measurement using the CAATS model [M]. Thousand Oaks, CA：Corwin Press, 2007：53-55.

③ SUGAWARA A I, CRAMER M M. A preschool teacher competency rating scale [J]. Home economics research journal, 1980, 8 (6)：405-411.

项研究证实具有较高信度和效度，能够较好地测量幼儿园教师素养。[1][2][3] 姜珊珊、霍力岩对该量表中文版进行了修订，保留了原量表的"理解并评估幼儿的行为"（教育观念）、"跟踪及解释指导的策略"（教学策略）维度，修订补充了"家园共育""教学反思""教师合作"3个维度，形成了一个包含5个维度的幼儿园教师素养模型。[4]

（二）教师核心素养研究

当代社会快速发展，各级各类教育呈现多样化特征，这些对教师应对教育实践、适应社会生活的必备品格和关键能力提出了更为个性化的要求。因此，教师的核心素养呈现多样化、可变性、群体性、专业性的特点。同时，研究人员所处的社会文化背景、个人学术成长经历和研究视角不同，对教师核心素养的认识各有见地。2021年4月1日，以"教师核心素养"为关键词在中国知网进行"主题"检索，共计获得文献8235篇，特别是自2016年以来，相关研究成果呈现蓬勃增长态势（见图1-2）。

从研究阶段来说，教师核心素养研究主要分为两大阶段，其分界线就是2016年《中国学生发展核心素养》的发布。2016年以前，教师核心素养的概念尚未提出，研究视域较为分散；2016年以后，特别是2017年两个国家社会科学研究项目"教师核心素养和能力建设研究""幼儿园师资队伍的核心素养和能力建设研究——基于亚太四国的实证研究"成功立项，标志着从学生发展核心素养研究向教师核心素养研究的迅速传导，掀起了国内教师核心素养研究的热潮。

---

[1] SUGAWARA A I, HARRIS J J, O'NEILL J P. Self-concept and teacher competency among early childhood student teachers [J]. Early child development and care, 1988, 39 (1): 177-185.

[2] SUGAWARA A I, RUDER T P, BURT L M. Relationships between teaching self-efficacy, work environment autonomy, and teacher competency among early childhood preservice teachers [J]. Journal of early childhood teacher education, 1998, 19 (1): 3-8.

[3] RATEKIN C, HARRIS J, NEEDLES S. Assessing student performance using video in combination with self, peer, and instructor evaluation checklists [J]. Journal of early childhood teacher education, 1999, 20 (2): 137-139.

[4] 姜珊珊, 霍力岩. 幼儿园教师胜任力量表中文版的初步修订 [C]. 第二届全球教师教育峰会论文集, 2014: 427-436.

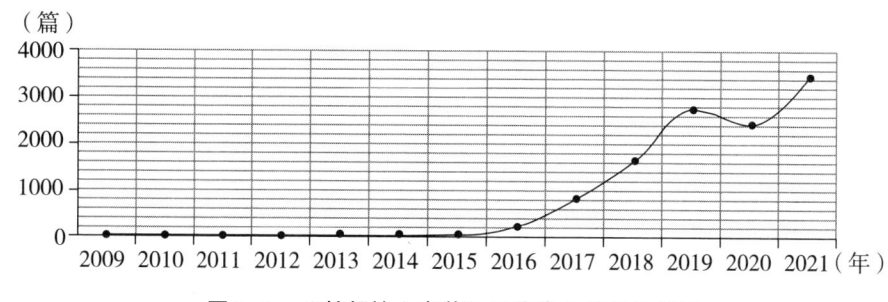

图1-2 "教师核心素养"研究发文量总体趋势

从研究方向来说,教师核心素养研究主要聚焦于素养框架建构、特定教师群体素养、素养的国际比较以及素养测评与培养研究四个方面。

1. 教师核心素养框架(体系)建构的研究

该方向研究所建构的教师核心素养框架主要包括三种类型。

一是平行并列关系型素养结构。丹麦学者比亚内·瓦尔格伦(Bjarne Wahlgren)认为面向成人的教育者所需要的素养是广泛的、异质的和复杂的,受到国家和文化环境以及有关成人教育理念的影响,常见或"核心"的素养可概括为四个方面:学科知识的沟通、对学生先前学习的考量、对学习环境的支持、对自我的反思。[①] 中国台湾学者吴清山用核心能力指代核心素养,进行了较为系统的阐述。他认为教师核心能力就是教师在教育生涯中应该拥有和具备的基本的和重要的知识、技能和态度,有广义和狭义之分,前者包括知识、技能和教师的素养,后者主要以知识和技能为主。由于不同学段的教师要面临不同的教育目标、任务和对象,吴清山认为大中小幼的教师应具备不同的核心能力。比如,幼儿园教师的任务以保育和教育为主,故应偏重于幼儿成长与发展、幼儿安全、幼儿健康与营养、幼儿互动、学习环境和课程、幼儿观察与评价、家庭关系与沟通和专业发展等核心能力;中小学教师则应培养学生五育均衡发展,要注重课程与教学、评价与辅导、班级管理、

---

① WAHLGREN B. Adult educators' core competences [J]. International review of education, 2016, 62(3):343-353.

亲师沟通、科技运用和专业发展等核心能力；大学教师的任务以教学、研究和服务为主，需要教学、研究和服务等方面的核心能力。郑金洲、吕洪波认为，在教师身份由学科教学者转变为育人者、由学校人变为系统人、由教育人变为社会人的新背景下，教师的核心素养应涵盖信息素养、创新素养、跨学科素养、媒体素养、社会参与和贡献素养以及自我管理素养。此类研究局限于对素养特征的罗列，并未对素养间的关系进行深入探讨。

国内教师素养研究的重要进展是2021年12月北京师范大学中国教育创新研究院联合探月教育者发展中心发布《卓越教师教学能力标准》，描述了胜任核心素养教育的新时代教师应具备的关键教学能力——"学习设计""教学实施"和"评价与改进"。卓越教师即胜任核心素养教育的教师，教学能力是教师有效开展教与学活动所必需的知识、技能、态度、价值观的综合，而师德被视为卓越教师的核心准则。该标准力图以框架形式清晰展现教师的关键教学能力，以便建设一支高素质教师队伍，引领教育高质量发展。

二是上下层级关系型素养结构。杨志成采用演绎推理和比较分析的方法，从必备品格和关键能力两大维度出发，建构了中国教师（中小学）发展核心素养体系，包括学生为本、师德为先、教书能力、育人本领四个领域，了解学生、遵循规律、奉献祖国、道德情操、扎实学识、精益教学、立德树人、创新发展八个核心素养指标。[①] 桑国元、郑立平、李进成等借鉴中国学生发展核心素养框架，提出了教师核心素养的框架体系：师德与理念素养（师德素养、教育理念素养），知识与能力素养（知识素养、教育教学能力素养），综合素养（人文素养、信息素养、研究素养、自主发展素养）。[②③] 张鸽除了研究教师核心素养框架构成之外，还首次论证了各要素的地位与价值，其中，与时代精神相通的教育理念是教师核心素养的灵魂，学科素养是教师核心素养的基础，跨学科素养是教师核心素养的"化学剂"，创新素养是教师核心

[①] 杨志成. 中国中小学教师发展核心素养体系建构研究 [J]. 教师发展研究，2017，1（1）：44-49.

[②] 桑国元，郑立平，李进成.《21世纪教师的核心素养》[J]. 教育学报，2018，14（3）：119.

[③] 郑金洲，吕洪波. 教师应具备的七大素养 [J]. 人民教育，2016（11）：54-57.

素养的核心。① 以上教师核心素养框架（体系）研究从纵向上进行了素养特征的层级划分，素养框架的结构更为丰富，但尚未探讨核心素养指标之间的横向关系。

三是多维立体型素养结构。与前两种关系模型不同，王光明提出了教师核心素养和能力的"双螺旋"理论立体模型，认为教师的核心素养和能力分为三类：一是"保障类"要素，包括文化修养和沟通合作能力，保障教师成为教育者；二是"方向类"要素，包括道德素养和教育教学能力，促使教师成为专业的教育人；三是"动力类"要素，包括教育精神和学习创新能力，推动教师向教育家方向发展。位于双螺旋内侧的是教师核心素养，位于双螺旋外侧的是教师核心能力。三类素养和能力互联互通，实现教师核心素养与能力的多向耦合。②

综上，对教师核心素养框架建构的研究主要呈现以下几个特点：第一，教师核心素养结构从平行并列关系拓展为上下层级关系以及多维立体关系，对素养结构的认识更深刻和广泛；第二，素养结构涉及知识、能力与态度等主要维度；第三，对核心素养概念的理解存在分歧，有的包含公共素养，有的将素养等同于能力，导致所建构的素养框架存在较大差异。

2. 特定教师群体的核心素养研究

针对大中小学不同学段、覆盖多个学科的特定教师群体的核心素养研究较为多样化（见表1-1），主要呈现三个特点：第一，主要聚焦于该教师群体核心素养的内涵解释和模型建构，培养策略和实践反思较少；第二，定量研究不够，较多偏重定性分析；第三，相对于其他各级各类教师群体而言，对小学教师核心素养的研究更为深入和系统，所取得的成果更为丰硕，如徐建平等的研究采用定性与定量相结合的方法，较为系统地建构了中国小学教师核心素养框架。

---

① 张鸽. 基于培养学生核心素养的教师核心素养研究［J］. 济南职业学院学报，2017（4）：65-67.
② 王光明. 发展教师核心素养和能力［N］. 中国社会科学报，2018-05-21（8）.

表1-1 特定教师群体核心素养研究概况

研究者	特定群体	研究问题
王欣	高职院校青年教师	核心素养模型①
何劲鹏	卓越体育教师	核心素养的内涵②
杨丹、王华倬	职前体育教师	核心素养模型建构③
吴超群	初中教师	对教师核心素养的认识④
尹荣	中学英语教师	核心素养构成⑤
周本海	中等幼儿师范学校教师	核心素养四个关键点⑥
罗滨	教研员	核心素养的模型⑦
李亮	思想品德教师	核心素养的提升策略⑧
朱春俐	远程教育教师	核心素养内涵⑨
徐建平等	小学教师	核心素养概念框架⑩
惠中		核心素养基本内涵⑪
何齐宗、胡强梅		专业核心素养调查⑫

---

① 王欣.高等职业技术院校青年教师核心素养发展研究［J］.职业技术，2017，16（9）：1-6.
② 何劲鹏.卓越体育教师核心素养的内涵及实践探索［J］.体育学刊，2017，24（2）：91-95.
③ 杨丹，王华倬.职前体育教师核心素养模型构建与探析［J］.高等教育研究学报，2017，40（2）：34-41.
④ 吴超群.初中教师对教师核心素养认识的调查研究［D］.浙江师范大学，2017.
⑤ 尹荣.基于核心素养培养的中学英语教师核心素养探析［J］.湖北师范大学学报（哲学社会科学版），2017，37（2）：132-134.
⑥ 周本海.中等幼儿师范学校教师核心素养建设探究［J］.教师，2018（32）：93-94.
⑦ 罗滨.教研员核心素养：教研转型背景下的新修炼［J］.中小学管理，2016（4）：15-17.
⑧ 李亮.思想品德教师核心素养的提升策略研究［D］.东北师范大学，2018.
⑨ 朱春俐.论信息技术环境下远程教育教师核心素养［J］.继续教育，2017，31（2）：45-47.
⑩ DING SHU-JING, ROCA J S, SABATES L A, et al. Comparing Chinese and Spanish primary school teachers' key competences: a cross-cultural perspective [R]. Berlin: European Educational Research Association, 2015.
⑪ 惠中.基于"标准"的小学教师核心素养的培育［J］.中国德育，2017（5）：48-53.
⑫ 何齐宗，胡强梅.小学教师专业核心素养的调查与思考：基于江西省2564位小学教师的数据［J］.教师发展研究，2021，5（3）：107-117.

3. 对教师核心素养的比较研究

此方面研究主要围绕对国际经验的借鉴以及我国与外国的比较展开。

第一，国际借鉴方面。曾文茜和罗生全以联合国教科文组织、欧盟等国际组织以及美国、澳大利亚、新加坡等国家为例，梳理了中小学教师核心素养培养的典型模式：以共同标准为指导的素养发展模式、以问题解决为思路的素养建构模式、以关键技能为重点的素养训练模式和以价值革新为主导的素养演绎模式，这些模式均体现出以学生为中心、尊重多元文化、终身学习、反思实践等价值取向。① 王美君和顾銮斋总结了美国、欧盟等国家和国际组织关于教师核心素养的框架、指导原则和实施的经验，提出建构我国教师核心素养模型时应体现学生取向、社会取向及本土化的三个价值原则。② 姜勇等总结了美国20世纪90年代后教师教育从能力的"构成品质"向"核心品质"的转型过程，认为教师能力的发展不是单一的各种能力指标的叠加，而是取决于能够决定教师各种综合能力形成的"核心品质"，这种品质是奠基性的，是关键的，能够生动诠释"好教师"的内核。③

第二，国际比较方面。徐建平等对比中国和西班牙小学教师对核心素养的认识发现，两国教师均认为教学素养是最重要的素养；中国教师将职业价值观、态度和伦理视为次重要的素养，将文化和跨文化素养视为最不重要的素养，而西班牙教师则认为次重要的素养是沟通和社会情感素养，课程和科目相关的知识素养最不重要。④

总的来说，国际借鉴与比较是研究我国教师核心素养的重要方向，虽然相关成果数量还不够充实，但已经成为我国教师核心素养研究的重要成果

---

① 曾文茜，罗生全. 国外中小学教师核心素养的价值分析 [J]. 外国中小学教育，2017（7）：9-16.

② 王美君，顾銮斋. 论国际视野中的教师核心素养 [J]. 天津师范大学学报（社会科学版），2018（1）：44-50.

③ 姜勇，严婧，徐利智. 国际学前教师教育政策研究 [M]. 上海：华东师范大学出版社，2012：116.

④ DING SHU-JING, ROCA J S, SABATES L A, et al. Comparing Chinese and Spanish primary school teachers' key competences: a cross-cultural perspective [R]. Berlin: European Educational Research Association, 2015.

来源。

4. 对教师核心素养的测评与培养研究

第一，教师核心素养测评与评价方面。闵诗纭、颜国梁以台湾公立小学1135名教师为研究对象，评估小学教师核心素养的具备程度，发现"艺术涵养与美感素养"是国民小学教师具备度最低的层面，其知觉素养较低处为"具备艺术感知、创作与鉴赏的素养"；"科技信息与媒体素养"是具备度次低的层面，其知觉素养较低处为"培养学生具备科技与信息应用的基本素养"；不同背景的教师在"十二年国民基本教育核心素养"各层面的具备情况有差异。[1]王悦、王雁力图从优秀教师中抽取教师的核心素养并进行评价，选取北京市3名优秀特殊教育教师，采用访谈法从个性特征、专业情操以及专业能力3个方面对其核心素养进行评价。[2]喻小蝶、姚桂招调查了江西省赣州市城区高中英语教师的核心素养现状，结果显示教师存在课程理念淡薄、现代教育技术学习水平和应用能力不高、英语专业知识结构不完善和专业知识不扎实等问题。[3]

第二，教师核心素养培养策略方面。马丁娜·布拉斯科娃（Martina Blaskova）等认为一个民族知识和素养的培养依赖于大学教师的知识和素养的培养，并提出3种发展教师核心素养的适当方法：教学、专业和沟通能力。[4]农村小学全科教师对农村小学教育质量具有决定性意义。邢喧子、邓李梅认为，提升阅读、写作、沟通等方面的通识能力，凸显专家引领、同伴互助、自我反思的终身学习习惯，彰显教育、教学、管理等工作的创新做法，培养乐观豁达、善解人意、积极应对的健康心理，这4个方面的措施对提升农村

---

[1] 闵诗纭，颜国梁. 国民小学教师十二年国民基本教育核心素养具备现况之研究［J］. 学校行政，2018（114）：38-62.

[2] 王悦，王雁. 优秀特殊教育教师核心素养的个案研究［J］. 绥化学院学报，2018，38（1）：113-117.

[3] 喻小蝶，姚桂招. 城区高中英语教师核心素养调查研究：以江西省赣州市为例［J］. 湖北师范大学学报（哲学社会科学版），2017，37（3）：107-111.

[4] BLASKOVA M, BLASKO R, MATUSKA E, et al. Development of key competences of university teachers and managers［J］. Procedia-social and behavioral sciences, 2015, 182：187-196.

小学教师核心素养较为必要和可行。① 高葵芬、徐莉莉则建议通过人才培养方案整合、核心素养与整体课程设计一体化等途径,培养农村小学全科教师核心素养。②

此方面的研究呈现 3 个特点:一是评价方式方法存在较大差异性,这主要源于缺乏对教师核心素养理论框架的共识,不同素养理论采用了不同的评价方法;二是核心素养测评和评价工具、方法的科学性有待提升;三是没有系统研究、科学建构教师核心素养框架并探究其培育机制,所提出的策略的有效性需要进一步验证。

(三) 幼儿园教师核心素养研究

国内外关于幼儿园教师核心素养的研究凤毛麟角。③ 笔者分别以 "幼儿园教师核心素养" "幼儿教师核心素养" 为关键词在中国知网、EBSCO、ERIC 等进行检索,检索出与本研究相关的文献 102 篇,剔除与主题无关及纯经验类的成果后,获得有效文献 21 篇,其中科学化、系统化的研究文献仅 5 篇。与其他群体教师核心素养的研究热潮相比,幼儿园教师核心素养研究刚刚起步(见图 1-3)。

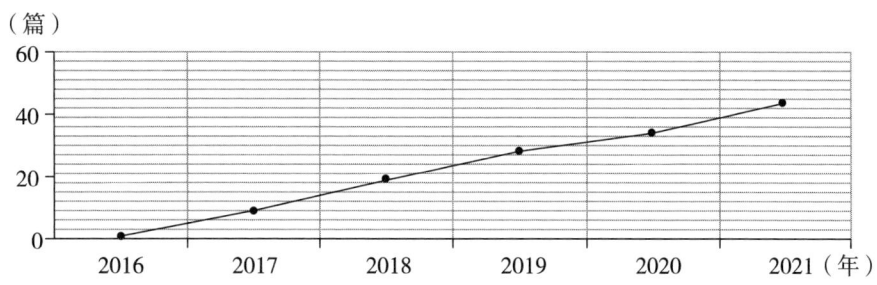

图 1-3 幼儿园教师核心素养研究发文量总体趋势

---

① 邢喧子,邓李梅. 农村小学全科教师核心素养的养成策略 [J]. 基础教育研究,2017 (19):36-39.
② 高葵芬,徐莉莉. 农村小学全科教师核心素养及培养策略 [J]. 现代中小学教育,2017,33 (12):115-118.
③ 盛艳燕. 教师胜任力研究的取向与态势:基于核心期刊的文献计量分析 [J]. 高教探索,2017 (1):105-112.

幼儿园教师核心素养研究主要有实证建构核心素养指标的研究等。

1. 实证建构核心素养指标的研究

我国最早较为系统、全面研究幼儿园教师核心素养指标并进行实证建构的研究有以下三项。

一是台湾陈盈诗采用模糊德怀术（德尔菲法），通过问卷调查建构了幼儿园教师专业核心素养指标构面（维度）、向度（指标特征）与指标内容，并通过层次分析法确立了指标权重，借此建构了幼儿园教师专业核心素养指标（见表1-2）。[①] 该研究首次明确提出了"专业核心素养"的概念，对幼儿园教师核心素养和专业核心素养的研究边界进行了厘定，具有重要的开创意义。

表1-2 陈盈诗关于幼儿园教师专业核心素养指标的建构及权重

构面（权重数值）	向度（权重数值）
教保工作职场的认识（42.23%）	教保专业伦理（52.44%）
	教保专业态度（47.56%）
教保专业能力（29.76%）	教学能力（19.44%）
	保育能力（18.42%）
	沟通能力（13.85%）
	课室管理能力（13.20%）
	辅导能力（12.90%）
	行政能力（11.20%）
	专业成长能力（10.99%）
教保专业知识（26.87%）	保育专业知识（50.23%）
	教育专业知识（49.50%）

二是苏航在系统梳理了国内外已有研究成果及专业标准所确定的幼儿园教师素养指标后，主要采用问卷调查法确定高频指标，进而通过德尔菲法建

---

① 陈盈诗. 幼儿园教师专业核心素养指标建构之研究［D］. 台湾屏东大学，2015.

构了幼儿园教师核心素养体系,包括5个一级指标("爱岗敬业""幼儿为本""保教结合""沟通合作"和"自主发展")、10个二级指标及24个知能指标,并用层次分析法和专家排序法确定了相应的权重(见表1-3)。① 该研究所建构的核心素养体系内容全面、系统,但存在三级指标之间概念层次交叉等问题,如二级指标"科学儿童观"涵盖了一级指标"幼儿为本"的内涵。

表1-3 苏航关于幼儿园教师核心素养的体系及指标权重

一级指标	权重	二级指标	权重	三级指标	权重
A1 爱岗敬业	26.81%	B1 职业道德	17.87%	C1 爱心耐心责任心	11.91%
				C2 职业使命感	5.96%
		B2 敬业精神	8.94%	C3 职业道德	3.73%
				C4 为人师表	5.21%
A2 幼儿为本	43.59%	B3 科学儿童观	27.85%	C5 关爱并尊重幼儿	13.92%
				C6 维护幼儿权益	7.74%
				C7 促进幼儿全面发展	6.19%
		B4 因材施教	15.74%	C8 观察与记录	10.49%
				C9 分析与评估	5.25%
A3 保教结合	16.14%	B5 保教知能	10.31%	C10 游戏活动支持与引导	1.80%
				C11 一日生活组织与保育	3.69%
				C12 课程计划与实施	1.89%
				C13 学习与发展环境创设	2.92%
		B6 领域素养	5.83%	C14 人文与艺术素养	2.92%
				C15 科学与数学素养	1.54%
				C16 信息技术素养	1.38%

① 苏航. 幼儿教师核心素养体系研究[D]. 陕西师范大学,2018.

续表

一级指标	权重	二级指标	权重	三级指标	权重
A4 沟通合作	5.47%	B7 亲师沟通	3.19%	C17 家园共育	1.77%
				C18 信息交流与反馈	1.42%
		B8 相互协作	2.28%	C19 资源整合与运用	1.52%
				C20 建立伙伴关系	0.76%
A5 自主发展	8.65%	B9 探究实践	4.81%	C21 主动探究	2.41%
				C22 反思性实践	2.41%
		B10 终身学习	3.84%	C23 自我反思	2.03%
				C24 创新意识	1.81%

三是赵红霞、庄莲莲在对已有文献进行梳理分析和理论探讨的基础上，通过个别访谈法和问卷调查法，向一线学前教育工作者征集意见和观点，经过分析、提炼和总结，形成了由5个维度、10个准则及22个子准则构成的幼儿园教师核心素养模型"树形图"（见图1-4）。[①] 该研究虽然面向幼儿园实践工作进行调研征询，但未通过科学的实证方法对所建构的指标模型进行有效的验证和检验。

2. 理论建构教师核心素养的研究

理论建构幼儿园教师核心素养的研究，由于理论基础、研究视角、研究方法等的不同，存在知识能力与情感态度的侧重点不同、基础素养与核心素养定位不同的分歧。如"核心素养"概念在国内还未兴起前，牛翠平意识到了素质结构中不同指标的影响权重问题，首次基于能力本位提出了幼儿园教师"核心素质"的概念，认为幼儿园教师核心素质包括观察能力、分析能力和反思能力[②]，显然，由于研究立场的不同，该观点是基于基础素养的角度提出的通用能力，而非"专业"的核心素质。李朝晖认为幼儿园教师核心素

[①] 赵红霞，庄莲莲. 幼儿园教师核心素养的模型构建研究 [J]. 湖北科技学院学报，2021，41 (2)：128-136+143.

[②] 牛翠平. 幼儿教师的核心素质探讨 [J]. 盐城师范学院学报（人文社会科学版），2010，30 (5)：109-111.

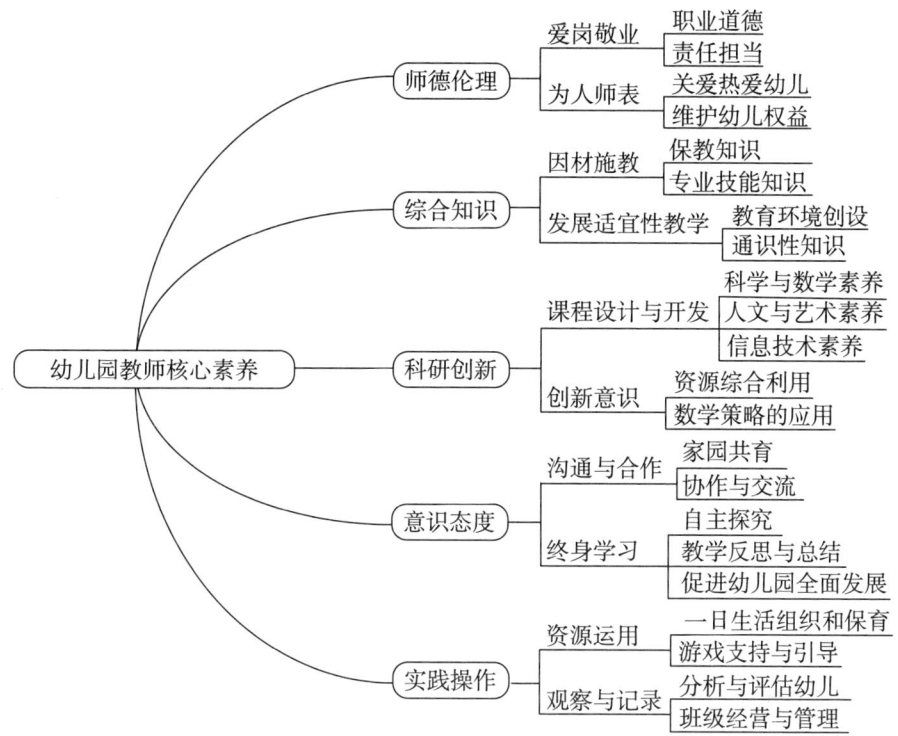

图 1-4 赵红霞、庄莲莲关于幼儿园教师核心素养的体系

养包括综合知识、创新能力、信息化技术及合作意识四个方面的素养[1]，虽然定位于"幼儿园教师核心素养"研究范畴，但也是一种定位于基础素养的核心素养观，未能体现出幼儿园教师岗位和身份的专业性，具有一定局限性。

陈秋珠、余晓基于领域特殊性理论，认为卓越幼儿园教师应具备普通幼儿园教师所不具有的特殊素养，包括实践智慧、优质教学、反思意识及仁爱之德，这些素养才是促进幼儿园教师从普通向卓越转化的关键。[2] 此后，陈秋珠借鉴皮里奥将幼儿园教师知识素养分为个体知识素养和群体知识素养的

---

[1] 李朝晖. 幼儿教师核心素养养成策略研究［J］. 黑龙江教育学院学报，2017，36（10）：30-33.
[2] 陈秋珠，余晓. 卓越幼儿园教师的核心素养及培养：基于领域特殊性理论［J］. 幼儿教育（教育科学），2018（5）：20-23.

观点①，从素养的个体性与群体性、知识性与技能性两个维度组成坐标系，进一步建构了卓越幼儿园教师的四个核心素养：个体技能素养（第一象限）、个体知识素养（第二象限）、群体知识素养（第三象限）、群体技能素养（第四象限）（见图1-5）。② 该观点以知识素养为理论基础，所建构的四个核心素养均处于知识技能维度，忽略了素养中最核心的态度、动机以及道德等非智力因素的重要意义。

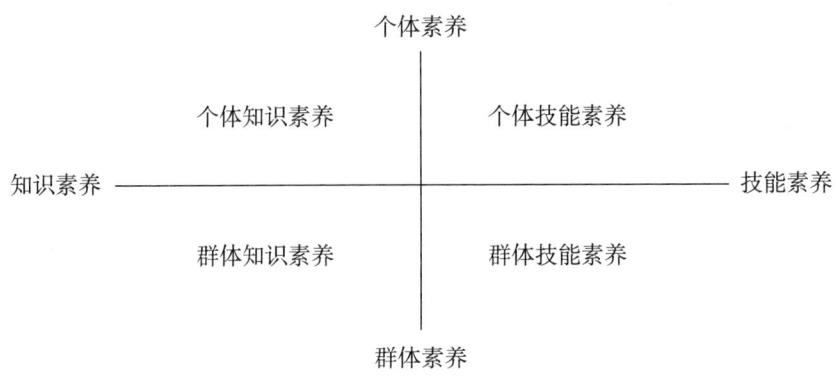

图1-5　陈秋珠关于卓越幼儿园教师核心素养的结构

相较于侧重知识能力的核心素养观，在幼儿园教师所应具备的广泛而多样化的素养中，华爱华则瞄准专业核心素养，直达幼儿园教师必备品格的核心，简洁明了地诠释了幼儿园教师的专业核心素养。她在中国学前教育研究会2018年学术年会上所做的《幼儿园教师的专业性问题思考》报告中，通过对安吉游戏的分析指出："理解儿童"是幼儿园教师的专业核心素养，而并非艺术技能、集体教学技能、环创手工技能，甚至也不是师德，因为师德是最基础的要求，任何一个行业都需要有德，专业核心素养要体现出专业性。

---

① PICCHIO M，GIOVANNINI D，MAYER S，et al. Documentation and analysis of children's experience：an ongoing collegial activity for early childhood professionals [J]. Early years，2012，32（2）：159-170.

② 陈秋珠. 卓越幼儿教师核心素养的内涵、构成及实现路径 [J]. 西北师大学报（社会科学版），2020，57（2）：85-92.

该论断突出了核心素养的核心性和关键性特征,在核心素养"不核心"的乱象下,具有正本清源的意义。

3. 其他方面研究

一是学前师范生的核心素养研究。相对于在职幼儿园教师核心素养研究而言,关于学前教育师范生核心素养的研究相对较少。利诺(Lino)认为在学前教师教育过程中,接受职前专业教育者力图达成的核心素养包括通识教育(general education)、专业基础(professional foundations)、正式知识与实践(formal knowledge and practice)和课程发展(curriculum development)四个方面。但其未明确这四个方面的核心素养是否对在职幼儿园教师具有普遍的适用性。

二是国际比较研究。比较有代表性的是韩国一项研究在对以往核心素养概念及幼儿园教师核心素养相关研究分析的基础上,比较了美国和加拿大幼儿园教师核心素养的内容与在实践中应用的情况。[①] 总体来看,由于幼儿园教师核心素养研究兴起时间较短,加之更多研究侧重于对素养模型的建构,国际比较研究相对较少。

(四) 已有研究述评

1. 已有研究的经验

第一,幼儿园教师核心素养是一个包含知识、能力、态度等多方面要素的复合结构,这些要素相互关联,相互转化,相互促进。

第二,幼儿园教师核心素养应体现出一定的核心性,即所涵盖的素养应该是关键性的少数素养,量少质精。

第三,在幼儿园教师核心素养、核心能力等研究过程中所采用的德尔菲法、行为事件访谈法等实证主义研究范式,显著提升了素养模型建构的科学性和有效性。

第四,从教研培训、同伴互助、自我反思等不同视角探究了提升幼儿园

---

① YU Y. An analysis and implication on core competencies of early childhood teacher between U.S and Canada [J]. The journal of korean educational idea, 2011, 25 (2): 153-177.

教师核心素养的有效路径和方法策略。

总的来说，国内外已有相关研究所取得的基本经验，为幼儿园教师专业核心素养研究提供了知识准备、方法基础和思路借鉴。

2. 已有研究的局限

第一，未能有效厘清研究范畴，即未对幼儿园教师素养结构进行层次划分。如用核心素养指代专业核心素养，将专业素养与公民的公共素养交叉混用，导致所建构的核心素养指标体系是全面的而不是核心的，是公共的而不是幼儿园教师岗位特有的，未能体现学前教育的专业性、幼儿园教师的职业性及核心素养的关键性。

第二，研究方法的科学性有待提升。虽然已有研究者发出呼吁，要在实证研究基础上建构一套科学的保教专业人员核心素养体系，明确幼儿园教师必备的最关键的核心知识与核心能力[①]，但此方面研究依然薄弱。已有研究大多采用文献讨论、经验推理等思辨方法进行幼儿园教师专业核心素养模型的建构，受研究者个人学术水平制约较大，研究结论得不到实证支撑，科学性不足；所得到的结论往往是理论界对幼儿园教师专业核心素养的期望，与教育本质及教育实践脱节，具有较强的主观性和经验性。

第三，在采用德尔菲法进行素养指标体系建构前，专业核心素养指标的来源较为单一且科学性不足。有的从已有成果、政策文本中梳理指标并由研究者本人进行主观遴选，有的单纯采用问卷调查法让学前教育工作者来提名，指标产生过程具有较强的主观性和随机性，指标来源的单一性导致缺乏指标之间的相互印证和检验，一定程度上影响了指标的科学性。

第四，未采用实证方法对所建构的幼儿园教师核心素养进行验证。仅有的三项系统建构幼儿园教师专业核心素养的研究，在通过德尔菲法等相关方法建构素养框架或体系后，直接进行权重赋值，并未采用因子分析等方法对模型进行效度检验。

---

① 索长清，王元. 美国幼儿保教专业人员核心素养研究：以纽约州与西弗吉尼亚州为例[J]. 教育评论，2021（8）：158-168.

第五，在指标遴选和建构过程中，缺乏基本立场和基本原则的有效指导。能力、素质、素养方面的研究是牵涉个体发展的基本问题，是教育基本理论研究的重要构成。因此，建构幼儿园教师专业核心素养应从儿童本质、幼儿园教师本质等视角出发，从中分析、提取指导指标建构的基本立场和基本原则，避免所建构的素养模型脱离教育的本质。

第六，已有幼儿园教师专业核心素养研究所形成的框架、模型或指标体系结构有待完善。如主要局限于对素养模型内容构成的研究，没有就模型的基本理念、主要特征、生成机制等方面进行探讨，导致素养模型的应用效果受限，特别是缺乏对生成机制的认识，所提出的培养路径和提升策略的有效性易受质疑。

综上所述，迫切需要在国内外已有研究基础上，科学厘定幼儿园教师专业核心素养研究的边界；综合使用定性研究与定量研究方法，以对学前教育本质分析所形成的基本立场和基本原则作为建构模型框架的理论指导和前提反思，系统建构幼儿园教师专业核心素养的内容框架；探究幼儿园教师专业核心素养的生成机制及培育路径。

四、概念辨析

（一）相关概念澄清

一直以来，人们由于阐述视角和研究立场的不同，试图用"素质""能力""素养""胜任力""创造力""专长"等不同概念来描述个体才能，其中"素养"使用得最为频繁。该词最早用于职业教育和培训，因为它与劳动力市场有着直接联系，并描述了某些特定任务或职责所需的技能和态度。自20世纪90年代以来，该词也越来越多地被用于学历教育。由于对上述概念内涵的认识尚处于发展之中，加之概念内涵之间的分野和融合，导致这些概念在学术界和日常生活中的使用均较混乱。因此要研究幼儿园教师专业核心素养，其前提是必须对"素养""能力""素质""胜任力"等概念做出梳理和澄清。

1. 素养与能力

"素养"一词从词源学分析来自拉丁文 cum（with）和 petere（to aspire），是指伴随着某件事或某个人的知识、能力与态度。参与经济合作与发展组织（OECD）"素养的界定与选择"项目的德国学者则认为"素养"的拉丁文字根可以被理解为"认知觉察"（cognizance）与"勇于负责"（responsibility），"素养"可以被理解为具有认知觉察、履行义务的才能与勇于负责的态度[①]，是一套支持目标实现的知识、技能、经验和素质，是实现有效绩效的可观察方式。

中文"素养"一词最早出现于《汉书·李寻传》："马不伏历，不可以趋道；士不素养，不可以重国。"陆游《上殿札子》中提到，"气不素养，临事惶遽"。素养即修习涵养，是包含态度情意的道德价值。具体来说，素养就是个体为了健全发展所不可或缺的知识、能力和态度。可见，素养不只包含知识、能力，而是对知识、能力与态度的统整，是在知识与能力的基础上扩展、进化、升级、转型为未来社会生活世界的素养。

前文已经说明，素养研究起源于能力研究。能力无论是作为一个生活概念还是科学概念，都得到了广泛研究和使用。尤其是学术界从心理学、教育学等不同视角，对能力展开了深入研究，概括起来主要有三种能力观。第一种，能力特征观。有学者认为能力是一种个性心理特征，是顺利实现某种活动的心理条件[②③]，是在观察力、记忆力、想象力等智力因素基础上形成的掌握知识、运用知识、进行创造的本领。类似的定义还有《现代汉语词典》中将能力界定为"能胜任某项工作或事务的主观条件"[④]。第二种，能力动态观。苏联心理学家彼得罗夫斯基（Piotrowski）对传统静态能力观做出批判，提出能力不是表现在知识、技能本身，而是表现在掌握知识、技能的动态上，

[①] RYCHEN D S, SALGANIK L H. Defining and selecting key competencies [M]. Seattle：Hogrefe & Huber Publishers, 2001：45-65.
[②] 彭聃龄. 普通心理学 [M]. 北京：北京师范大学出版社, 1988：537.
[③] 叶奕乾, 何存道, 梁宁建. 普通心理学 [M]. 上海：华东师范大学出版社, 1991：586.
[④] 中国社会科学院语言研究所词典编辑室. 现代汉语词典：第7版 [M]. 5版. 北京：商务印书馆, 2016：947.

即操作的速度、深度、难度及巩固程度。① 第三种,能力辐合观。前两种能力观均来自心理学视角,教育学视角则更强调多种要素在活动过程中的辐合。这种辐合既可能是郝文武教授主张的是在人的先天能力或者本能、潜能基础上通过学习和实践锻炼形成的主观能动力量,包括认识能力和实践能力、继承能力和创新能力等许多层面的辐合,也可能是与顺利完成某种活动有关的知识、技能、智力层面的辐合。

尽管三种能力观存在分歧,但基本达成了以下共识。第一,能力与活动密切联系,表现在人所从事的各种活动中,直接影响活动的效率,直接决定活动的完成度。第二,能力是在人的生理素质的基础上,经过后天的教育和培养,在实践活动中得到锻炼和发展的。从事的活动越复杂多样,能力发展得就越全面,发展水平就越高。② 第三,能力是衡量个体才能和活动成效的重要标准。由于能力具有鲜明的可观察性、可测量性,因此它经常与知识一起,成为早期人们对个体才能评判的重要标准。能力的内在表现就是完成实践活动的行为和个性心理特征,外在表现就是完成实践活动的效率和质量。第四,能力的种类繁多,采用不同标准可划分为不同的类型。如有认识与适应社会生活的一般能力(语言能力、思维能力、注意力、记忆力、观察力等),也有保证某种专业活动顺利完成的特殊能力(运动能力、音乐能力、绘画能力等)。虽然能力的种类繁多,但并非所有能力都是每个个体必须获得和发展的,也并非所有能力都是决定个体终身发展和社会发展的关键能力(核心素养)。

相对能力而言,素养是"'可教、可学'的,是经由后天学习获得的,它可以通过有意的人为教育加以规划、设计与培养,是经由课程教学引导学习者长期习得的"③。素养是对知识、技能、态度和动机的有机统整,在素养生成和提升的过程中,往往还会涉及对前知识、前经验和个人特质的综合运

---

① 彼得罗夫斯基. 普通心理学[M]. 朱智贤,伍棠棣,卢盛忠,等译. 北京:人民教育出版社,1981:485-486.
② 马陆亭. 关于能力的定义[J]. 高等工程教育研究,1990(4):78.
③ 柳夕浪. 从"素质"到"核心素养":关于"培养什么样的人"的进一步追问[J]. 教育科学研究,2014(3):5-11.

用和转化（见图1-6）。相对于知识、能力的客观性，素养常常附带价值和道德的意涵，即能力用高低来度量，而素养则用好坏来评价，一个人可以很有能力，但因为道德水平很低而会很没有素养。

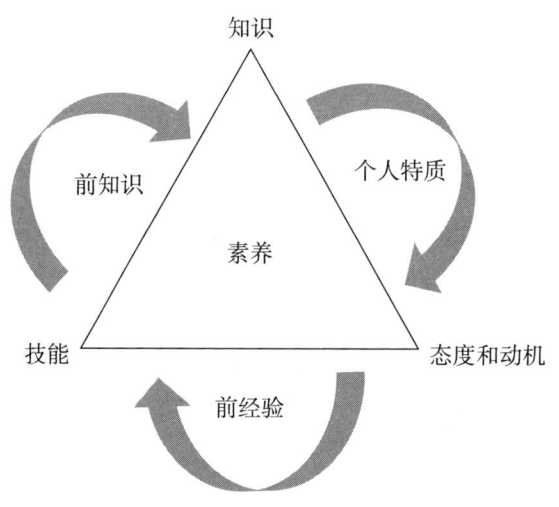

图1-6 素养生成过程与前知识、前经验、个人特质的关系

2. 素养与素质

"素"有白色、本色、原有的、构成事物的基本成分等释义。"素质"一词在中国古代文献中也多有记录。最早见于先秦时期《逸周书·克殷》："及期，百夫荷素质之旗于王前，叔振奏拜假。"被誉为辞书之祖的《尔雅·释鸟》中提到："伊洛而南，素质，五采皆备成章曰翚；江淮而南，青质，五采皆备成章曰鷮。"杜甫《白丝行》中有："已悲素质随时染，裂下鸣机色相射。"南朝《文选·张华〈励志诗〉》中有言曰："虽劳朴斫，终负素质。"在古汉语"素质"内涵的基础上，《现代汉语词典》把"素质"界定为事物本来的性质。《中共中央关于进一步加强和改进学校德育工作的若干意见》首次提出"素质教育"的概念后，《中共中央 国务院关于深化教育改革全面推进素质教育的决定》明确了素质教育的根本宗旨是提高国民素质，重点是培养学生的创新精神和实践能力。但是由于"素质"一词在不同层次、不

同场合被高频度使用，其概念内涵逐渐模糊，因此产生了争议。概括起来，素质的概念主要包括狭义和广义两个层面。狭义的素质主要从生理学来理解，即素质是有机体与生俱来的生理解剖特点，这种素质是个体的身体、智慧、能力、个性等发展的前提和基础；广义的素质则超出遗传特征的局限，强调人在从事活动时所具有的内在、稳定、持久的身心品质，是人的智慧、道德、审美性的系统整合[①]，是人的身体、技能、知识和品德的"合金体"[②]。它既可指个体，如身体素质、心理素质、道德素质、审美素质，也可以指群体，如国民素质、军人素质等。

可见广义的素质与素养已经具有相同的内涵。"核心素养与核心素质并没有本质区别，把核心素养叫做核心素质也无不可。……我们最该关心的不应是'素养'的叫法和译法，而应是何为'核心'。"[③]

3. 素养与胜任力

胜任力被视为将某一工作中表现优异者与表现平平者区分开来的个体潜在的、深层次的特征，一般包括五个层面：知识、技能、自我概念、特质和动机。这些特征单独或组合使用时，个人就可获得成功的绩效，不仅包括个人工作的绩效，也包括个人生活的绩效。[④] 相比于传统的智力测评、性向测验和知识测验，胜任力更能预测复杂工作情境下的个体工作绩效。由于国内学者常常将 competence 译为胜任力、能力、能力素质、素养、才能等，在国内进行核心素养研究时，常常出现将胜任力与素养交替使用的现象。如中国学生发展核心素养研究课题组负责人林崇德将"胜任力运动"发起人麦克利兰（McClelland）的"*Test for competence rather than for intelligence*"一文译为《测量能力而非智力》，将斯宾塞（Spencer）的胜任力译为"素养"；同一个"冰山模型"和"洋葱模型"，胜任力研究者认为是胜任力模型，素养研究者认为是素

[①] 姚允柱. 基于创新教育的知识、能力、素质关系辨析 [J]. 黑龙江高教研究, 2006（11）: 20-22.
[②] 郝文武. 教育哲学研究 [M]. 北京：教育科学出版社, 2009: 175.
[③] 褚宏启. 核心素养与国民素质 [J]. 中小学管理, 2016（5）: 60.
[④] 迪布瓦. 胜任力 [M]. 杨传华, 译. 北京：北京大学出版社, 2005: 1.

养模型①；陈佑清则将核心素养界定为个体所需的"胜任力或竞争力"。

本书认为，要厘清素养与胜任力的关系，应区分以下两种情况：第一种，在 competence 单独使用时，特指个体所具备的知识、能力、态度、动机等特质的统一，是终身发展所需要的特质，此时胜任力和素养两个概念的内涵高度融合，完全可以互译互用；第二种，当 competence 与 key 或者 core 搭配使用时，多被翻译成"核心素养""关键能力"或"核心胜任力"，它是众多"素养"、众多"胜任力"中的"高阶素养"，可以被视为翻译习惯的问题。

可见，核心素养与胜任力是有着交叉理论内核的不同概念。从内容维度上来说，核心素养是群体所有活动中体现出的共同素养、高阶素养，胜任力是群体特定活动中的专业素养，既包括基础素养，也包括高阶素养；从功能维度上来说，核心素养是育人目标体系，指向人才培养的目标和社会公民的标准，胜任力是评价个体对某项任务的绩效达成度，更倾向于个体现有的能力素质水平；从价值维度上来说，核心素养更突出个体发展的自主性、终身性和社会参与性，更具价值理性的意蕴，胜任力更强调完成绩效的效果和效能，更具工具理性的意涵。

综上所述，人才评价标准从能力、素养、胜任力到核心素养的概念变化，不仅是研究话语的转换，更是价值立场的转向和理论发展的必然。

（二）核心概念界定

1. 幼儿园教师

《幼儿园教师专业标准（试行）》指出：幼儿园教师是履行幼儿园教育工作职责的专业人员，需要经过严格的培养与培训，具有良好的职业道德，掌握系统的专业知识和专业技能。

本书所界定的幼儿园教师是指在幼儿园等面向3—6岁儿童提供保育教育服务的学前教育机构就职，持有教师资格证、履行幼儿园教育工作职责的专业人员，包括主班教师、配（副）班教师，以及业务型园级领导、中层领导

---

① 褚宏启. 核心素养的国际视野与中国立场：21世纪中国的国民素质提升与教育目标转型[J]. 教育研究，2016（11）：8-18.

和其他专业人员,不含保育员及行政后勤人员。

2. 专业

专业(profession)最早从拉丁语演化而来,其本意是公开表达自己的观点或信仰。专业被视为一个富有文化、历史而又不断变化的概念,人们对这一概念的理解各不相同。社会学家卡尔-桑德斯(Carr-Saunders)最早从社会分工和职业分化的角度阐述了"专业"的内涵"是指一群人在从事一种需要专门技术的职业,专业需要特殊之力来培养和完成,其目的在于提供专门性的服务"①。布兰代斯(Brandeis)提出了构成"专业"的最基本的三大属性:全日制的正式职业,深奥的知识、才能和技术,为公众和社会提供无私的服务。② 其实质是把握从事工作的本质、特质,遵循其规律、特点。

本书认同连榕所做的界定,即"专业是指一群人经过专门教育或训练,具有较高深和独特的专门知识与技术,按照一定专业标准进行专门化的处理活动,从而解决人生和社会问题,解决社会进步并获得相应报酬待遇和社会地位的专门职业"③。在这里,专业特指具有学前教育属性和特殊性。

3. 幼儿园教师专业核心素养

虽然幼儿园教师专业核心素养的研究刚刚起步,所取得的研究成果也不算丰富,但仍有部分研究者对幼儿园教师专业核心素养相关概念做了探讨。如陈盈诗第一次明确使用"幼儿园教师专业核心素养"的表述,将之定义为担任幼儿园教师一职,为从事幼儿园教保活动与提供优质幼教服务,所需具备相当程度之资格、核心且重要之教保主业知识素养、教保专业能力素养、教保专业态度、精神与伦理素养。④ 苏航认为幼儿园教师的核心素养就是教师在为家长和社会提供优质幼教服务、在幼儿园从事保教活动中所必须具备的相应程度的资格,核心且重要的专业知识素养、专业能力素养与专业态度、精神和伦理素养,并特别强调这些资格、知识、能力、态度、精神和伦理,

---

① 劳凯声. 教师职业的专业性和教师的专业权力 [J]. 教育研究,2008 (2):7-14.
② 赵康. 专业、专业属性及判断成熟专业的六条标准:一个社会学角度的分析 [J]. 社会学研究,2000 (5):30-39.
③ 连榕. 教师专业发展 [M]. 北京:高等教育出版社,2007:3.
④ 陈盈诗. 幼儿园教师专业核心素养指标建构之研究 [D]. 台湾屏东大学,2015.

都必须是与"专业"相关的。① 曹利乐、张金丽认为幼儿园教师核心素养是幼儿园教师利用自身专业知识、专业技能、专业情怀,为促进幼儿更好地适应社会变革、发展核心素养的必备品格与关键能力,具体包括:科学的幼儿教育理念、高尚的幼儿教育情怀、夯实的幼儿教育能力、完善的教师人格。②

在进行概念界定的过程中,已有观点呈现三方面特点:一是均强调幼儿园教师专业核心素养的"专业性""核心性""关键性";二是该领域研究尚在起步阶段,概念内涵之间离散度较高;三是未对幼儿园教师素养结构进行分层和分类,导致部分概念界定不清,如将"幼儿园教师核心素养"与"幼儿园教师专业核心素养"混用。

本书认为,要界定幼儿园教师专业核心素养,首先要对幼儿园教师在适应社会生活变迁与职业生涯发展过程中必备的素养进行梳理、分类,厘清幼儿园教师素养结构。经分类、整合、分析,本书认为,幼儿园教师主要需要三类素养:公民公共素养、教师职业素养、专业核心素养(见图1-7)。

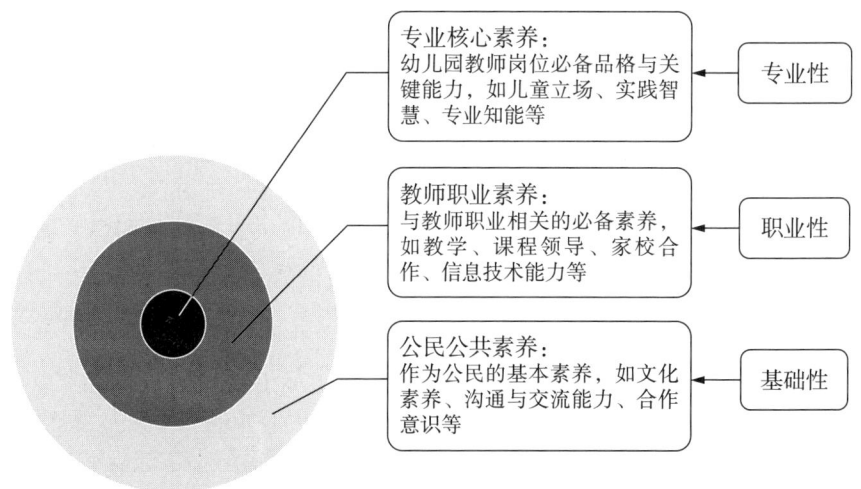

图 1-7 幼儿园教师素养结构及定位

---

① 苏航.幼儿教师核心素养体系研究[D].陕西师范大学,2018.
② 曹利乐,张金丽.提升幼儿教师核心素养的策略探究:基于《幼儿园教师专业标准》[J].考试周刊,2019(28):189.

第一,幼儿园教师应具备基本的公民公共素养,即基础性素养。它是每个社会成员为了适应个体终身发展和社会永续发展所需的基本知识、能力与态度,如文化素养、沟通与交流能力、合作意识等,是包括幼儿园教师在内的所有社会成员共有的素养,是个体终身发展所需的素养,强调的是教育价值功能和过程本位导向。正如澳大利亚梅尔委员会(Mayer Committee)提出的,公民的关键素养是所有类型职业都适用的"一般"关键能力,而非某些行业所需的"专门"能力。

第二,幼儿园教师应具备与教师职业相关的素养,即职业性素养。它是与教师职业相关的必备素养,如教学、课程领导、班级管理、家校合作、信息技术能力等。但教师的职业性素养仅与教师职业匹配,而不与特定的岗位情境匹配,即使在幼儿园内,园长与教师均属于专任教师身份,他们所需的关键能力却大有不同。因此,幼儿园教师仅具有公民公共素养以及与教师职业相关的一般素养,并不意味着能胜任幼儿园教师岗位。

第三,幼儿园教师应具备与幼儿园教师工作岗位高度匹配的专业核心素养,即专业性素养。个体在不同工作情境或任务要求下需要不同的能力表现,不同岗位所需的关键能力具有差异性。专业核心素养是教师在其职业生涯发展中成功完成每一项专门工作所需的知识、能力、态度、价值观等,面向特定从业人员,与特定工作岗位高度匹配,强调的是就业价值功能与结果本位导向。

幼儿园教师素养是以上三方面素养的辩证统一。一方面,幼儿园教师专业核心素养在其必要性、关键性、核心性和高阶性上,显著高于公民公共素养和教师职业素养;另一方面,幼儿园教师胜任其岗位也需要公民公共素养和教师职业素养作为基础。三方面素养并非鱼与熊掌不可兼得的对立关系,公民个体也无须在其中进行抉择。正如要做好一名厨师,在学会熟练地加工食材之前,也需要有审美情趣,更要有健全人格,但只有审美情趣和健全人格此类基础性素养而不具有厨师岗位核心素养,不一定能做一名好厨师。

在借鉴已有研究成果基础上,本书认为,幼儿园教师专业核心素养是指幼儿园教师应具备的与岗位要求高度匹配的,满足个体职业发展、促进幼儿身心发展、适应社会变革发展所需要的专业的、高阶的必备品格与关键能力。

鉴于上述认识，幼儿园教师专业核心素养模型应具备以下四个特征。

第一，竞争优势特征。幼儿园教师专业核心素养反映的是幼儿园教师群体的必备品格与关键能力，是一种积累的学习效果，具有独特的职场竞争优势，或者可以称为核心竞争力。普拉哈拉德和哈梅尔（Prahalad and Hamel）认为核心竞争力可以为组织做出突出贡献，实现顾客最关注的、核心的、根本的利益。[①] 所谓必备品格就是离开了这些品格，核心素养将不再是核心的素养，或者这些素养将不能在职业生活中对卓越绩效产生促成效应。所谓关键能力就是在职场生活中所必需的高阶能力，这些能力将成为决定教师绩效水平的关键因素，如观察、评价幼儿的能力，反思的能力，自我成长、自我完善的能力等。具备专业核心素养的幼儿园教师在职场生活中能够饱含专业情意，综合运用专业知识与技能，应对工作和生活中的各种复杂情境挑战，积极组织有效的幼儿学习发展活动并促进其身心健康成长，表现出鲜明的专业优势和职场竞争优势，容易成长为熟手教师和专家型教师，往往被称为"优秀教师""好教师"，与普通幼儿园教师在素养结构上有本质区别。

第二，单一群体特征。由于划分群体的标准不同，就会产生大大小小各种不同性质、不同类型的群体。因此特定群体的核心素养应既具有广义群体的共同素养，也具有特定群体的共同素养。当给"核心素养"，如"幼儿园教师"的核心素养限定一个边界时，"核心素养"应更倾向于附带了幼儿园教师群体职业特征的素养，不能脱离幼儿园教师职业的使命、任务、场域、对象等具体情境。幼儿园教师的群体特征是幼儿园教师专业核心素养区别于学生（或公民）核心素养的本质特征。如果说教师核心素养是教师职业区别于其他职业的本质素养，那么幼儿园教师专业核心素养则是幼儿园教师群体区别于其他学段教师的本质素养，其他学段教师和其他行业从业人员无法复制或在短期内无法获得，具有鲜明的群体性、专业性和区分度。

---

① PRAHALAD C K, HAMEL G. The core competence of the corporation [M]//ZACK M H. Knowledge and strategy. Woburn, MA: Butterworth-Heinemann, 1999: 41-59.

第三，多元面向特征。素养是对知识、能力、态度等多个要素的有机统整，核心素养是其中关键、必备的素养，通过幼儿园教师专业核心素养不同领域的组合而展现出不同的功能。具体来说，幼儿园教师专业核心素养具有促进个体发展、学生发展和社会发展三方面功能价值。一是目标功能方面的分析。从这一角度看，幼儿园教师专业核心素养主要指向具有核心素养的主体能够实现个体终身发展和对社会生活做出积极回应。具体来说，就是幼儿园教师专业核心素养有助于幼儿园教师追求个人生活目标的实现，有效参与政治、经济、文化、艺术、教育等公民活动，迎接来自不同社会角色、社会环境和时代变迁所带来的挑战，因此它具有促进个体发展的功能。二是由于幼儿园教师是引导和促进幼儿身心和谐发展的专业人员，其良好的素养水平、优质的个体生活状态和健康的专业发展态势，必然会对幼儿的身心发展产生直接的正向促进，这体现了幼儿园教师专业核心素养促进学生发展的功能。三是由于幼儿园教师专业核心素养具有促进个体发展和学生发展的功能，这不仅提高了幼儿园教师个体价值的实现程度，还能通过其教育活动传递社会共同价值规范，传承、创新人类文化，培养具有健全人格和身心和谐发展的未来世界的主宰即幼儿，更有助于全体公民素养的提升，社会秩序的建立，政治、经济、文化等良好生态的形成。可以说，幼儿园教师专业核心素养的功能已经超越个体发展的层面，最终落脚在促进社会发展的层面上。

第四，本土建构特征。幼儿园教师专业核心素养模型的建构不是本土化的过程，而是本土建构的过程。本土化是对异域文化的适应、接收和改造，本土建构则是立足于本土实际的原生态建构，是社会永续发展的基础。经济全球化、全球一体化潮流拉近了世界不同文化之间的距离，尤其是21世纪以来，互联网的连接作用和催化效应加剧了主流文化之间、主流文化与非主流文化之间的对话、碰撞和博弈。全球文化格局呈现出的异质文化之间的差异性日渐趋同，强势经济体将资本、人力和商品输送到世界各地的同时，裹挟强势文化，形成了对弱势经济体和弱势文化的巨大冲击，甚至有同化的趋势，产生了"文化全球化"现象。① 相较于理解、批判和借鉴异质文化，捍卫、继承和弘扬本土文化更为重要。中华优秀传统文化是我们在世界文化大潮的激荡中站稳脚跟的坚实根基。我国有孕育民族文化的深厚土壤和悠久历史，有自己选择的道路和特殊的国情，就像中国教育在数千年的发展过程中形成符合中国国情的方针、政策和育人目标一样，幼儿园教师专业核心素养也不能脱离中国的教育环境、教育对象、教育方针和教育目的，尤其是中国学前教育的现实基础。

正如中国学生发展核心素养深深扎根于中华优秀传统文化的沃土一样，幼儿园教师专业核心素养也需要在理解、借鉴国际先进文化理念与教师发展理念的基础上，汲取中华优秀传统文化的精髓，运用中国概念，反映中国现实，回应中国问题，阐释中国经验，凸显中国立场，引领中国教师。我们要通过建构本土的幼儿园教师专业核心素养模型，解释中国幼儿园教师所应具备的最关键、最核心的素养结构。

五、研究方法与思路

本研究主要采取以下四种研究方法。

（一）文本分析法

文本分析法是指按照研究的需要，对某一主题文本的内容、符号、结构和语境等方面信息，进行比较、分析、归纳、意义诠释，从中提炼关键性信息的研究方法。文本是现代社会中极为常见且重要的物件。文本分析法已经是政策研究中应用比较普遍的研究方法②，甚至广泛应用于社会科学研究的整个领域。文本分析法与其他对既存统计资料的分析、历史比较等方法相似，均被称为"非干扰性的研究"（unobtrusive research），它将那些用"类语言"所表达的社会（制）成品（social artifacts），如书、杂志、报纸以及歌曲、画

---

① VAN REKEN R E, RUSHMORE S. Thinking globally when teaching locally [J]. Kappa delta pi record, 2009, 45 (2): 60-68.
② 涂端午. 教育政策文本分析及其应用 [J]. 复旦教育论坛, 2009, 7 (5): 22-27.

作、演讲、信函、法条等,转换为用数量表示的信息,并用统计数字描述分析的结果。该方法往往能找出文献内容本质性的和易于计数性的特征,在一定程度上避免了定性研究的主观性和不确切性,也常常能得到问卷调查、访谈调查等定量研究不容易得到的结论。

本研究将与学前教师专业发展密切相关的四个政策文件和五个国家标准作为文本进行分析,建构幼儿园教师专业核心素养"政策指标"。这些文本是:2010年国务院发布的《关于当前发展学前教育的若干意见》,2012年教育部、中央编办、财政部、人力资源社会保障部联合发布的《关于加强幼儿园教师队伍建设的意见》,2018年发布的《中共中央 国务院关于全面深化新时代教师队伍建设改革的意见》《中共中央 国务院关于学前教育深化改革规范发展的若干意见》,以及《教师教育课程标准(试行)》《中小学和幼儿园教师资格考试标准(试行)》《幼儿园教师专业标准(试行)》《学前教育专业认证标准》《学前教育专业师范生教师职业能力标准(试行)》。运用文本分析法建构政策指标主要包括以下几个步骤:第一,确定研究对象;第二,预读文本,理解意义;第三,确定编码规则;第四,登录编码;第五,梳理指标。

(二) 问卷调查法

问卷调查法是研究人员借助事先编制好的统一制式的调查问题或表格(问卷),通过邮寄、网络、直接询问等方式,测量被调查者的行为、态度和特征的研究方法。问卷法由于其适用范围广、便于定量统计、省时省力省资金、可匿名等特点,成为社会调查中的主要研究方法之一,"十项社会调查中有九项都是采用问卷进行的"[①]。

本研究两次使用问卷调查法,均通过国内主流在线调查平台"问卷星"发放问卷:一次是在幼儿园教师专业核心素养指标建构过程中,面向幼儿园园长、教师等一线工作者发放《幼儿园教师专业核心素养调查问卷(指标征

---

① MOSER C A, KALTON G. Survey methods in social investigation [M]. 2nd ed. London: Heinemann Educational Books, 1971: 45.

集)》(见附录1),征集幼儿园专任教师(园长)对心目中专业核心素养的提名,建构理论指标;另一次是在幼儿园教师专业核心素养模型初构完成后,面向一线幼儿园教师、幼儿园教学管理工作者、幼儿园园长发放《幼儿园教师专业核心素养调查问卷(因子分析)》(见附录6),通过对问卷数据进行探索性和验证性因子分析,明确素养指标的内部关系,建立科学、稳定的专业核心素养结构框架。两次问卷调查均面向幼儿园一线工作者,一次是指标提名,一次是指标验证,表明幼儿园教师专业核心素养指标是从实践中来,回到实践中去的。

(三) 德尔菲法

德尔菲法是专家调查法的一种,是通过匿名的方式反复多轮次咨询多名专家的主观判断,最终取得具有统计意义的专家集体判断结果的预测、评价方法。德尔菲法被誉为在缺乏足够统计数据和没有类似历史事件可借鉴的情况下,进行预测及评价研究的最常用的方法之一。[1][2] 德尔菲法具有以下特点。第一,观点来源的权威性和充分性。专家组由相关领域的权威专家构成,可以对指标进行不同视角的推敲和打磨,提高指标的权威性和可靠性。第二,调查过程的匿名性。由于该方法采取匿名发函调查的方式,有效避免了会议调查法中权威人物、会议气氛、从众心理等无关因素的影响。专家可以有充足的时间思考,并且发表独立见解。第三,最终结论的一致性。经过多轮的反复咨询、归纳、修改,可以最终使专家意见逐渐趋同,形成一致性结论。

本研究针对从已有研究成果、国家教育政策文本、幼儿园一线工作者3个方面提取的35个幼儿园教师专业核心素养指标,通过覆盖学科领域、实践领域和综合领域的35位学前教育专家,进行多轮次匿名意见咨询,不断删除、补充、修订一二级指标,最终达成共识,建构幼儿园教师专业核心素养模型。

---

[1] 袁勤俭,宗乾进,沈洪洲. 德尔菲法在我国的发展及应用研究:南京大学知识图谱研究组系列论文[J]. 现代情报,2011,31(5):3-7.

[2] 张旸,刘姣,张媛. 小学道德与法治学科核心素养指标框架建构研究[J]. 教育科学研究,2021(5):77-83.

(四) 文献研究法

教育科学研究中的文献研究法又称为历史研究法或资料研究法，是通过对相关文献资料的搜集、整理、分析，借鉴、比较、概括、归纳不同时代不同国家的教育经验、教育理论、教育政策及效果，从而达到某种研究目的的方法。它是通过分析研究人类已有的教育实践和教育思想，从而认识教育以及教育思想发展规律性的研究方法，是教育研究中最经典的研究方法。[①] 它既是一种传统而独特的教育研究方法，又是任何教育科学研究所必需的步骤和条件。本研究以历史文献资料、学术研究成果等为主要文献来源，通过历史考察、比较研究等方法，进行收集鉴别、分析概括、归纳总结，在对学前教育本质、幼儿园教师本质进行分析的基础上，沿着历史发展的脉络对教师素养观进行梳理，形成幼儿园教师专业核心素养模型的重要历史基础和理论铺垫。

本研究借鉴了林崇德、陈文强等人的研究思路。他们将各国际组织、国家、地区及部分项目组核心素养研究的思路与方法进行概括，主要分为三种类型。[②③] 一是自上而下型——先方案、后论证。通过演绎推理，首先进行理论与文献的分析，提出理论构想和内容框架，再通过广泛征求社会各界意见和建议，进行修改完善。这种类型的优点是在较短时间内即可形成基本框架，比较简便易行，不只是由文献分析形成的内容框架要尽可能完善，且初始框架会对后续论证产生先入为主的影响。二是自下而上型——先论证、后方案。通过归纳推理，首先广泛征求公众和专业人士意见，在充分论证基础上提炼理论框架，如全国教育科学"十三五"规划2017年度国家重点课题"教师核心素养和能力建设研究"。这种类型的优点是较好地反映了社会期望，使得框架更趋合理，不足是在没有初步方案的情况下，前期论证工作量极大。三是整合型——边方案、边论证。在前期进行理论分析的同时就开始进行社会论证，广泛征求意见，并将这两种结果进行整合。这种类型的优点是既注

---

① 蔡军. 学前教育科研方法 [M]. 西安：陕西师范大学出版总社有限公司，2013：86.
② 林崇德. 21世纪学生发展核心素养研究 [M]. 北京：北京师范大学出版社，2016：139.
③ 陈文强. 核心素养与学校变革 [M]. 厦门：厦门大学出版社，2016：13.

重了核心素养的理论分析，又反映了民众的意见和期望。这种类型是目前研究公民、学生核心素养的主流范式。

本研究在模型的形成过程中，以第三种研究类型为基础，采用平行交叉型研究范式——边理论、边实证、后论证、再理论。

本研究的具体思路如下。

第一步，立场建构。通过文献研究法，从教育本质的视角对儿童、童年、幼儿园教师等进行本质分析，从中梳理、提炼对核心素养模型建构具有指导意义的价值立场和基本原则。

第二步，指标建构。一是采用文献研究法，梳理理论指标。从国内外已有相关研究成果中梳理幼儿园教师专业核心素养理论指标，为后续研究提供特征编码，奠定理论基础。二是采用文本分析法，提取政策指标。从学前教育相关重要政策文本，以及《幼儿园教师专业标准（试行）》《中小学和幼儿园教师资格考试标准（试行）》《教师教育课程标准（试行）》《学前教育专业认证标准》《学前教育专业师范生教师职业能力标准（试行）》中提取幼儿园教师专业核心素养政策指标，为后续研究补充特征指标，提供政策依据。三是采用问卷调查法，征集实践指标。面向幼儿园专任教师、园长等行业一线工作者发放《幼儿园教师专业核心素养调查问卷（指标征集）》，征集"幼儿园教师最应具备的专业核心素养"，提名数量不限。

第三步，模型建构。一是采用德尔菲法，建构幼儿园教师专业核心素养模型。将理论指标、政策指标、实践指标合并去重，建构幼儿园教师专业核心素养指标；面向学科、实践、综合等领域专家对该核心素养模型进行多轮次咨询，删除、增加、修订各级指标，形成幼儿园教师专业核心素养初步模型。二是通过因子分析法对素养模型的效度进行客观验证。三是采用专家排序法，对幼儿园教师专业核心素养模型各指标进行赋权。

第四步，理论建构。针对所建构的幼儿园教师专业核心素养模型的基本理念、内容结构、主要特征及与《幼儿园教师专业标准（试行）》的关系进行深入分析，同时，通过概括归纳、演绎推理的方式探究幼儿园教师专业核心素养的生成机制，并据此提出幼儿园教师专业核心素养的培养和提升路径。

本研究的技术路线见图1-8。

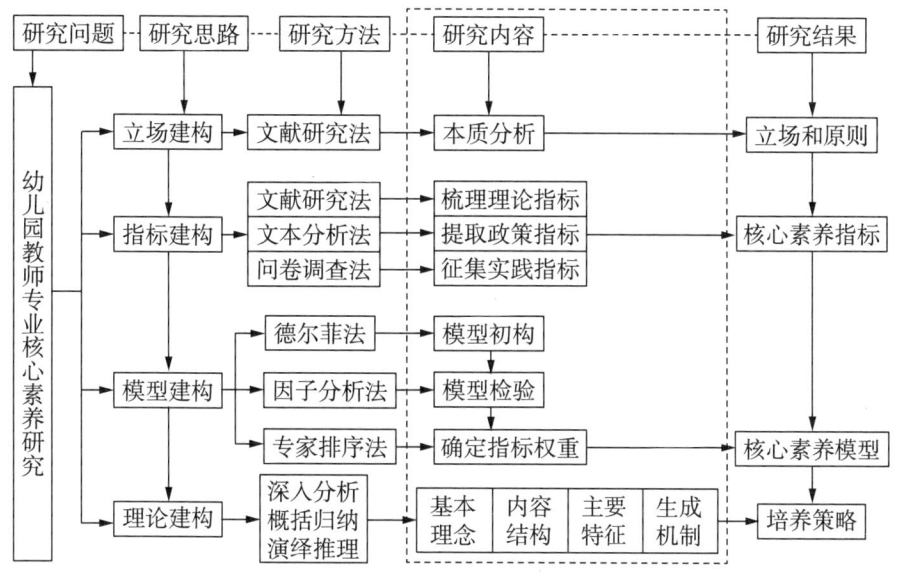

图1-8 本研究的技术路线

六、创新之处

（一）基于教育本质分析确立模型建构的基本价值立场

已有研究更多侧重在国际借鉴和历史考察的基础上进行模型建构，往往忽略了对教育本质的回溯。本研究从对童年、儿童的本质分析出发，紧密围绕教育—管理—保护型的师幼法律关系、对话—理解型的师幼教学关系、父母关怀型的师幼生活关系的三重结合，探讨了幼儿园教师的本质，并基于这些本质分析，提出指导幼儿园教师专业核心素养模型建构的6个基本价值立场——固守儿童本位、护育生命价值、坚守学前属性、彰显专业伦理、突出专业知能、强调实践品性，力图彰显模型建构技术性与价值性的有机统一。

（二）建构幼儿园教师专业核心素养模型并进行理论审视

本研究建构由"儿童立场""职业信念""专业知能"3个维度、"理解儿童""恪守师德""实践智慧"等12个核心指标所构成的幼儿园教师专业核心素养模型,在此基础上,概括形成"信念为基、知能为体、伦理为范"层次递进的模型基本理念,从价值向度、伦理向度和能力向度上剖析模型的内容结构,总结抽取"多维统整、多点辐射、多元功能"的模型主要特征,并探究了"三段螺旋"与"三重对话"专业核心素养的生成机制。本研究在模型建构基础上进行理论审视,相对传统研究侧重模型结构内容而言,更为系统和全面。

(三) 通过因子分析法对模型效度进行客观验证

与已有大多数研究在德尔菲法建立模型后直接计算指标权重不同,本研究还采用因子分析法对幼儿园教师专业核心素养模型进行验证:首先通过SPSS主成分分析法提取公因子,进行探索性因子分析,随后利用AMOS结构方程模型方法进行验证性因子分析,对模型的效度进行客观检验,弥补德尔菲法主观性较强的不足[1],提高模型的科学性。

---

[1] 徐小洲,陈劲,叶鹰,顾建民.大学创新力评价的理论、方法与策略[J].高等工程教育研究,2007(3):35-39.

第二章 幼儿园教师专业核心素养的理论基础与历史考察

科学有效地开展幼儿园教师专业核心素养研究，必须从万千教育理论中找到能够启发并有力支撑研究的主要基础理论。幼儿园教师专业核心素养是一个相对新的概念。本研究涵盖的幼儿园教师专业核心素养模型建构、理论审视和改进策略等多方面内容，虽然其他学者鲜有直接涉及，但相关领域研究却拥有非常深厚的历史积淀和研究基础。特别是"胜任力""学生发展核心素养""教师评价"等方面的一系列成果，对本研究模型建构逻辑、结构要素、内容价值等方面形成了有力的理论支撑（见图2-1）。可以说，在研究幼儿园教师专业核心素养的过程中，胜任力模型理论提供了结构，撑起了"骨架"；学生发展核心素养理论明确了定位，注入了"灵魂"；教师评价理论充实了内容；丰富了"血肉"。

一、理论基础

（一）胜任力模型理论

1. 代表性观点

胜任力研究源于1973年麦克利兰在《美国心理学家》期刊上发表 "Testing for competence rather than for intelligence" 一文，将胜任力界定为"与工作或工作绩效或生活中其他重要成果直接相似或关联的知识、技能能力、特质或动

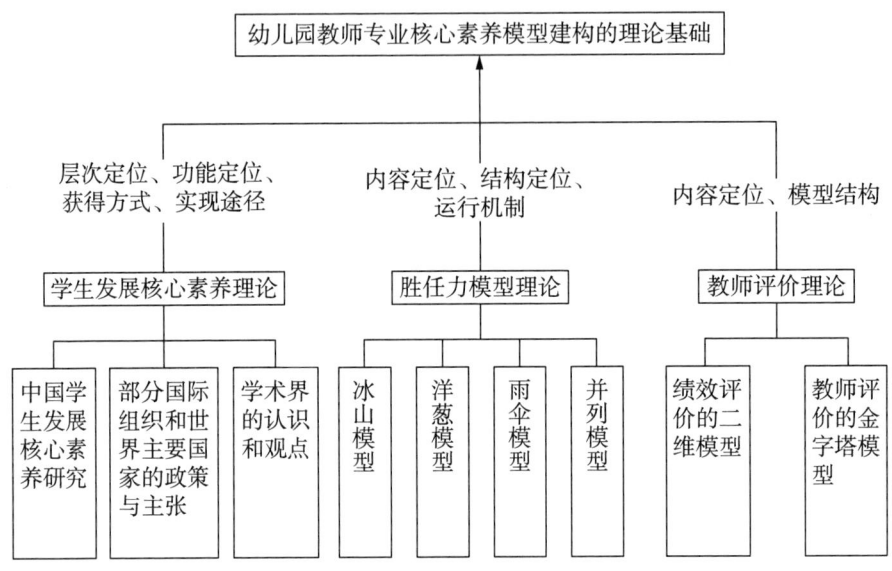

图 2-1 幼儿园教师专业核心素养模型建构的理论基础

机"。相关研究首先在管理学领域掀起热潮，随后扩展到心理学、教育学等领域，成为个体能力素质结构研究最重要的领域之一，经久不衰。

胜任力的研究为核心素养研究奠定了坚实的理论基础。根据素养特征群建构的不同逻辑关系（"上下层级关系""内外层级关系""交叉层级关系"和"平行层级关系"），胜任力模型可分为四类。

第一，冰山模型。冰山模型的实质是遵循"上下层级关系"建构的素养特征群。斯宾塞根据弗洛伊德关于人格的冰山理论，将各种素养根据一定层级组织起来，用"冰山"来生动描述这些特征的关系和价值。冰山露出水面的部分为浅层次的素养构成，如知识、技能等；隐藏在水面下的巨大山体为深层次的素养构成，如自我概念、特质、动机等，它们拥有强大的隐性能量，是决定个体行为及表现的关键因素，也是与普通绩效相区别的关键特征（见图 2-2）。这是建构最早、接受度最广、影响最为深远的胜任力模型。

第二，洋葱模型。洋葱模型是美国学者理查德·博亚特兹（Richard Boyatzis）在冰山模型基础上发展的，其实质是遵循"内外层级关系"建构的素

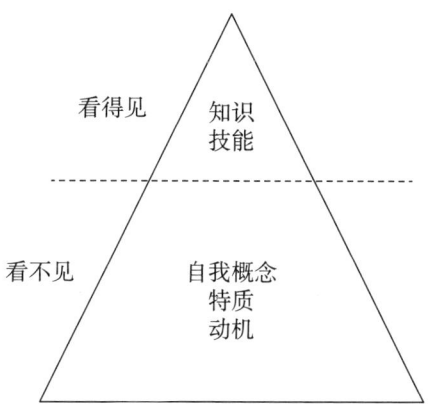

图 2-2　胜任力理论冰山模型

养特征群。易于观察、培养和评价的知识与技能是"洋葱"的表层结构，属于外层的素养构成；态度和价值观、自我概念等则是"洋葱"的中心层级，动机、特质等则更深地隐藏于"洋葱"内核，是整个素养模型的核心。越是居于外层的素养，越容易评价和培养；越是居于内层的素养，评价的难度越大，但也具有越显著的绩效区别功能（见图2-3）。"洋葱"的表层相当于"冰山"露出水面的部分，核心层相当于"冰山"隐藏在水面下的部分。可见，两个模型在本质上具有内容和价值的一致性。相对而言，洋葱模型更侧

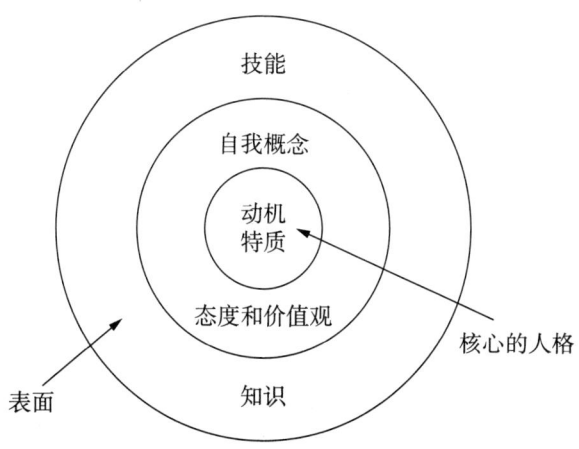

图 2-3　胜任力理论洋葱模型

重对胜任力层次关系的描述。

第三，雨伞模型。王强遵循"交叉层级关系"建模逻辑，基于我国幼儿园到高中教师群体内部"亚群体"间的差异性，建构了雨伞模型（见图2-4）："学科体系的熟练掌握度""专业承诺与组织融入度"是伞柄及伞柄上的支撑按钮，"学生心理的理解与引导力"是伞架，"多种教学环境营造与调控力""多种评价手段的灵活掌握度""教育技术与教学的整合度""课程深度开发与实施度"是四条伞骨，"学科融为学生实践理解的促进力"则是被伞骨撑起的伞布，最后，"专业实践反思与研究力"为伞环，它一旦失灵，雨伞各部件就无法发挥协调作用。① 该模型突破了传统胜任力上下层级关系和内外层级关系的平面结构，探索了胜任力的立体模型，具有一定的创新意义。

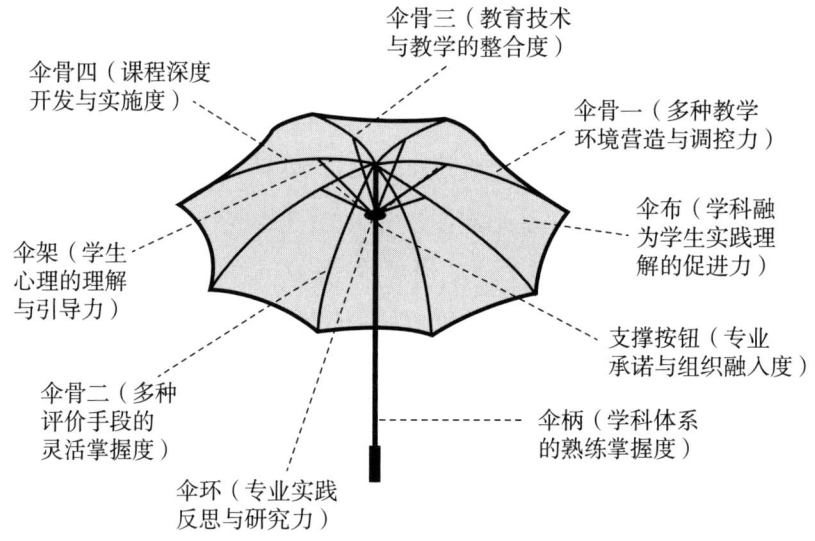

图2-4 胜任力理论雨伞模型

第四，并列模型。其实质是遵循"平行层级关系"建构的胜任特征群。以对幼儿园教师胜任力研究为例，国内首次涉及幼儿园教师胜任力的研究始于2007年，秦旭芳、高丙成通过思辨推理的方式，提出幼儿园教师的胜任特

---

① 王强. 我国 K—12 教师胜任力深层结构实证研究 [J]. 教育研究, 2012（10）：136-140.

征包括德智体能四维结构：品德胜任特征是幼儿园教师从事教育教学工作的根本动力；知识胜任特征是幼儿园教师从事教育教学工作的基础；健康胜任特征是幼儿园教师从事教育教学工作的根本保证；能力胜任特征是幼儿园教师从事教育教学工作的核心要素。① 朱晓颖通过文献归纳的方式，提出包括教育能力、态度、心理特质、动机4个维度12项具体特征的幼儿园教师胜任力模型。② 余琳燕提出了包括专业知识与技能、自我意象、追求卓越、领导力、沟通与交往五大因子34项胜任特征的幼儿园教师胜任力模型。③ 陈娟认为幼儿园教师胜任特征模型包括优秀教师和普通教师共有的合格性胜任特征，以及能够区分优秀教师和普通教师的鉴别性胜任特征两个层次。④ 张英娥建构了幼儿园教师胜任力的6个维度：科研与引领能力、教育教学能力、自我监控能力、人格特质、工作品质、学习能力。⑤ 此类胜任力理论的研究重点在胜任力的特征构成上，而不是在立体模型的建构上，但胜任力的生成机制显然不是若干特征群的平行互动关系。

2. 对本研究的支撑

本研究所探讨的幼儿园教师专业核心素养是对幼儿园教师所应具备的能力素质结构的另一种描述，胜任力模型理论关于知识、技能、特质、动机等基本内容构成，以及或平行或立体化的模型结构，是幼儿园教师专业核心素养模型内容定位、结构定位、运行机制的重要理论基础。

第一，内容定位。正如胜任力相关模型理论均强调动机、态度、特质等隐性胜任特征在个体绩效中的决定性意义，特别强调品格和态度重要性的幼儿园教师专业核心素养模型的内容也覆盖知识、能力、动机、情感态度等方面，强调知识、能力和道德的价值及彼此的共生融合状态，并重点突出动机和情感态度维度的重要地位。

---

① 秦旭芳，高丙成. 幼儿教师胜任特征结构探析［J］. 沈阳师范大学学报（社会科学版），2007，31（2）：105-107.
② 朱晓颖. 幼儿教师胜任力问卷的编制及初步运用［D］. 江西师范大学，2007.
③ 余琳燕. 优秀幼儿教师胜任特征结构的研究［D］. 江西师范大学，2008.
④ 陈娟. 幼儿教师胜任特征模型的建构［D］. 西南大学，2009.
⑤ 张英娥. 幼儿教师胜任力模型及胜任力现状研究［D］. 福建师范大学，2008.

第二,结构定位。幼儿园教师专业核心素养由相对内隐的品格与相对外显的能力共同构成,将是一个"极具理论与实践张力"的完整结构①,与冰山模型、洋葱模型具有共同的结构定位。本研究在抽取幼儿园教师专业核心素养特征的基础上,充分厘清其所处层级、空间和价值,建构核心素养模型,反映幼儿园教师专业核心素养的本质。

第三,运行机制。胜任力理论雨伞模型构建了胜任特征群彼此交叉融合、相互关联的互动转化关系,让胜任力成为一个有机整体。正如系统论所强调的,整体并不等于部分的简单相加,整体的各个部分和要素之间处于相互联系、有序互动的状态,整体的功能就会大于部分之和,事物就会呈现良性持续发展态势。因此,本研究力图实现幼儿园教师专业核心素养从传统的专业知识学习、专业能力培养、专业理念更新,向在实践场域中灵活、有效及智慧地运用专业知识、专业能力和专业理念转型,在真实的实践情境中让专业核心素养的各个部分发生融合和共促,促进"专业知能""职业信念"和"儿童立场"在知识能力、动机特质、情感态度三个维度上的整合,构建完整素养观。

(二) 学生发展核心素养理论

1. 代表性观点

第一,中国学生发展核心素养研究。2016年9月,受教育部委托的北京师范大学核心素养研究课题组正式发布了历时三年研发的《中国学生发展核心素养》②,将核心素养界定为学生应具备的、能够适应终身发展和社会发展需要的必备品格和关键能力,概括起来就是"一体三面六维":"一体",即全面发展的人;"三面",即文化基础、自主发展、社会参与;"六维",即人文底蕴、科学精神、学会学习、健康生活、责任担当、实践创新六大素养。该素养框架成为新时代基础教育领域继双基(基础知识与基本技能)教育目标、三维(知识和技能,过程与方法,情感、态度和价值观)教育目标之后

---

① 成尚荣. 必备品格与关键能力:对道德价值的再认识[J]. 中国德育,2017(4):11-14.
② 核心素养研究课题组. 中国学生发展核心素养[J]. 中国教育学刊,2016(10):1-3.

的全新育人目标体系,它直接指向学校教育的本质与价值所在、学生的未来所在、国家与民族的未来所在。提出核心素养并非为了追赶国际潮流,也不是为了创造新名词,而是出于内在的需要,即面对个体有限的生命周期,必须从丰富广泛的素质素养中找到能够满足学生个体终身发展、社会和谐进步、民族优势竞争需要的那些"量少质精"的关键素养、核心素养,并以核心素养的获得为愿景,在各级教育、各个学科教学中对学生进行核心素养的培养,只有这样,方能收获教育改革的突破性成果。

第二,部分国际组织和世界主要国家的政策与主张。在《中国学生发展核心素养》发布之前,部分国际组织和世界主要国家对此开展了深入而广泛的研究,形成了较为丰富和深刻的认识,构建起了一系列相关理论,概括起来有以下一些代表性观点。

经济合作与发展组织(OECD)最早提出了具有影响力的核心素养框架。经济合作与发展组织于1997年启动了一项大规模的跨国研究项目——"素养的界定与遴选"(Definition and Selection of Competencies: Theoretical and Conceptual Foundations, DeSeCo),旨在提出一个可以据以界定及选择核心素养的理论及概念架构,作为未来发展个人素养的统计指标的基础。该项目所界定的核心素养包括能互动地使用工具,能在异质社会团体中互动,能自主地行动三个主要方面,分别揭示了人与工具、人与社会、人与自我的关系,它能够帮助个体及社会获得有价值的结果,能够帮助个体在复杂多样的环境中满足重要需求,并可视为基础教育的"DNA"、人才培养的指针。该框架超越传统意义上的知识与技能范畴,以反思为核心,整合了各个核心素养子项。

联合国教科文组织(UNESCO)在《学习:财富蕴藏其中》(1996)中提出了"学会求知、学会做事、学会共处、学会发展"四大支柱,2003年又提出"学会改变"这第五支柱,这五方面的要求是"21世纪社会公民必备的基本素质"。

欧盟(EU)在《终身学习核心素养:欧洲参考架构》(2005)中正式提出指向终身学习的八大核心素养:母语沟通,外语沟通,数学素养及基本科技素养,数字化素养,学会学习,人际、跨文化社会能力及公民素养,主动与创新意识，文化意识与表达。该参考架构又对每一素养从知识、技能与态度三个维度进行了具体描述。

在国际组织进行核心素养研究与实践的同时，世界主要国家也基于本国国情相继提出核心素养结构（见表2-1）。美国21世纪技能联盟提出的面向所有学生和工作者的核心素养是：学习与创新素养（"创造性与创新""批判性思维与问题解决""交往与协作"）、数字化素养（"信息素养""媒介素养""信息通信技术素养"）、职业和生活技能（"灵活性与适应性""首创精神与自我导向""社会与跨文化技能""生产性与责任制""领导力与责任心"）。新加坡政府提出了建设"思考型学校和学习型国家"的愿景，并提出四个理想的教育成果：自信的人、主动的学习者、积极的贡献者和热心的国民。其核心素养框架由内到外共包含三部分内容，即核心价值、社交及情商能力、新21世纪技能。除了上述国际组织和国家，新西兰、日本、韩国及中国等相继提出基于本土文化的核心素养的观点或模型。

表2-1　各国际组织、国家关于核心素养的观点

国际组织或国家	主要观点
经济合作与发展组织	能互动地使用工具，能在异质社会团体中互动，能自主地行动
联合国教科文组织	学会求知、学会做事、学会共处、学会发展、学会改变
欧盟	母语沟通，外语沟通，数学素养及基本科技素养，数字化素养，学会学习，人际、跨文化社会能力及公民素养，主动与创新意识，文化意识与表达
美国	学习与创新素养、数字化素养、职业和生活技能
新加坡	核心价值、社交及情商能力、新21世纪技能
新西兰	思维能力、语言能力、自我管理、与人相处、参与与贡献
日本	21世纪型能力：基础能力、思维能力、实践能力
韩国	创造性思维、审美感性、沟通、共同体、知识信息处理、自我管理
中国	文化基础、自主发展、社会参与

上述核心素养观点呈现出四种不同的价值取向：①实现社会生活取向的，以经济合作与发展组织、日本、中国等为代表；②促进终身学习取向的，以联合国教科文组织和欧盟为代表；③促进个人发展取向的，以新加坡等为代表；④将目标、内容、途径相结合的，以美国等为代表。这些研究整体上都指向"培养全面发展的人"，呈现出与社会发展、国家发展相统一的趋势。

第三，学术界的认识和观点。在国际核心素养研究热潮的推动下，许多学者进一步阐述了自己对核心素养的理解（见表2-2）。

表2-2　部分研究者对核心素养的理解

国家	研究者	观点
德国	韦纳特	学生应该具备的知识、能力和态度，以适应社会生活所需[1]
斯洛伐克	特瑞克	是一组素养中的主要素养，它们适用于解决广泛的意外问题，使个人能够应付工作中、个人和社会生活中的快速变化
日本	恒吉宏典等	学生在学校教育场所习得的、以人类文化遗产与现代文化为基轴而编制的教育内容，与生存于生活世界的学习者在学习过程中所形成的关键能力的内核
中国	蔡清田	是个体为了发展成为一个健全个体、适应生活情境需求所不可欠缺的知识、能力与态度的全方位的核心素养[2]
中国	张华	学生适应信息时代和知识社会的需要、解决复杂问题和适应不可预测情境的能力和道德，由跨学科核心素养与学科核心素养构成[3]

2. 对本研究的支撑

以上对学生发展核心素养所形成的相关理论，为本研究所建构的幼儿园教师专业核心素养模型在层次定位、功能定位、获得方式和实现途径上提供

---

[1] WEINERT F E. Concept of competence: a conceptual clarification [M] //RYCHEN D S, SALGANIK L H PHILIPPE P, et al. Defining and selecting key competencies. Seattle: Hogrefe & Huber Publishers, 2001: 45-65.
[2] 蔡清田. 论核心素养的课程发展与设计 [J]. 上海课程教学研究, 2017 (6): 11-15.
[3] 杨九诠. 学生发展核心素养三十人谈 [M]. 上海: 华东师范大学出版社, 2017: 39.

了支撑和借鉴。

第一，层次定位。幼儿园教师兼具国家公民、人民教师等多重社会角色，在以不同角色参与社会生活的过程中应具备大量丰富和广泛的素养，有些是核心的，有些不是核心的；有些在这个角色中是关键的，有些在另一个角色中是关键的。学生发展核心素养被认为超越了一般知识和能力的范畴，是素养中的"高级素养"，不是"低级素养"，甚至也不是"基础素养"，是高度抽象、结构复杂的高阶素养。幼儿园教师专业核心素养在层次定位上与学生发展核心素养一致，即建立在公民公共素养和教师职业素养之上，是幼儿园教师共同的、核心的、高阶的素养，是从事学前教育工作不可替代的、量少质精的关键少数素养。

第二，功能定位。学生发展核心素养研究立足于迎接21世纪挑战，适应世界教育改革发展趋势，能够满足个体终身发展、社会和谐进步、民族优势竞争需要的社会公民，有促进个人和社会发展的共同目标与双向功能。幼儿园教师专业核心素养定位于促进幼儿园教师个人职业发展，间接促进幼儿身心和谐发展，并最终推动民族进步和社会发展。幼儿园教师专业核心素养在促进个人和社会发展的双向功能基础上，结合教师职业的特点，增加了促进幼儿身心和谐发展的功能。

第三，获得方式。学生发展核心素养强调持续、终身的学习与发展过程，如欧盟将学生发展核心素养直接定位为"终身学习核心素养"，力图通过终身学习让个体的学习得以无限延长。在此理念基础之上，本研究所建构的35个幼儿园教师专业核心素养指标纳入了"终身学习"，即"具有终身学习与专业发展意识，学习先进学前教育理念，了解国内外学前教育改革发展动态，及时更新知识结构"，经过指标合并、概念整合后，在最终的二级指标"职业理想"中进一步强调幼儿园教师应"具有终身学习与专业发展意识"，并且在提升幼儿园教师专业核心素养的策略建议部分，强调必须通过职前职后一体化、贯穿教师职业生涯全程的方式培育和提升幼儿园教师专业核心素养。

第四，实现途径。学生发展核心素养是一套经过系统设计的育人目标框架，其落实需要从整体上推动教育各领域、各环节的变革，尤其是作为教育发展第一资源的教师，学生发展核心素养的培育有赖于胜任教育教学工作、具有核心素养的教师。由于不同学段教师的岗位要求、教师个人的成长经历和个性特征等各不相同，无法对所有教师提出统一的要求，因此，应该对不同层次、类型学校教师的素养做出具体的分层规定。[①] 显然，该领域的研究必须实现从一般意义上的学生发展核心素养向教师核心素养传导，从教师核心素养向大中小幼不同教师群体核心素养全覆盖。教师素养的细分让幼儿园教师专业核心素养研究得以可能并且势在必行。学生发展核心素养强调教师在培育学生发展核心素养上的重要意义，本研究在此基础上认为，幼儿园教师专业核心素养兼有育己育人的双重价值取向，因为幼儿园教师专业核心素养培育提升路径既是幼儿园教师专业化发展的必由之路，也是幼儿核心经验建构、核心素养培育的实现路径。

(三) 教师评价理论

人类历史上研究能力、素质、素养等的初始功能就是进行人才评价，如古罗马通过构建战士能力剖面图，分析"好战士"的标准。对教师才能、素养研究的出发点也是对教师进行评价。教师评价作为教育评价的重要构成，是对教师的素质及其教学行为的过程和效果进行价值判断的过程，是对教师素质的提高、教师工作的改进给予指导的过程，也是教师入职、招聘、选拔、考核等的重要依据。国际社会在构建核心素养体系时，积极推进其评价研究[②]，说明评价要有科学的素养依据，而已有的评价理论、教师评价理论对幼儿园教师专业核心素养研究也会形成重要的观点支撑和理论指导。

1. 代表性观点

第一，绩效评价的二维模型。1993年鲍曼和摩托维德罗（Borman and Motowidlo）基于组织心理学的视域，提出绩效评价的二维模型，即个体工作绩效包含任务绩效（task performance）和关系绩效（contextual performance）

---

① 王道俊，郭文安. 教育学 [M]. 6版. 北京：人民教育出版社，2009：454.
② 刘永凤. 国际"核心素养"研究的最新进展及启示 [J]. 全球教育展望，2017，46 (2)：31-41+98.

两个方面，关系绩效对工作绩效具有更大的贡献意义。① 任务绩效一般指对某一具体岗位职责或任务的完成度和完成质量的评价，主要受员工经验、能力以及与工作相关的知识等因素的影响，考查任务执行的熟练程度；关系绩效（也称周边绩效、情境绩效、情景绩效）是指在岗位和职务职责要求之外，个体自愿表现出来的履职积极主动性、公共服务动机、组织公民行为和奉献精神等，简言之，就是对组织的支持和对工作的积极态度，考查完成任务的主动性。前者是显性的、易于观察和测量的，后者是相对隐性的、不易观察和测量的。

越来越多来自管理心理学的研究证实，员工的关系绩效对组织目标的达成更为重要，这些来自职责外的自发行为能够促进组织内的沟通，对组织运行产生润滑作用，从而促进任务绩效的提升。②③④ 罗正学等通过对服役第二年士兵的工作绩效与关系绩效、任务绩效的关系进行实证研究，验证了绩效评价二维模型理论的合理性，即"关系绩效对整体工作绩效的作用大于任务绩效"⑤。在绩效评价二维模型理论基础上，斯波代克和萨罗科（Spodek and Saracho）认为，应根据个人特质和态度来选拔和录取幼儿园教师，而不是基于考试、测试或以前所受教育水平。⑥ 多项研究支持了该假设，强调了人格

---

① BORMAN W C, MOTOWIDLO S J. Expanding the criterion domain to include elements of contextual performance [M] //SCHMITT N, BORMAN W C. Personnel selection in organizations. San Francisco, CA: Jossey Bass, 1993: 71-98.

② MENEGHEL I, SALANOVA M, MARTÍNEZ I M. Feeling good makes us stronger: how team resilience mediates the effect of positive emotions on team performance [J]. Journal of happiness studies, 2016, 17 (1): 239-255.

③ CHRISTENSEN R K, WHITING S W, IM T, et al. Public service motivation, task, and non-task behavior: a performance appraisal experiment with Korean MPA and MBA students [J]. International public management journal, 2013, 16 (1): 28-52.

④ BLAKELY G L, ANDREWS M C, MOORMAN R H. The moderating effects of equity sensitivity on the relationship between organizational justice and organizational citizenship behaviors [J]. Journal of business and psychology, 2005, 20 (2): 259-273.

⑤ 罗正学，朱霞，陈静，等. 任务绩效、关系绩效与工作绩效的关系研究 [J]. 中国行为医学科学，2006, 15 (5): 451-452.

⑥ SARACHO O N, SPODEK B. Studying teachers in early childhood settings [M]. Greenwich, CT: Information Age Publishing, 2003: 1-29.

特质、态度、价值观和信念与学前教育专业从业者未来的成功具有较强相关性。可见该二维模型理论已经从广义员工绩效评价走向了幼儿园教师评价，并得到了学术界的验证和认可。

第二，教师评价的金字塔模型。申继亮等基于对教师专业素质结构的思考和研究，于2012年提出教师评价的金字塔模型，即教师评价的相关要素组合以直观方式呈现，犹如一座金字塔（见图2-5）。[①] 教师内在素质位于金字塔底座，塔身是教师内在素质的外在表现。底座的三条棱分别代表教师的资源系统、动力系统和自主发展系统，即教师内在素质的三个基本成分。塔身的三条棱分别代表课堂教学、辅导和管理，它们是教师职责外在表现的三个基本成分。资源系统主要指教师的知识与认知能力等成分，如教师的本体性知识、条件性知识和实践性知识等，是教师从事职业活动的基础性资源；动力系统主要包括教师的职业认同、职业理想、职业承诺、自我效能感等成分，是教师教育实践活动的内驱力；自主发展系统主要包括教师生涯规划、教学反思、行动研究等成分，是对教师专业成长产生直接影响的关键因素。

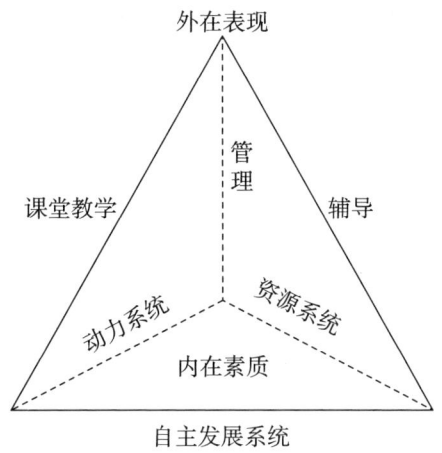

图2-5　教师评价的金字塔模型

---

① 芦咏莉，申继亮. 教师评价［M］. 北京：北京师范大学出版社，2012：37-41.

由于金字塔模型是从内外两个视角来划分教师评价内容,因此各组成成分不是简单的平行关系。教师职业活动发生的机制为:内在、深层次的成分转化为外在行为表现,外在行为及其结果又反作用于内在成分,内外两层成分不断互动、调整、完善,教师的教学监控成为连接内在与外在成分的中介(见图2-6)。

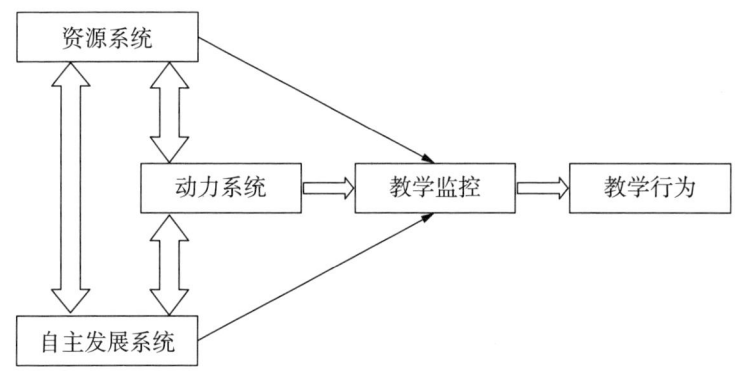

图2-6 教师评价的金字塔模型各成分间的关系

该模型的指标体系包括两大部分:外在表现各成分评价指标体系和内在素质各成分评价指标体系。这两个部分都由三个"成分"和若干个"指标体系"组成,前者包括课堂教学、辅导、管理三个成分,后者包括动力系统、自主发展系统和资源系统三个成分(见表2-3)。教师评价的金字塔模型能够提炼教师评价中的关键共性成分,较好地反映隐性教师素养与显性教师行为之间的互动机制,具有一定的突破意义。

表2-3 金字塔模型内在素质各成分评价指标体系

成分	指标体系
动力系统	主要包括职业理想、工作积极性、工作价值观、职业认同、自我效能感等
自主发展系统	主要包括教师生涯规划、反思意识与反思能力、科研能力(行动研究)等

续表

成分	指标体系
资源系统	主要包括教师的认知能力、知识等,其中教师知识包括本体性知识、条件性知识、实践性知识等

2. 对本研究的支撑

第一,内容定位。受绩效二维模型理论所揭示的"与个人特质、态度、信念等相关的关系绩效对组织绩效发挥着更大推动作用"启发,本研究在对幼儿园教师专业核心素养模型进行维度建构时,突破传统知识、能力、情感态度、动机等分类模式制约,将知识与能力整合为一个维度,突出情感态度、动机特质的比重,最终所建构的三个一级指标为"儿童立场""专业知能""职业信念"。其中,"儿童立场"和"职业信念"两个一级指标全面覆盖绩效二维模型关系绩效所强调的人格特质、态度、价值观和信念。同时,绩效二维模型理论不断深化拓展,广泛应用于教师评价实践,对本研究所建构的幼儿园教师专业核心素养模型应用于幼儿园教师测评提供了理论指导。

第二,模型结构。教师评价的金字塔模型提出教师内在素质的三个基本成分,分别为以知识能力为表征的资源系统、以职业理想信念为表征的动力系统和以反思、行动为表征的自主发展系统,与课堂教学、辅导和管理共同支撑起金字塔评价模型。本研究在对幼儿园教师专业核心素养指标进行分类、整合时,与金字塔模型类似,将知识与能力合并为一个维度,并融入金字塔模型自主发展系统的"教学反思"作为"专业知能",纳入一级指标;将职业理想、职业生涯规划等纳入一级指标"职业信念",基本涵盖金字塔模型的动力系统和自主发展系统。除此之外,补充了幼儿园教师专业核心素养中最关键、最核心的一级指标"儿童立场",构成知识能力—动机特质—情感态度模型。

二、历史考察

核心素养、幼儿园教师专业核心素养均是相对崭新的概念,但它们却拥有非常深厚的历史积淀。人类教育源远流长，教师也被誉为最古老的职业之一。"古之教者，家有塾，党有庠，术有序，国有学。"在漫长的教育发展历史中，教育研究的一项重要使命就是探究"什么样的教师才是好教师""好教师是什么样的"这些基本问题。人类文明历经农业经济、工业经济和知识经济三大发展阶段。在数千年的发展历程中，由于社会生活的方方面面存在显著差异，特别是受不同的教育思潮影响，人们在对教育本质、师生关系、学习内容、评价标准构成的认识上，在对教师素养的评价上，等等，形成了一系列富有时代特征和民族特色的看法和观点（见表2-4）。

表2-4 不同发展阶段的教育特征

发展阶段	教育思潮	教育本质	师生关系	学习内容	评价标准	教师素养
农业经济时代	人文主义	培养人	主客体	农耕知识、道德规范	德智并重	广博的知识与高尚道德
工业经济时代	科学主义	塑造人	师徒关系	制造技能、科学知识	专业能力	娴熟的操作技能与优秀的专业能力
知识经济时代	人文主义与科学主义有机统一	形成人：内部潜能的展开	主体间性	信息素养、自主发展、社会参与	核心素养	学生立场、教育智慧

幼儿园教师从教师群体中分离出来，成为一个单独的职业，是伴随着近代学前社会教育机构（幼儿学校、幼儿园等）的产生而产生的，"幼儿园教师"与"幼儿园"的概念自产生距今尚不足200年时间，因此，本研究在进行历史考察的过程中，将用广义的"教师"涵盖历史上不同时期的"幼儿园教师"——包括古代宫廷面向年幼君主实施保教的保傅之官。

（一）德智并重：农业经济时代的教师专业核心素养观

虽然人文精神与科学精神在人类认识世界、改造世界的过程中长久共存共生，也不时产生分歧，但哲学上人文主义与科学主义的尖锐对立则是在进入近代工业文明以后开始的。一般认为，以古希腊文化、中国传统儒家思想为代表的古代农业文明由人文主义思潮占据主导，无论是智者普罗泰戈拉的"人是万物的尺度"论，还是圣人孔子的"仁者爱人"观，都反映了对人的性质与目的、价值与尊严、道德与社会等抽象哲学问题的关切。

农业文明以种植业、畜牧业为主要经济业态，教育的本质是"培养人"。教育者与受教育者的关系是一种"耕种"关系，体现了人文主义情怀。教师应具备犹如园丁一样的素养，拥有丰富的"养护"知识，富有仁爱之心。广博的知识与高尚道德是教师必备的素养。

古代社会之所以对知识与道德无上崇拜，主要源于当时教育资源的稀有性。受生产水平及物质资料相对匮乏的制约，东方和西方社会都经历了"学在官府""学术官守"的特权教育阶段，呈现出"惟官有书，而民无书；惟官有器，而民无器；惟官有学，而民无学"的教育垄断现象。"学在官府"必然导致"官师合一"，那么要成为一名合格的教师，则必须具备三方面的条件和品质：一是在官府担任一定的职务；二是拥有充裕的物质生产资料，以便有时间从日常劳动中脱离出来，开展教育活动；三是必须掌握知识和学术，"教师之所以为教师，就是因为他掌握着知识"[①]。随着生产活动的复杂化和文化生活的丰富，一些人们在生活中难以体验或接受的知识类型逐渐产生，而这些只有在制度化的学校教育中才能获得，使得学术由"官守"下移至"四夷"，普通公民获取知识的壁垒逐渐消失。对被视为"社会文化道德守卫者"的教师的道德素养要求，成为教师核心素养的统领和"教师标准的核心内容"[②③]。

1. "道德尊崇"的古代中国教师素养观

"良师"和"择师"一直是我国古代思想家深入思考和研究的传统问题，

[①] 朱永新，袁振国. 中国教师：专业素质的修炼 [M]. 南京：南京师范大学出版社，2003：146.

[②] 施克灿. 中国古代教育家理想中的教师标准探究 [J]. 教师教育研究，2006，18（1）：60-65.

[③] 同①.

是对教师素养和教师标准的时代表达，彰显着东方哲学思想的色彩。长期以来，在儒家文化熏陶下所构建的义理社会凸显了对"道"与"德"的尊崇，良师必然是伦理道德的楷模、才学出众的典范，师德是教师安身立命之本。公众对师德的要求是围绕"贤"字展开的。《庄子·徐无鬼》称"以财分人谓之贤"，贤的本意指管理钱财的人，后来引申为有才能、有才德的人。"贤"涵盖了古代教师道德素养、教育教学素养的全部内容，成为对德才兼备的人才的概括评价，贤师也成为择师的最高标准。

我国古代宫廷面向年幼（学龄前）君主、太子等实施的"保傅教育"在《礼记·文王世子》《汉书·百官公卿表》《贾子新书·保傅》等经典论著中均有记载，保傅之官的选择标准反映了我国最早的教师素养标准。据记载，古代设有"师""傅""保"三个职务来对年幼君主实施保育教育，称为"三公"，分别对应"道之教训""傅之德义""保其身体"的职责。由于保傅之官承担着重要的保教职责，位高权重，宫廷对其所应具备的才能、道德、素养提出了极高要求。"古之王者，太子初生，固举以礼，使士负之"，"于是皆选天下之端士，孝悌博闻有道术者以辅翼之"。"端士""孝悌""博闻有道术"反映出面向年幼君主的保傅之官要品德端正、恪守人伦、学识渊博。

除了前廷的"三公"之外，处于后宫的"三母"的设置和选拔也极为苛刻。"异为孺子室于宫中，择于诸母与可者，必求其宽裕、慈惠、温良、恭敬、慎而寡言者，使为子师，其次为慈母，其次为保母。"即使是乳母的选择，也都来自大夫之妾或士之妻，反映了奴隶制社会宫廷教师的选聘标准。

被誉为"万世师表"的孔子坚持修身成德，其对教师素养的论点具有鲜明的代表性。在对待学生的态度上，他特别强调教师要饱含热爱和忠诚："爱之，能勿劳乎？忠焉，能无诲乎？"只有教师中的杰出代表才能称为"圣人"。虽然孔子自谦不能为圣，但孔子与子贡的对话直接反映了杰出教师应具备的素养。"子曰：'圣则吾不能，我学不厌而教不倦也。'子贡曰：'学不厌，智也；教不倦，仁也。仁且智，夫子既圣矣。'"显然，"仁爱"与"智慧"正是孔子所追求的可以称为"圣人"的教师所必须具备的。相对而言，能力却不具有道德与知识那种备受推崇的地位。孟子直白地表达了道德与能力的关系:"贤者在位,能者在职。"贤德者应该是执掌国家之人,而有才能的人就任其合适的职务。

荀子作为先秦儒家中的最后一位大师,对先秦诸子的学说做了全面而深刻的批判和发展。关于如何成为一名合格的教师,他说:"师术有四,而博习不与焉。尊严而惮,可以为师;耆艾而信,可以为师;诵说而不陵不犯,可以为师;知微而论,可以为师。"与先贤们不同的是,荀子为了能够凸显教师的核心品格和能力,旗帜鲜明地将传统上非常器重的"广博的知识"排除在外(仅仅视其为教师应具备的基础素质),特别强调了教师要拥有令人敬畏的尊严、丰富的阅历和崇高的信仰、循序渐进的教学艺术、精微的论辩能力四个方面的必备高阶素养。先秦时期,人们一方面在追求和颂扬"贤师",另一方面也在批判那种不关爱学生、教学无诚意的无德教师:"今之教者,呻其占毕,多其讯言,及于数进而不顾其安,使人不由其诚,教人不尽其材。其施之也悖,其求之也佛。"

汉唐时期儒家思想处于尊崇地位,并且在中央官学中专设"五经博士"来培养人才,推行教化。[①]五经博士的选拔极为苛刻,道德学识水准要求极高,全国仅设十余位。此时,礼教治国盛行,教师既要成为"经师",更要成为"人师","师道"关系成为这个时期讨论的热点。西汉韩婴认为"人师"就是"智如泉涌,行可以为表仪者"。相较于"知识与品行兼具"的标准,董仲舒要求教师要做到"圣化":"善为师者,既美其道,有慎其行,齐时早晚,任多少,适疾徐,造而勿趋,稽而勿苦,省其所为,而成其所湛,故力不劳,而身大成,此之谓圣化,吾取之。"概括起来,就是强调要当好一名教师,应完善其道,谨慎其行。韩愈在《师说》篇中系统论述了教师的重要作用、从师而学的必要性以及择师的原则,尤其强调了"道"与"师"密切依存的关系,即"道之所存,师之所存"。教师如果没有"道",则不能

---

① 栗洪武,郭向宁."五经博士"的设置与儒学尊崇地位的形成[J].教育研究,2006(10):85-88.

称其为"师"。对于师与道的关系，柳宗元认为"举世不师，故道益离"，可见他把师与道紧密联系在一起，对师的要求很是严格。朱熹在谈论为师之道时，强调了"威和并至"的原则。明清时期王夫之则要求教师必须"躬行"和"自明"，即教师的实际行动与道德行为要能作为学生的榜样，教师不仅是传授知识，更是要行"不言之教"；同时教师必须要有丰富、正确的知识——要教人明白道理，必须自己先明白道理。

2. "知识迷恋"的古代西方教师专业素养观

古希腊被誉为西方文明之源，奠定了西方教育的基础，职业化教师也由此肇始。尤其是在工商贵族领导下建立民主制度的雅典，强调公民应具有雄辩的口才、渊博的知识、优雅的风度，以便成功参与社会生活，因此其教育因教学内容、教学方法的多样性而体现出更多的科学性和民主性。公元前6世纪末，雅典奴隶制民主政治的建立催生了 sophistes（智者）——形容词 sophos（聪明的、有智慧的）、名词 sophia（智慧、知识）的派生词，特指古希腊时期以普罗泰戈拉为代表的一批教授辩论术和其他知识并收取学费的职业教师，被黑格尔称为"希腊的教师"，"他们代替了从前的公众教师，即诗人和史诗朗诵者"，"以教育为职业"。[①] 他们收费授徒，传授关于辩论、诉讼、演说以及城邦治理等方面的知识，以满足雅典对"合格公民"的人才需求。被称为智者或者可以成为智者的人，不一定要具有关于世界、人类和真理的认识，但一定要具有经世致用的知识与经验。

苏格拉底、柏拉图和亚里士多德虽然对智者学问的真伪以及收费授徒等做法不以为然甚至嗤之以鼻，但都不否认，无论是作为普通社会公民还是城邦管理者，都必须是德智兼备的。苏格拉底的哲学被后人称为"道德哲学""伦理哲学"，其中一个重要命题就是：美德就是知识。在他看来，智慧、正义、节制、勇敢等每一种美德都离不开知识，人的理智本性和道德本性是统一的，知识是美德的本质。因此他告诫格劳孔："在所有的事上，凡受到尊敬和赞扬的人都是那些知识最广博的人，而受人谴责和轻视的人都是那些最

---

① 黑格尔. 哲学史讲演录：第二卷 [M]. 贺麟，王太庆，译. 北京：商务印书馆，1960：8.

无知的人。如果你真想在城邦获得盛名并受到人们的赞扬,就应多努力,对你所想要做的事求得最广泛的知识,如果你能在这方面胜过别人,那么当你着手处理城邦事务的时候,你会很容易地获得你所指望的就不足为奇了。"①而在柏拉图看来,要成为未来理想城邦"护卫者"的哲学家"需要最多的知识和最多的训练",他必须是有天赋的,"勇敢、大度、聪敏、强记是这种天赋所必具的品质"②。能够引导芸芸众生从可见世界走向可知世界的哲学家,实际上扮演的就是教师的角色。勇敢和大度即为美德,聪敏和强记即为知识。作为古希腊哲学和科学的集大成者,亚里士多德继承、批判、发展了柏拉图的理论。

处于"知识迷恋"时期的苏格拉底和柏拉图明确提出"知识即德性"的著名论断,认为德性就是理性,理性就是知识,知识与德性是有机统整的。显然,传统意义上的"智慧"被理解为"哲学智慧",仍然属于广义上的知识。可见,古希腊学术文化的根基就在于追求知识,希腊语"哲学"一词就是爱智慧,"科学"一词原意指"知识",知识就是希腊人追求的真理。

古罗马虽然不像古希腊那样奠定了西方文明的基础,但也绝不仅仅是希腊文化的传播者,它用自己的创造精神丰富了希腊的宝库。昆体良认为教师应是才德俱优、即言即行的人,应是公认的有学问的人,要有职业道德感,要有一定的教育能力。培根则提出"知识能塑造人的性格""知识就是力量"的重大命题,强调了知识对人类自身完善和人类社会发展的巨大作用。简言之,谁掌握了知识,谁就能传授知识,谁就能担任教师的角色并拥有更高的社会地位。

可见,农业经济时代的教师,要具备广博的知识,更要德行天下。德智并重、德才兼备、善于教学、阅历丰富就是彼时对教师专业核心素养的要求。

(二) 能力本位:工业经济时代的教师专业核心素养观

1. 从浪漫主义走向现实主义的近代教育

17—20世纪,近代科学的诞生、技术领域的突破使得科学技术在众多领

---

① 色诺芬. 回忆苏格拉底 [M]. 吴永泉, 译. 北京: 商务印书馆, 1984: 109-110.
② 柏拉图. 理想国 [M]. 郭斌和, 张竹明, 译. 北京: 商务印书馆, 1986: 238.

域显示出巨大的影响力。以蒸汽机为代表的第一次工业革命实现了生产的机械化，以电力为代表的第二次工业革命实现了大规模生产，以信息技术为代表的第三次工业革命实现了生产的自动化，可以说，技术创新推动了人类的工业化进程和生产力的极大飞跃。以技术创新为特征的工业经济时代，不仅加剧了科学与人文的分野，也带来了价值取向的全面转向：经济领域的价值法则不断"浸入"社会和生活的各个角落，对传统的人文主义教育价值观产生了巨大冲击和震荡。加上18世纪机械物质论、19世纪孔德实证哲学和社会物理学、20世纪初逻辑经验论的推动，以工具理性为核心的科学主义思潮在工业化进程中被推向极端。① 工具理性过于彰显，价值理性遭到遮蔽，导致"理性困境"②。杜威从四个方面分析了导致文学与科学"明显分离"的原因：旧的传统在各种制度中占有牢固的地位；新教的革命大大增加了人们对神学讨论和争议的兴趣；对自然科学本身的一些看法加剧了人与自然的对立；自称建立在科学基础之上、自认科学精义的合格代表的哲学，在性质上不属于二元论。③

在科学主义思潮的主导下，一方面，社会生产及产业结构的聚变对学校教育提出了重要挑战。个体的生产经验迅速被发展为形态化知识，生产技能的"秘诀"已被总结为各种自然科学、工艺学，技术日趋"可教、可学、可用"，这是学校教育应对社会变革的可能和前提。雅斯贝尔斯（Jaspers）尖锐地指出："人们所理解的教育只是将青年人培养成有用之才。当某一科学被运用于经济之中时，这门科学马上身价百倍，人们为了获利，纷纷追求它，并在学校中推广这一学说。"④ 另一方面，社会生产及产业结构的变革持续推动对劳动者素质需求的转型，即仅具备丰富的知识但是缺乏在工厂实际操作的技能与能力是不能胜任岗位的。对技术的盲目崇拜导致了学校教育中工具

---

① 李醒民. 迈向科学的人文主义和人文的科学主义 [J]. 中国政法大学学报，2013 (4)：5-29+159.
② 司晓宏，樊莲花. 义务教育均衡发展监测的理性困境及其超越 [J]. 教育研究，2020，41 (11)：83-90.
③ 杜威. 民主主义与教育 [M]. 2版. 王承绪，译. 北京：人民教育出版社，2001：308.
④ 雅斯贝尔斯. 什么是教育 [M]. 邹进，译. 北京：生活·读书·新知三联书店，1991：49.

理性倾向盛行，培养培训岗位技能和职业能力超过培育精神、情感和价值观，一跃成为学校教育的宗旨和目标，技术训练和强化巩固成为教育的主要方式。同时，由于学校教育缺失了对个体精神世界的开发和升华，也让走进社会的学生呈现急功近利、实用至上的生活态度。在这种背景下，教育不仅沦为实用工具，教师亦成为教学的工具——教书匠。[①] 教育自此从农业经济时代的浪漫主义走向工业经济时代的现实主义，对教师素质评判的标准也转向更为实用、显性的层面。

2."能力本位"人才观的确立与表现

科学技术的发展，促使国际社会越来越重视依托学校教育来加强人才素质的开发和培育。美国在20世纪90年代之前基于对传统社会的认识开展针对专门行业技能的"能力本位"教育，澳大利亚在20世纪90年代开展工业社会职业需求导向的"关键能力教育改革"，都反映出彼时的教育观念与人力素质观依然是以工业社会的工作需求为出发点，注重行业技能及职业能力。

在以制造业和商业为主要业态的工业文明时代，教师核心素养观抛弃了古代社会长期信奉的人文精神，陷入技术理性的迷雾而难以自拔。近代一些西方学校要求教师除了具备前沿的科学文化知识和最新技能，还必须具备教育教学的基本能力，一个没有接受过系统教师教育训练的科学家或艺术家是不被允许进入教师队伍的。[②] 人们还经常会添加带有能力色彩的词来描述教师形象，如 skillful（熟练的）、experienced（有经验的）、competent and sympathetic（有能力且富有同情心的）、master（能手）等。

随着这个时期不同学科的分化和繁荣，教育学、心理学、管理学等领域纷纷对人才的素养结构开展研究，形成了一些认识，如素养是高表现状态下所需能力的人类行动分析，是个体直接存在着的智力，是动机，是优秀的工作表现，等等。有研究者对此进行了梳理，发现20世纪国际社会对素养的认识还是技能、能力本位的（见图2-7）。[③]

---

① 伍叶琴. 教师蝶化发展论：基于文化身份的考量 [M]. 北京：教育科学出版社，2014：50.
② 臧乐源. 教师学 [M]. 天津：天津人民出版社，1987：34.
③ 林崇德. 21世纪学生发展核心素养研究 [M]. 北京：北京师范大学出版社，2016：4.

可见，能力本位的素养观是伴随着近代学科知识的不断分化和成熟，以及教师职业专业性的不断巩固和提升逐步确立的。教师的能力素质是进行教育教学活动、实现学校育人目标的重要保障。基于能力本位的素养观，人们要求学校教师具备一定的教育教学能力、学科知能、班级管理能力和研究反思能力等，能够高效率、规模化地完成教育教学活动以及人才培养目标，为社会输送适应工业化生活和生产需要的合格公民。犹如经验丰富的技术工人，拥有娴熟的操作技能和强大的塑造能力，并且能力超越知识，或者说能力和知识一起超越品格，是对教师的核心素养的要求。

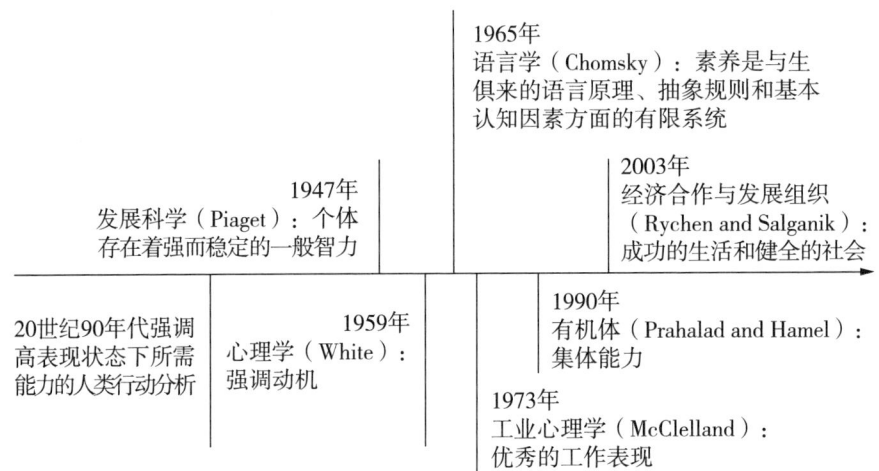

图 2-7 20 世纪国际社会对素养概念的认识变迁

（三）素养本位：知识经济时代的教师专业核心素养观

第二次世界大战以后，新科技革命突飞猛进，人类在不到 100 年的时间里创造了比过去几千年的总和还多的知识与财富。据联合国教科文组织统计，人类近 30 年来所积累的科学知识，占有史以来科学知识总量的 90.00%。[①]世界经济论坛创始人克劳斯·施瓦布（Klaus Schwab）认为我们正迎来一场新的技术革命，这场革命无论从规模、影响范围还是复杂性来看，都和人类

---

① 熊月之. 知识体系的新陈代谢[N]. 文汇报，2021-05-16.

以往经历的任何一次技术革命截然不同，它强调各项技术广泛而深度的融合，这将日益消除物理世界、数字世界和生物世界之间的界限。① 可以说，人类已经进入了一个科技与人文交相辉映、知识与信息互通融合的新时代。这个时代呈现前所未有的三方面特征：科学技术的突破呈现群体性、集中性爆发的态势；学科分化日益精细，新衍生的交叉学科促进了自然科学与社会科学的融合；科学、技术、生产、教育四方面呈现一体化的趋势。新经济时代对教育的巨大冲击必然推动教师素养观的转向。

1. 知识经济时代的来临及对教育的挑战

1996 年，经济合作与发展组织发布了一份名为《以知识为基础的经济》的报告，首次使用了"知识经济"这个概念，它是相对于农业经济和工业经济而言的一种崭新的经济形态。虽然农业经济和工业经济也离不开知识，但经济的增长取决于土地占有、能源供给、劳动力密集和资本运作，即以物质资料为基础。知识经济时代以信息技术、人工智能、大数据、互联网等为主要经济业态，倡导知识主导、人才为基、创新为魂、国际流动，知识运营是社会的经济增长方式。正如未来学者托夫勒（Toffler）所言，这个时代"知识已成为所有创造财富所必需的资源中最为宝贵的要素，……知识正在成为一切有形资源的最终替代"②。知识业已成为经济发展、社会进步和文明创新的引擎。作为知识载体的人力资本是知识经济时代最重要的生产要素，只有人才能创生知识、传播知识、运用知识。

知识经济改变了社会生产方式，改变了经济增长方式，改变了人类生活方式，大量以简单重复、人口密集为主要特征的常规工作正在被计算机、机器人和人工智能所取代，而以创造、发明、互动为特征的复杂工作正成为新的领地。职业世界的从业者也就由工业时代的"常规生产工作者"转变为信息时代的"心灵工作者"。③ 培养适应知识经济时代发展要求的"心灵工作

---

① 朱正伟，周红坊，李茂国. 面向新工业体系的新工科 [J]. 重庆高教研究，2017，5（3）：15-21.

② 托夫勒 A，托夫勒 H. 创造一个新的文明：第三次浪潮的政治 [M]. 陈峰，译. 上海：生活·读书·新知上海三联书店，1996：5.

③ 张华. 论核心素养的内涵 [J]. 全球教育展望，2016，45（4）：10-24.

者"对教育提出了新的挑战，因为只有教育才能有效促进个体知识化和社会化的进程。

在工业社会，科学主义、实用主义、现实主义影响下的教育所培养的学生知识丰富、技能扎实、能力过硬，但是往往忽视了批判反省、创造力、想象力、热情与追寻意义的需求，这些不足在知识经济时代会对个体发展、社会生活造成重大影响。与农业文明时代和工业文明时代培养人、塑造人等从外部展开的教育不同，知识经济时代更强调教育的本质是促进受教育者内部潜能的自由展开。为此，英国纽卡斯尔大学的一位学者曾指出，只有三种最基本的东西在今后的大数据时代是学生用得到的：第一种是阅读——包括连续文本和非连续文本的阅读；第二种是搜索；第三种是辨别真伪。

知识经济时代的经济新模式和职业新形态、社会生活的新方式与个人自我实现的新需要，形成了对传统工业时代教育的新挑战。可以说，教育既是知识经济的源头，又是知识经济的基础。学生通过接受学校、社会、家庭三方面的教育，具备满足个体终身学习、参与社会生活需要的核心素养，达到知识经济时代对未来公民的基本要求，这必然催生教师核心素养观的转型。

2. 素养本位教师素养观的确立与表现

虽然科学精神与人文精神均是人类长期以来追求的主体性精神，但教育中的科学技术科目和文学科目一直处于分离和对立的局面，与此相对应的科学主义与人文主义两大哲学思潮不断此消彼长：农业经济时代人文主义占据主导，工业经济时代则科学主义占据上风。在以知识经济为代表的新经济时代，真正民主的社会必须弥合分歧，科学的人文主义与人文的科学主义必须相互借鉴，彼此融合，共荣共生。杜威坦言，近代科学的兴起就预示着恢复自然和人性的紧密联系，因为近代科学把自然知识看作取得人类进步和幸福的手段。[①]

每一种职业都不应该过分强调它专门化的一面，不能只注重技能或技术方法而牺牲它所包含的意义。正如杜威所言，教育的任务是"使科学研究工

---

① 杜威. 民主主义与教育 [M]. 2版. 王承绪，译. 北京：人民教育出版社，2001：300-301.

作者不仅是科学家,教师不仅是教书匠,牧师不仅是穿着牧师服装的人"[1]。这种超越技术、技能的职业定位,就是以人的发展为主旨的定位,既包括教师的主体性发展,也包括促进学生的全面发展及促进社会的发展。科学与人的发展紧密结合,人的发展依赖科学的进步,农耕时代的人文主义与工业时代的科学主义在知识经济时代必须从分野走向融合统一。核心素养实现了对传统人文主义知识观和科学主义技能观的超越,成为新时代各国际组织、国家、地区新的育人目标。显然,要应对新经济革命所带来的冲击和挑战,就应要求社会公民具备关键的素养,学校教育也应为培养学生这些素养做出必要的调整与革新,这就必然引发学校教育的系统变革,即更重视探究学习、自主学习、合作学习、对话教学、理解教学与反思教学等;师生双方均必须具备适应个体生存与发展的基本素养和适应终身学习、能够应对知识经济时代挑战的关键素养。

在应对知识经济时代挑战的过程中,美国自20世纪80年代率先从教师教育领域进行改革——教师由过去"作为技术员的教师"(teacher as technician)变为"作为专业人士的教师"(teacher as professional),同时,教师教育由过去的"训练模式"(training)演变为"发展模式"(development)。日本也紧随其后,从"教师是从事学生人格形成的专门性职业,也是决定教育成败的关键"的观点出发,把提高教师的素质能力作为20世纪90年代主要的政策与课题,以期提升教师"作为教育者的使命感及其实践指导能力"[2]。

可见,各国教师教育改革的出发点和落脚点均指向教师的可持续发展能力——包括教师个体专业发展和促进儿童身心发展的双重意涵。因此,教师仅具备学科知识、专业技能、教学能力等远远不能适应自身知识更新与创生的需要,也就不能适应培养学生核心素养的需要。这就必然对21世纪教师素养提出了新的、更高的要求。印度学者克里希那穆提(Krishnamurti)

---

[1] 杜威. 民主主义与教育[M]. 2版. 王承绪,译. 北京:人民教育出版社,2001:327.
[2] 陈永明. 现代教师论[M]. 上海:上海教育出版社,1999:33.

从教师对自我的认识、对学生的态度、教学的技巧与艺术、职业情谊和个体人格角度出发,基于促进儿童发展的基本立场,提出"正确的教育者"必备的五方面素养:了解自我、热爱学生、防止成为权威、以教育为天职、保持心灵完整自由。

第三章　幼儿园教师专业核心素养建构的价值立场

立场是个体在认识和处理问题时所处的地位和抱有的态度，即"为谁着想""以谁为目的"，带有鲜明的倾向性。幼儿园教师专业核心素养建构的基本立场表现为建构教师专业核心素养过程中的基本站位、价值遵循和终极目标。从根本上来说，核心素养所寻求的是人所应具备的卓越品质，即人之为人的内在规定性问题，它必然指向对教育本质的回归。回归教育的本质，就是回归教育规律、教师发展规律，就是回归教育的终极理想——人的全面发展，实现合规律性与合目的性的统一，这是幼儿园教师专业核心素养研究的理论逻辑。

因此，研究幼儿园教师专业核心素养的前提和基础是要回归教育的原点，回归对童年、儿童、教师等有关学前教育本质的思考。学生发展核心素养的培育致力于个体优质生活和美好社会目标的达成，应在包括幼儿园在内的儿童教育全过程中实现，也就是必须通过教育的过程而最终传导在学生身上。[①]同时，培育的过程是一个渐进、累积和长期的连续过程，应考虑大中小幼各个学段核心素养培育的衔接和连贯性，从而实现不同学段核心素养的纵向衔接和垂直贯通，这也是核心素养最终能够落实的基础保障。[②] 童年期是奠定

---

① 蔡清田.台湾十二年国民基本教育课程改革的核心素养［J］.上海教育科研，2015（4）：5-9.
② 陈文强.核心素养与学校变革［M］.厦门：厦门大学出版社，2016：17.

个体一生良好发展基础的黄金期和起始阶段。探究幼儿园教师专业核心素养，必须从其工作对象所处的发展阶段入手，从对童年、学前教育的本质分析出发，只有这样，才能理解童年、儿童和学前教育，也才能体认幼儿园教师专业核心素养意涵的本质。

一、童年的本质分析[①]

童年不仅是一个时间或年龄概念，更是一个包含了儿童的生存空间、生活方式、生理信息和生命意义等要素的人类学与社会学概念。童年似乎是人一生中最不起眼的一个阶段，但却是教育发生的基本条件和主要因素。个体受用一生的良好习惯、学习品质、人格特质等几乎所有重要基础，都是在人生最初几年获得的。它奠定了人一生发展的基础，决定了人未来的事业和生存质量。从某种意义上说，童年就是人整个生命周期里的"关键期"。因此，如何认识童年将决定我们如何对待童年，如何面对儿童。

儿童性是童年的本质属性，是童年与其他发展阶段的本质区别。儿童性集中体现在以下几个方面。

（一）童年的童趣性

当代社会，童年有愈来愈成年化和娱乐化，成为成人生活的准备、预演之势。学前教育异化为"提前教育"和"学习教育"。在幼儿园，幼儿常被高结构化的集体教学限制；在家里，很多家长还会通过各种兴趣班、特长班给幼儿"充电"，可供幼儿自由支配的游戏时间极其有限，使童年失去了其最具标志性的特征——"童趣"。百余年前，福禄贝尔将其所创设的世界第一所幼儿园命名为"儿童的花园"，实际上也是对童年本质、幼儿园本质的生动阐释。百余年后，我们所遵循的"以儿童为中心"基本原则的核心在于保障幼儿的游戏权利。[②] 鉴于此，为了避免对童年本质的日益偏离，幼儿园

[①] 蔡军. 敬畏童年：珍视童年期的价值 [J]. 新课程评论，2017（6）：11-16.
[②] 陈鹏，高源. 我国学前教育立法的现实诉求与基本问题观照 [J]. 陕西师范大学学报（哲学社会科学版），2017，46（6）：35-45.

应严格遵循以游戏为基本活动的准则,科学地开展保教工作;家长也应积极配合幼儿园的工作,克服应试教育的群体思维定式,以"为幼儿的幸福生活及终身发展奠基"为旨归;政府应进一步加强对学前教育、保育、卫生、医疗、营养等方面的财政投入,确保每个幼儿(尤其是处境不利幼儿)能够享有基本的生存发展资源。

(二) 童年的童话性

正如幼儿离不开游戏,童年也离不开童话。幼儿是童话最忠实的追随者,每个幼儿内心都憧憬着童话般美好的生活,因为构成童话本质的是一种永恒的"童年精神气质"[①]。童话作为原始诗性智慧的结晶,渗透着文明理性的人无法参透的奥秘,是童心的忠实捍卫者。童话有利于幼儿感知世界、认识世界,对未知世界充满好奇和想象。幼儿在童话般美好的虚拟情境中陶冶情操,实现与童话人物的心灵沟通和情感共鸣,更通过童话故事的情节和情境,发展自己的情感与社会性,塑造、健全自己的人格,萌发对未来美好生活的期待。缺失了童话的陪伴,童年将失去色彩。因此,成人有责任、有义务为幼儿创设一个"童话般"美好的成长环境,既包括基本的或者相对充足的学习、生活物质条件,也包括一个避免恐惧、安全正义、相互尊重的精神心理环境。

(三) 童年的主体性

童年的主体性就是幼儿在与客体相互作用中得到发展的自觉、自主、能动和创造的特性。很多身为"过来人"的成年人都以幼儿的心智尚不成熟为由,在实施对幼儿的监护时将幼儿置于客体的地位,在无形中主宰幼儿的童年。有的家长意图把自己未能实现的愿望寄托在幼儿身上,剥夺其自主权利,"以爱之名"造成对幼儿的伤害。让幼儿成为童年的主人,其基础是建立平等、积极的亲子关系以及"主体间性"的师幼关系,核心就是要赋予幼儿自主选择的权利,激发其主动参与的愿望,培养其自觉遵守规则的意识。童年

[①] 李利芳. 论童话的本质及其当代意义 [J]. 兰州大学学报(社会科学版),2003,31(2):22-26.

的主体性通过幼儿活动的主体性来体现,应以幼儿的年龄特征为活动前提,鼓励和支持其自主选择游戏内容,自主选择游戏材料,自主选择游戏伙伴,在游戏过程中获得积极的情绪情感,尽情体味生命自然展开的酣畅感、愉悦感和成就感。

(四) 童年的生动性

幼儿园应该像"花园"一样成为童年的空间场域。童年应该也像"花园"一样,充满灵动性、生命性,生机勃勃。幼儿园应基于幼儿身心发展规律,开展有益于激发求知欲望、培养良好学习习惯和生活习惯、塑造健全人格和良好个性的各种活动,让幼儿园回归"儿童的花园",让幼儿的童年变得生动活泼。

二、幼态持续与游戏:儿童的本质探讨

(一) 儿童的幼态持续性

学校教育一般都按不同阶段开展,主要依据受教育对象在不同发展阶段所呈现出的鲜明的身心发展特征和成长需要,有针对性地确定教育目标、内容、方法和评价等。在学前阶段,既不能将幼儿视为"小大人",也不能无视其作为社会成员所拥有的学习与发展的基本需要和权利。幼儿具有吸收性的心智,在生理和心理方面都表现出自身的独特性。学前阶段是任何其他发展阶段所不能取而代之的。[①] 社会生物学的幼态持续说认为个体童年时段延长、发展缓慢和内容丰富等现象恰是人类高于其他灵长类的秘密。幼儿身体柔弱,骨骼及大小肌肉发育不完全,脑的成熟程度不够,兴奋过程与抑制过程不平衡等,反映幼儿生理发展的特殊性;好奇,好动,好模仿,情绪不稳定,注意力集中时间短,以动作思维和形象思维为主等,反映幼儿心理发展的特殊性。这些身心发展的特殊性决定了幼儿学习方式的特殊性,即必须坚持以游戏为基本活动,必须通过直接感知、实际操作和亲身体验这些基本途

---

① 朱德全. 试论学前教育的特殊性原则 [J]. 学前教育研究,1996 (6):1-3.

径来建构积极经验,所以成人必须高度重视操作材料、玩具、童书以及与环境和他人的积极互动对幼儿学习发展的重要支撑意义。

(二) 儿童的游戏性

游戏是幼儿的主要生活内容和生活方式,也是其主要的学习方式和学习途径。《幼儿园教育指导纲要(试行)》《3—6岁儿童学习与发展指南》等都明确了"以游戏为基本活动"的原则。在幼儿享有的众多权利中,生存权、受保护权等多种权利隶属公民基本人权范畴,唯有"游戏权"是反映幼儿属性的基本权利。游戏被视为构成人类文明的基石之一[①],虽然游戏为人类与高等动物所共有,也被成人所喜爱,但游戏作为幼儿特有的生活方式、生活内容和学习方式,是促进幼儿身心发展的有效途径。幼儿依法享有游戏的权利是其发展的基本需要。在幼儿受保护的各项权益中,游戏权最能反映年龄阶段的特殊性,是生存权、发展权等其他人权在童年期的具体化和实现路径,具有独特价值。充分保护幼儿的游戏权,方能确保幼儿在适宜的文化体系和制度体系中真正享有快乐、安全的童年生活。因此,幼儿学习与发展的特殊性要求教师充分理解并尊重幼儿的年龄特征与个体差异,充分保障幼儿的游戏权,从而体现启蒙阶段教育的特殊性。

游戏是幼儿身心发展的内在需要,成人有义务保障这种基本需要的满足并使之成为幼儿的基本权利。[②] 捍卫游戏就是捍卫幼儿的精神生命。狄特里希·邦霍夫(Dietrich Bonhoeffer)曾说,对一个民主社会而言,道德状态的最终检验标准就是这个社会中儿童的状态。现代社会从"游戏儿童"到"儿童游戏"、从"游戏罪恶"到"游戏权保障"的转向,从人权和法理精神层面对于儿童游戏权的确认,在人类认识发展史上具有里程碑意义,"喻示或象征着人类在追求自身解放道路上迈出了坚定的一步"[③]。

---

① 赫伊津哈. 游戏的人:文化中游戏成分的研究 [M]. 何道宽,译. 广州:花城出版社, 2007:7.
② 刘焱. 幼儿园游戏与指导 [M]. 北京:高等教育出版社,2012:9.
③ 丁海东. 儿童游戏权的价值及其在我国的现实困境 [J]. 东北师大学报(哲学社会科学版), 2010(5):178-182.

三、师幼关系的三维合成：幼儿园教师的本质剖析

有研究者指出，要改进教育，我们必须改革学校；要改进学校，我们必须变革学校中的个人。幼儿园教师就是幼儿园中的重要个人。要研究幼儿园教师的本质，首先需要进行前提反思——"什么是幼儿园教师？"历史上人们对此做出了多种直观的解释或理智的回答，并且几乎都充满着一种令人陶醉的积极的浪漫色彩①。直到《幼儿园教师专业标准（试行）》颁布，国家首次从行政规章层面对幼儿园教师做出明确界定：幼儿园教师是履行幼儿园教育工作职责的专业人员，需要经过严格的培养与培训，具有良好的职业道德，掌握系统的专业知识和专业技能。这体现出幼儿园教师具有三方面的特征：幼儿园教师是专业人员，幼儿园教师的职责是履行幼儿园教育工作，幼儿园教师要具有道德、知识和技能等方面的必要素养。该概念源于教育实践中的观察和概括，反映了国家对幼儿园教师本质的理解与表达，更多是从教育现象层面对幼儿园教师本质的描述。另外，我们还有必要从一个自然人、一种职业、一个专业的视角，从本质层面对该职业进行分析。

每一种职业无论诞生早晚、入职壁垒高低、从业人员多寡，在其形成、发展过程中，为了维护行业声誉、保护行业利益，都逐渐形成了带有鲜明职业特征的道德规范要求。这一点，教师与其他职业并没有本质区别。然而学前教育不仅是一个职业，更是一个专业；幼儿园教师不仅是职业人，更是专业人。职业与专业在知识密集程度、成果创新程度上的不同，使得普通职业道德与专业伦理存在两点差别：一是作用范围不同，普通职业道德作用范围广泛，专业伦理仅作用于专业范围；二是作用机制不同，普通职业道德更容易接受他律的约束，而专业伦理的践行主要靠专业人员的道德自律。

教师的发展不是孤立的，而是处于与其他存在物的内在关系中，教师始

---

① 于光远. 教师素养新论 [M]. 兰州：兰州大学出版社，2001：7.

终在与他人的"共在"中成长，担任多重角色。教师工作的全面性决定了教师角色的多样性，教师角色的多样性反映了幼儿园教师与幼儿关系内涵的丰富性及应具备伦理规范的复杂性。大量研究成果强调了高质量师幼互动对于幼儿学习与发展的重要性。马拉古齐（Malaguzzi）强调教育过程的三个主角——教师、幼儿及家长——之间的互动与关系是教育和学习的基础。① 鉴于幼儿园教师的专业性背景，师幼关系就成为三方互动关系中最活跃的因素，也是幼儿教育教学活动中最核心、最关键的人际关系。从显性层面来看，师幼的互动关系要求教师成为幼儿学习与发展的支持者、合作者、引导者；从隐性层面来看，师幼的互动关系则表现为不同层面的教师角色伦理，这更能体现幼儿园教师的本质，对幼儿的学习与发展具有不可替代的价值。幼儿园教师角色的伦理性主要通过三个维度的三类关系得以体现（见图3-1）。

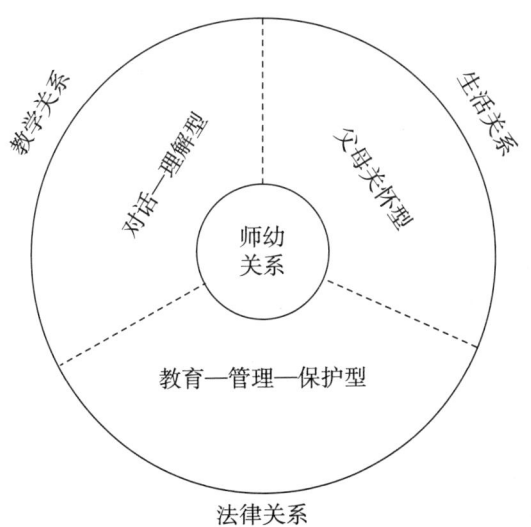

图3-1 师幼关系的三维合成

---

① MALAGUZZI L. History, ideas and basic philosophy: an interview with Lella Gandini [M] // EDWARDS C, GANDINI L, FORMAN G. The hundred languages of children: the reggio emilia approach—advanced reflections (2nd ed.). Westport, CT: Ablex, 1998: 49-97.

(一) 教育—管理—保护型的师幼法律关系

师幼之间所建立的法律关系是师幼关系的前提和基础。幼儿园教师与幼儿园存在两种劳动关系，即劳动合同关系（私立幼儿园）和参照《中华人民共和国公务员法》管理的非劳动关系（公立幼儿园），代表幼儿园行使相应权力。因此，幼儿园教师与幼儿的法律关系，实质上取决于幼儿园与幼儿的法律关系。学术界对于幼儿园与幼儿的法律关系主要有三种观点：监护关系，准行政管理关系，教育—管理—保护关系。对前两种法律关系的认识都缺乏准确的法律依据，能得到法律法规支撑的是教育—管理—保护的关系定位[①]。

《中华人民共和国教师法》规定教师是履行教育教学职责的专业人员，有依法进行教育教学活动的权利以及履行教师聘约、促进学生全面发展的义务。因此幼儿园教师所行使的教育权具有国家教育权的性质。如《中华人民共和国未成年人保护法》第三十五条规定："学校、幼儿园应当建立安全管理制度，对未成年人进行安全教育，……保障未成年人在校、在园期间的人身和财产安全。"《幼儿园管理条例》对幼儿园应履行的对幼儿的教育、管理、保护做了系统全面的规定。《幼儿园工作规程》规定幼儿园教师要观察了解幼儿，制订和执行教育工作计划，合理安排幼儿一日生活。这些法律法规足以支撑幼儿园与幼儿之间的这种特殊法律关系，这也确证了幼儿园教师与幼儿教育—管理—保护的法律关系。在这种法律关系的框架内，幼儿园教师具备职业道德和敬业精神、保护幼儿不受侵害、支持幼儿发展等是基础。

(二) 对话—理解型的师幼教学关系

根植于建构主义的观点"成人与幼儿的互动是学前教育的中心教育维度"，与存在主义强调的"我与你的关系是人类历史文化的核心"[②]，在师幼互动关系的价值上达成了前所未有的共识。师幼关系存在的逻辑基础是幼儿园教师和幼儿之间发生的教育教学活动，因此，师幼之间的教学关系是师幼关系的核心，鲜明地反映了幼儿园教师的专业伦理性。

---

① 包秀荣. 试论教师的法律地位 [J]. 内蒙古民族师院学报（哲学社会科学版），1998（1）：75-79.
② 雅斯贝尔斯. 什么是教育 [M]. 邹进, 译. 北京：生活·读书·新知三联书店，1991：2.

哈贝马斯（Habermas）认为，一切社会问题都是合理性问题，社会理性问题的解决建立在交往行为的合理性基础上，真正的交往一定是主体间相互理解的交往。在教育活动中，师生间的关系是主体间的关系，教育者与受教育者同样具有主动性、自主性和创造性。师生双方均以独立个性的自由个体在同一个教学场域中积极互动，这种互动的本质特征表现为"对话—理解"。苏格拉底可能是论述"对话—理解"师生教学关系的先驱，他主张"教育不是知者随便带动无知者"，而是使师生共同寻求真理。这样师生可以相互帮助，互相促进。师生在似是而非的自我理解中寻找难题，在错综复杂的困惑中被迫自我思考。教室中发生的学习活动是通过与对象世界（事物、教材）的相遇和对话、与教师及同伴的相遇和对话、与自身的相遇和对话来实现的①，学习就是这三个维度的对话的实践。因此，教育的本质就是交往、对话和彼此理解，是师生通过对话在交往与沟通活动中共同创造意义的过程。②

对话—理解型师幼关系强调教师与幼儿双方在幼儿园场域中主体性的存在，师幼之间是自我主体与对象主体价值平等的对话关系，不是简单的人与物、主体与客体的关系。师幼双方在心理上重新体验对方的心理和精神，从而搭建起彼此宽容与体谅的交往模式。③幼儿和教师在任何时候都是主体，幼儿在认识教师及其教育教学内容时是主体，在被教师认识和教育时也是主体；教师在认识和指导幼儿时是主体，在被幼儿认识和理解时也是主体。教育是主体间系统的指导学习，它强调教与学的双边互动、平等交往、主动对话、相互理解，强调教育对幼儿价值的发现、挖掘、培养、提升和限定。幼儿园教师要重视幼儿在学习活动中的反应，力图理解并满足幼儿合乎情理的需要，为幼儿提供必要的支持策略。

在幼儿园建立对话—理解型的师幼教学关系，其前提是倾听，目标是引发幼儿的深度学习。通过倾听，师幼一方能够在另一方观点的基础上去思考，

---

① 佐藤学. 教师的挑战：宁静的课堂革命 [M]. 钟启泉, 陈静静, 译. 上海：华东师范大学出版社, 2012：124.

② 叶澜. 重建课堂教学价值观 [J]. 教育研究, 2002（5）：3-7+16.

③ 余萍. 理解：新型师幼关系的现实旨趣：基于胡塞尔主体间性思想 [J]. 合肥学院学报（社会科学版）, 2012, 29（3）：120-122+130.

并形成两方面思维和经验的连锁,建立理解关系,从而将学习和合作引向深入。对话理论与胡塞尔的主体间思想颠覆了传统观念中对师幼关系的僵化认识,为解释对话—理解型的师幼教学关系提供了理论基础和哲学依据。由于深受现象学影响,雅斯贝尔斯在《人的教育》中指出:对话便是真理的敞亮和思想本身的实现。对话以人及环境为内容,在对话中,可以发现所思之物的逻辑及存在的意义。

(三) 父母关怀型的师幼生活关系

昆体良在论述师生关系时提出教师要以慈父的态度对待学生。裴斯泰洛齐将父母的关怀视为人类成长的主要因素,提出必须借助教会或政府,把父母的关怀引进教育体系,教育中一切好的方面和这种父母之心是一直结合在一起的。① 当代家庭与社区的教育功能日益衰退,学校教育与教师义务的边界无限扩张,导致教师的工作范围和任务呈现出"无边界性"的特点,如幼儿园的工作涵盖了幼儿的学习活动、生活活动、游戏活动以及家长工作等各个方面。教育—管理—保护型的师幼法律关系与对话—理解型的师幼教学关系为大中小幼各学段师生关系所共同具有,而父母关怀型的师幼生活关系为学前教育阶段所特有,它直观反映了学前教育的特殊性和师幼关系的特殊性。

20世纪80年代,美国学者内尔·诺丁斯(Nel Noddings)提出了关怀理论(Caring Theory),认为人类最根本的特点就是"关系性",这种关系性的真正含义是"关怀"——一种与母职(mothering)关系最为密切的自然能力。爱和关心是教育的条件。教师以智慧育才、以慈悲化才,学生自然就会成才。1994年女性主义教育学者贝尔·霍克斯(Bell Hooks)在其系统建构的关系教育学(Engaged Pedagogy)中批判了传统师生关系的"冷漠",呼吁建立一种"激进"的教育学,在传递知识与技能之外,师生之间更多进行真诚的情感互动。叶澜认为学校教育"是以人为本的社会中最体现生命关怀的

---

① 裴斯泰洛齐.裴斯泰洛齐教育论著选[M].夏之莲,等译.北京:人民教育出版社,1992:292.

一种事业"。学校教育应该让学生学会关怀,师生之间也应该建立关怀型的关系。在师幼的生活关系中,双方并非处于完全平等的地位,关系的一方(教师)必须承担主要关心者的角色。2008年,美国教师教育资格认定委员会(NCATE)将"关怀型、有能力和高水平"视为高质量师资的准入标准。2011年,欧盟委员会"教师专业发展"专题工作组提交的报告指出了教师身份的复杂性:既是教育管理者、专家型学者,又是有文化的公民,且充满关怀。《中华人民共和国教师法》第八条第四款规定教师有"关心、爱护全体学生"的义务;《幼儿园工作规程》要求教师要"尊重、爱护幼儿";《幼儿园教育指导纲要(试行)》要求教师应"以关怀、接纳、尊重的态度与幼儿交往"。可以说,教师学会关怀,建构关怀型的师生关系,不仅是父母、幼儿和社会的期望,更是国家法律法规的要求,也是国际共识。

婴幼儿最为稚嫩和脆弱,但这绝不意味着教育工作的简单和肤浅,也绝不意味着教师工作的非专业性。教师工作的专业性和复杂性主要源于教育对象的不成熟性、教育活动的创造性和工作任务的复杂性。马克斯·范梅南认为,面对着被托付给教师照护、具有不同经历和多元文化背景的孩子,教师们实际上履行着一种"替代父母"(inlocoparentis)的职责。[1] 虽然从普遍意义上来说,师幼关系不可能达到亲子关系的密切程度,但是理想的师幼关系仍然可能是一种亲密关系,因为它是建立在契约关系基础之上的情感联结。

教师作为幼儿成长中的重要他人,所建构的父母关怀型的师幼生活关系主要有以下三方面表现。一是看得见的关怀:全面的生活照料。由于幼儿园"保教合一、相互融合"的特性,教师除了要承担与其他学段教师一样的教书、育人任务之外,还兼有"保育"的特殊任务。教师在幼儿园所承担的保育工作主要涉及对幼儿的生活照料、卫生保健等,与父母在家庭承担的监护责任高度契合,具有天然的"替代父母"的角色形象。幼儿在与教师的生活互动过程中,能够直接看到教师对自己父母般的照顾。二是感受到的关怀:

---

[1] 范梅南. 教学机智:教育智慧的意蕴[M]. 李树英,译. 北京:教育科学出版社,2014:5-6.

积极的情感回应。认真倾听并且积极回应是关心的基本标志，表现为在幼儿园日常的生活活动、学习活动、游戏活动中，教师能认真倾听幼儿谈话并与其平等对话，能对幼儿在活动中的情感和行为表现出关注，即眼里有幼儿，能认同、尊重和理解幼儿发展存在的个体差异，能及时识别和回应幼儿学习与发展的需要，能识别幼儿面临困难、处于孤独、陷于危险等不利境况并及时出手相助。三是触摸到的关怀：必要时的肢体接触。心理学家哈利·哈洛（Harry Harlow）在对恒河猴的母爱剥夺实验中发现，恒河猴在饥饿的时候才到"铁丝妈妈"身边去吃奶，平时都紧紧抱着"绒布妈妈"以得到慰藉。可见，师幼之间温暖的皮肤接触和肢体互动，如拉手、拥抱等，是幼儿能触摸到的关怀。父母关怀型师幼关系的建立可以发挥出"超能量"，能够缓解幼儿与父母的分离焦虑，带给幼儿安全感、轻松感和幸福感，并让幼儿通过对教师积极行为的观察模仿发展"关心他人"的品质和良好的社会性，使幼儿与教师建立更为亲密的关怀关系。

四、基于教育本质分析的模型建构价值立场

（一）固守儿童本位

儿童本位是相对于社会本位提出来的，核心价值是以儿童为根本出发点和基本立场，遵循儿童发展规律，捍卫儿童合理权益，激发儿童内在潜能，促进儿童人格自由开展。传统哲学主流的核心价值就是坚持以儿童为本位，远有老子在《道德经》中提出"常德不离，复归于婴儿"的著名观点，有古希腊赫拉克利特（Herakleitus）"世界是一个游戏的儿童，玩着棋子游戏，主宰是儿童"的惊人论断，近有英国诗人威廉·华兹华斯（William Wordsworth）"儿童是成人之父"的浪漫诗句，有陈鹤琴晚年"一切为了儿童"的真情抒发。即便跨越整个人类文明史，很多哲学家都愿意将整个世界、整个宇宙的本质还原为儿童。儿童成长的需要使得教育得以发生，从这个视角来看，教育的本质和主旨决定了儿童本位是教育必须坚守的基本立场，儿童本位是优质教育的鲜明标志和成功动因。可以说，儿童本位不仅是传统哲学和

现代教育学的基本价值立场,也是建设现代社会、文化、伦理和政治的根本法则,还是一个社会文明程度的标尺。

儿童本位的内涵丰富而深刻。幼儿园教师在保教实践活动中,固守儿童本位就是要树立正确的儿童观和儿童发展观,做到尊重幼儿、理解幼儿、关爱幼儿和保护幼儿。尊重幼儿是最基本的儿童立场,教师要尊重幼儿的人格、隐私与个体差异,公平对待全体幼儿。德国2000年通过的《关于幼儿园教师培训和考试的框架协议》对学前教育任职者应具备的专业素质做出两方面明确要求,除了要具有计划、实施和评价教育活动的能力之外,还要尊重并了解幼儿。理解幼儿就是理解幼儿的学习方式、生活方式,理解幼儿发展的年龄特征和个体差异,掌握幼儿的身心发展规律。关爱幼儿就是公正平等地对待每一名幼儿,富有爱心、责任心,对工作细心、耐心,乐于为幼儿发展创造良好的条件和机会。保护幼儿就是将保护幼儿生命安全放在首位,避免针对幼儿的暴力、虐待、忽视、歧视等行为。

固守儿童本位,尊重幼儿、理解幼儿、关爱幼儿和保护幼儿的落脚点是促进幼儿发展。幼儿的发展是学前教育的宗旨和意义。幼儿园教师要为幼儿"回归教育世界的中央"而做好准备[①],如要了解幼儿的身心发展规律,了解幼儿的生活方式和学习方式,以便选择适当的材料和发展经验来满足幼儿的需求、兴趣,并创造具有挑战性的学习环境,挑战幼儿并促进他们的学习和发展。

(二)护育生命价值

康德曾说,人是两个世界的公民:一个是日常经验的世界,即自然世界;一个是灵魂和精神的世界,即自由世界。幼儿园教师作为人类个体和社会成员,有自己独特的生活经历、价值观念、思维方式、生活方式乃至人生信念和社会理想,是自然人、社会人与教育人的统一。作为自然人的幼儿园教师需要热爱生命、呵护生命、发展生命、完善生命,以便让"自由世界"变得

---

① 龙宝新.论儿童成长本位型教育境遇[J].辽宁师范大学学报(社会科学版),2020,43(4):69-76.

丰富多彩；作为社会人的幼儿园教师，是社会的普通公民，扮演不同的社会角色，与形形色色的不同个体交往、沟通和互动，参与社会生活的方方面面，不断实现个体的社会化、个人价值和人生目标；作为教育人的幼儿园教师需要履职尽责、敬业奉献，利用自己的保教专业知识、技能以及对教育的情怀，促进幼儿的身心健康成长。可见，教育的价值结构与人的价值结构紧密相连。

生命性是人的基本属性，"生命价值"是人的元价值。教育是用生命唤醒生命，用生命感动生命，用生命温暖生命。教育要实现对生命的唤醒、感动和温暖，依赖于教师的爱与责任。童年期是个体生命周期的开端，身心发展的不成熟性为幼儿发展带来巨大可能；童年期也是最具生命气息的阶段，幼儿是最能彰显生命意味的群体，他们以自己最质朴的方式认识生命、体验生命、充实生命。对童年的敬畏就是对生命价值的敬畏，对幼儿的尊重、理解、关爱和保护就是对生命价值的尊重、理解、关爱和保护。学校教育是直面人的生命、通过人的生命、为了人的生命质量提高而进行的社会活动。教育活动中的生命包括教师的生命和学生的生命。幼儿园教师只有真正地在教育中投入自己的生命，才能和幼儿一道从自己生命的幸福和苦难、快乐和痛苦中共同探究生命和世界的本质。

幼儿园教师劳动对象的生命性特征决定了教师的劳动过程不仅仅是对幼儿进行信息传递、知识传授和能力培养，更需要心灵和情感的交融、文化与文明的传承，是灵魂与灵魂的碰撞、生命与生命的交流。幼儿园教师怀着对生命的敬畏和尊崇，以虔敬的心态投入平凡的保育教育实践过程中，才会有教师生命对幼儿生命的护佑和唤醒，才会有幼儿生命对教师生命的激发，教育才会呈现出生命的灵动、自由和独特。伴随着教师人格自由展开及生命完全绽放的过程，教师与幼儿的生命世界在这个积极互动的过程中一起变得丰盈和完善。因此，建构幼儿园教师专业核心素养必须护育生命价值，回归对教育中生命的观照。

（三）坚守学前属性

学前属性就是学前教育的特殊性。学前教育的特殊性是学前教育作为独立的教育阶段所表现出的区别于其他教育阶段的内在、稳定、深刻的特有属性，彰显了学前教育的独立地位和独特价值，是学前教育的本质属性。"学前性"十分鲜明地体现了学前教育与普通学校教育的相互关系及不同之处，表明了学前教育的基本功能与形态。①

幼儿园作为一个专门的社会性教育机构存在于整个教育体系中的重要理由可以概括为三个方面。一是幼儿身心发展的特殊性。幼儿身心发展的内在需要构成了教育的起点和学前教育发生的原点，这是学前教育特殊性的前提和基础。二是幼儿园教师职业的特殊性。幼儿园教师与幼儿建立的教育—管理—保护型法律关系、对话—理解型教学关系和父母关怀型生活关系反映出其职业的特殊性。三是学前教育工作保教结合的特殊性。幼儿园教师的专业性之一表现为保教并重②，坚持保教结合、教养并重，可以为幼儿的生存与发展提供必要的外部支持。

可以说，学前教育的上述特殊属性决定了幼儿园教师有其特定的工作情境和任务要求，需要特定的能力素养，如果仅具有合格公民的公共素养或是教师职业的一般素养，将不能胜任幼儿园教师岗位，这是幼儿园教师专业核心素养研究的实践起点。因此，幼儿园教师专业核心素养中必须体现教师"关爱、理解、尊重、保护儿童"的品性、扎实的"保教实践知识、能力与智慧"以及对职业的热爱、认同和信念。

（四）彰显专业伦理

黑格尔对道德与伦理两个日常生活中经常混用的概念进行了澄清：道德是主观法，是个体品行，反映个人的主观修养与探索；伦理是客观法，反映客观的伦理关系。③ 职业的群体性决定了职业伦理的群体性。幼儿园教师的专业伦理既具有教师专业伦理的一般特征，又具有鲜明的学前教育特殊性，即幼儿园教师在幼儿园实践场域开展保育教育等专业活动时应遵循的价值、准则与规范，具体包括：有正确的教师观，认同、归属、敬畏幼儿园教师职业，遵守幼儿园教师职业道德；有正确的儿童观，尊重幼儿个体差异，保障

---

① 谢维和. 论学前教育的"学前性"[J]. 教育研究，2022，43（3）：88-96.
② 虞永平. 把保教结合落到实处[J]. 山东教育，2011（36）：30.
③ 黑格尔. 法哲学原理[M]. 范扬，张企泰，译. 北京：商务印书馆，1961：62.

幼儿权益，保护幼儿隐私及维护幼儿安全；有正确的法治观，贯彻党和国家的教育方针，遵守教育法律法规。可见，专业伦理规范是"专业"的重要构成内容，也是专业走向成熟的重要标志之一。

事实上，幼儿园的保教工作是一项苛刻的职业活动，在许多方面与一般学校的教育教学有所不同。[①] 有研究者确定了幼儿园教师职业的三个具体领域的独特性：第一，幼儿的特征，如一方面幼儿在身体、社会性和情感上具有脆弱性，另一方面幼儿的情感、社会性、认知和运动等以整体的方式在发展；第二，幼儿情境的特征及其任务；第三，幼儿园教师所执行任务的性质。这三个领域的独特性反映了幼儿园教师职业的特殊性。这种特殊性从根本上来说取决于职业对象——幼儿的特殊性。由于对幼儿的保育与教育是幼儿园教师职业存在的前提和基础，因此，幼儿园教师专业伦理的核心是"对幼儿的理解和关爱"。爱是教育发生的源泉，也是教育生活的本质特征。

鉴于教师职业天然具有的伦理与道德属性，在以伦理道德为核心价值追求的古代社会，教师就是圣贤文化的代表：既从事知识生产和传播，也承载道德表率和学生道德品行培养的重任；既是作为知性的存在，也是作为德性的存在。但总的来说，教师在文化性格上更偏重于成就道德品性，比较重视对"道统"的建设和阐发[②]，即所谓"教之以事而喻诸德者也"。道德的本质在于不断引导人的爱、善良、正义等品性，与教育价值具有内在的一致性。教育终究是要有虔敬之心，对终极价值和绝对真理的虔敬是一切教育的本质，缺少绝对的热情，人就不能生存，或者人就活得不像一个人，一切就变得没有意义。[③] 教师对教育的虔敬之心就直接表现为"师德"。师德不仅是历史素养观的核心价值取向，也是评价当代教师的首要准则。幼儿园教师要遵守作为社会公民的公共道德，也要遵守作为教师的职业道德。师德养成是教师专业发展全过程的使命和任务，它关涉教育生活的品质，构成社会道德的重要

---

① MAHMOOD S. "Reality shock": new early childhood education teachers [J]. Journal of early childhood teacher education, 2013, 34 (2): 154-170.
② 车丽娜. 中国古代教师文化的考察 [J]. 山东师范大学学报（人文社会科学版），2007, 52 (2): 137-141.
③ 雅斯贝尔斯. 什么是教育 [M]. 邹进，译. 北京：生活·读书·新知三联书店，1991: 44.

风貌。纵观教育发展历史，恪守师德一直是教师的必备素养。

(五) 突出专业知能

专业知能主要指专业知识和专业能力，也包括对知识与能力的应用及对理性和实践的反思。知识是能力形成的基础，能力在掌握知识的过程中得到发展，知识与能力都是学生发展核心素养的构成和基础，彼此是高度融合的互动生成和灵活转化关系。成熟的理论知识、解决问题的能力被美国教育家霍尔认为是任何一种职业在其专业化过程中不可或缺的重要支柱。

专业知能是幼儿园教师专业核心素养的基本构成和重要前提，具有专业核心素养的幼儿园教师必须具备核心知识，掌握核心能力。幼儿园教师所必备的"精熟"的核心知识除了传统的"三学六法"之外，还包括与幼儿园保教实践密切相关的科学和人文方面的通识知识、政策法规知识以及学科前沿知识；所必备的核心能力主要指与幼儿园保育教育实践活动相关的专业能力，包括保育的能力，组织、实施幼儿在园一日生活的能力，幼儿园教育活动设计、组织、实施、评价的能力，班级管理的能力，课室内外环境创设的能力，观察、评价幼儿的能力，家、园、社三方协同育人的能力，等等。

概言之，无论是古代的"知识迷恋"观还是近代的"能力本位"观，都提出了教师核心素养的基本构成：核心知识与核心能力。对幼儿园教师而言，核心知识就是保教知识，核心能力就是保教能力，专业知能就是幼儿园教师开展保教实践活动必须具备的保教知识、保教能力，以及在实践场域运用保教知识与能力过程中所生成的实践智慧。

(六) 强调实践品性

实践作为一种合规律性与合目的性相统一的人类社会活动，被视为在事实和价值之间架起的一座桥梁，是从经验走向理念的主体性活动。马克思主张"全部社会生活在本质上是实践的"[1]，教育自然也不应是一种自在的自然存在，就其本质而言教育就是培养人的社会实践活动。教育的实践品性决定

---

[1] 中共中央马克思恩格斯列宁斯大林著作编译局.马克思恩格斯选集：第1卷[M].2版.北京：人民出版社，1995：60.

了教师的实践品性。关注教师的实践品性日益成为21世纪国际教师教育的新趋势，对教师发展的观念逐步从实体思维范式转向实践思维范式。前者是指将教师专业素质预设为客观存在的实体，如理论知识、学科知识、教学知识、技能技巧，以此来诠释教师的专业成长；后者则关注教育实践过程甚于客观知识本身，认为离开了教育实践的过程，教师就不可能真正走向自主成长。教师专业核心素养的实践品性来自社会生活的实践性、教师职业的实践性、教育活动的实践性和教师成长的实践性，最终落脚于把受教育者培养成为具有社会实践能力的社会成员。

幼儿园教师开展保育教育实践活动需要通过书本获得的间接知识和经验，也需要在实践中积累的实践性知识和经验。必须对实践性知识不断加以反思和研究，才能避免其始终停留在经验的层次而低水平地累加，从而促成实践智慧的生成和发展。幼儿园教师时常处于高度复杂、不可预测和多样化的工作环境，一方面其专业成长需要通过保育教育等实践活动和反思，在实践场域中获取实践性知识，培养实践能力，涵养实践情意，生成实践智慧。没有实践就无法反思，没有反思就难以成长。另一方面，幼儿园教师通过教育实践所获得的素养提升、能力发展最终也将作用于教育实践，并有助于改造实践，在实践活动中促进幼儿的身心健康成长。因此，幼儿园教师专业核心素养必然要源于实践体验和实践经验的积累升华，要通过保教实践活动的载体来表现，也只有通过真实的实践场域，方能转化实践知识，强化实践技能，深化实践反思，坚定职业信念。

第四章 幼儿园教师专业核心素养的指标建构

人们历来对指标的概念莫衷一是。统计学认为指标是一种客观中立的数据工具，反映自然与社会现象在规模、程度、比例、结构及关系等方面的数据特征；评价学则认为指标是一种具体、可测量、行为化的评价准则[①]，是对评价内容质的规定性。幼儿园教师专业核心素养的指标是幼儿园教师专业核心素养的意义组块，是模型建构的前提和基本单位。幼儿园教师专业核心素养作为一个新兴的研究问题，其中最为迫切的研究任务就是通过科学的方式建构专业核心素养的具体指标构成。本研究遵循指标建构的基本原则、程序和方法，基于指标建构的基本价值立场，结合国际学前教育发展趋势和本土经验，通过对国内外已有相关研究成果的梳理提取理论指标，通过对国家教育政策文本的分析提取政策指标，通过面向幼儿园一线工作者的调研征集实践指标，并经过对指标的遴选和优化，建构幼儿园教师专业核心素养指标。

一、指标建构原则

幼儿园教师所应具备的专业核心素养是与幼儿园教师岗位要求高度匹配

---

① 陈玉琨. 教育评价学 [M]. 北京：人民教育出版社，1999：34.

的专业的、高阶的、关键的素养。科学、规范、有效地建构幼儿园教师专业核心素养指标,应遵循以下基本原则:从指标建构的价值维度来说,应体现核心定位原则和专业引领原则;从指标建构的技术维度来说,应反映指标的理论饱和原则和结构一致原则。

(一) 核心定位原则

"核心"对事物全局具有支撑性、引领性、决定性意义。每个人在生命历程中需要发展出多种素养,以便应对不同时期、不同事件、不同群体、不同层面的发展挑战。在这些素养中,有些是相对的和变化的,有些是绝对的和不变的,有些是个体的和个别的,有些是群体的和共同的,有些是基础的和次要的,有些是高阶的和关键的。幼儿园教师专业核心素养不是一个阶段出现、一个阶段又消失的不确定性素养,不是教师个体具有的素养,不是低级的、基础的素养,而是稳定的、共同的、高阶的关键素养,是量少质精、以少胜多的素养。核心定位原则意味着幼儿园教师专业核心素养既是国家教师教育标准和幼儿园教师专业成长之间的桥梁和中介,更是贯穿教师职前、入职、在职全程的灵魂,衔接国家政策和国家标准,统领教师入职和选聘,聚焦幼儿园保育教育工作实际绩效。因此,核心素养的"核心"应该是起决定作用的"极少数"。

(二) 专业引领原则

幼儿园教师应具备的专业核心素养是与其工作岗位高度匹配的专业性素养,以公民公共素养和教师职业素养为基础。个体在不同工作情境或任务要求下需要不同的能力表现,不同岗位所需的关键能力具有差异性。专业核心素养是教师在其生涯发展中成功完成每一项专门工作所需的知识、能力、态度、价值观等,面向特定从业人员,与特定工作岗位高度匹配,强调的是就业价值功能与结果本位导向。幼儿园教师专业核心素养一旦脱离其工作岗位将不再成为核心素养,由其他工作岗位转岗进入学前教育的教师,其专业核心素养需要进一步培育和提升。因此,无论是从已有研究成果还是从教育政策文本中梳理幼儿园教师专业核心素养,都必须坚持专业性原则。

（三）理论饱和原则

科宾（Corbin）在研究扎根理论过程中提出"理论饱和"这一重要概念，即分析中的某个点的类属在所属属性、维度和变化形式上都得到了充分发展，虽然仍然可以发现新的变量，但是进一步的资料收集和分析几乎对概念化没有新的贡献。[①] 指标饱和原则与此相似，即所遴选、优化和确定的幼儿园教师专业核心素养所有一级和二级指标，都应具有清晰的概念内涵和外延。素养的统整性与指标划分的人为性之间的矛盾，导致人们难以完全避免指标之间的意义交叉和概念重叠，但应尽可能对每个指标进行清晰的操作性界定，并与相似指标进行对比、分析，最终整合为概念相对独立的若干个指标，如将"沟通能力""相互协作""合作意识"合并为"沟通合作"等。确保每一个指标的边界清晰、内容饱满，这样在问卷调查、理论建构、德尔菲专家咨询过程中，才不会产生似是而非、模棱两可的两难选择。

（四）结构一致原则

经济合作与发展组织"能互动地使用工具，能在异质社会团体中互动，能自主地行动"核心素养框架，以及联合国教科文组织"学会求知、学会做事、学会共处、学会发展、学会改变"五大素养体系，指标句式结构均较为规整，保持了较好的逻辑和句式结构的一致性。除此之外，国内外已有的大部分核心素养框架均未对指标命名句式的结构一致性和逻辑一致性提出严格要求，如欧盟提出的八大核心素养"母语沟通，外语沟通，数学素养及基本科技素养，数字化素养，学会学习，人际、跨文化社会能力及公民素养，主动与创新意识，文化意识与表达"。从已有研究成果所获得的原始指标可能存在一些逻辑和结构的一致性问题。一是指标同义重复的现象。二是指标命名句式不统一，有的描述状态，有的描述结果，有的表述特征；有的是动宾结构，有的是偏正结构，也有的是并列结构。三是指标层级不统一，有的概括度高，有的非常具体。因此，有必要在深刻理解指标含义的基础上，通过

[①] 科宾，施特劳斯．质性研究的基础：形成扎根理论的程序与方法：第3版［M］．朱光明，译．重庆：重庆大学出版社，2015：245．

对指标的拆分、合并与修订完成对原始指标的优化,使所形成的基本指标均指向较为具体的观念、行为层面。在保持指标逻辑一致性的情况下,力图保持句式结构的趋同化,有助于提升核心素养框架的整体识别度、理解度和指导性。

二、指标建构思路

指标来源的科学性和指标构成的合理性是指标建构有效性的基础。建构幼儿园教师专业核心素养指标将遵循三个基本步骤,并收集来自三个方面的指标(见图4-1)。第一,从国内外关于幼儿园教师核心素养的主要研究成果中直接提取指标,即来自理论的指标;第二,从我国重要学前教育相关政策文件和专业标准中提取理论指标之外的新指标,即政策补充的指标;第三,通过面向行业一线专任教师、园长的调研征集的指标,在理论指标、政策指标之外产生新的公认指标,即来自实践新增的指标。三个方面的指标合并在一起就构成幼儿园教师专业核心素养指标。

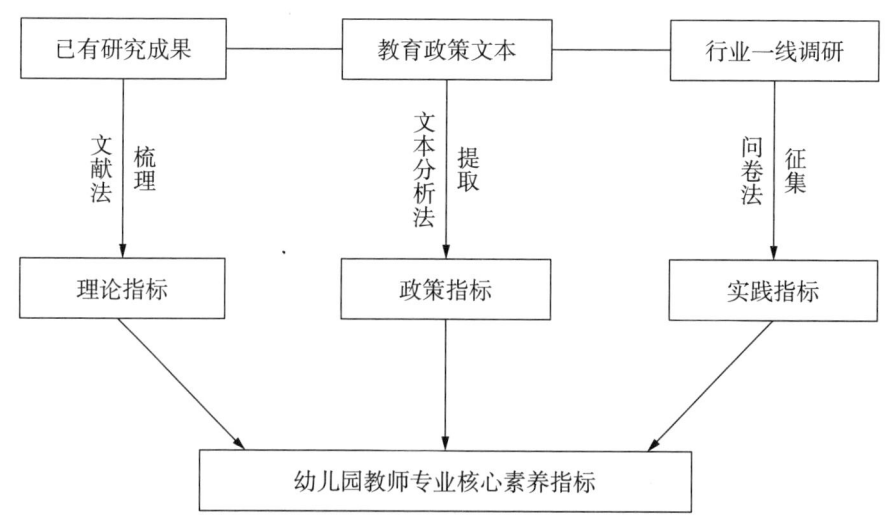

图4-1 幼儿园教师专业核心素养指标建构思路

三、指标建构方法与结果

（一）基于文献法梳理理论指标

1. 从已有相关研究中梳理指标

通过文献综述从国内外已有研究中整理出最初的评价预测指标，是很多指标体系或框架研究的基本起点。[①] 本研究对国内外关于幼儿园教师"核心素养""核心素质""'最重要''最关键'的教师素质"等研究成果进行梳理，直击"核心"素养，提取理论指标。

在遵循指标遴选的基本原则，从已有研究成果中梳理幼儿园教师专业核心素养指标的过程中，本研究力图体现以下方面。

第一，直接相关研究成果提出的核心素养指标全部计入，即凡是以幼儿园教师或者学前教育专业学生核心素养为主题进行研究的，无论是通过经验思辨还是实证分析提出的核心素养指标、要素等，均直接计入指标。

第二，间接相关研究成果只选反映"核心"的素养指标计入。由于核心素养概念提出较晚，部分研究人员可能使用了近似词汇来表达同一意义，如从能力、素质、胜任力等视角进行幼儿园教师素养研究。凡是在表达教师素养构成时与"核心""主要""关键""最重要""鉴别性"等词搭配的，这类素养指标也直接计入。

第三，研究全面（基本）素养、个别素养的不计入。即对教师或幼儿园教师所应具备的全面素养进行分析和研究的，或者仅就某项素质（素养）指标进行深入研究但并未表明其"核心"地位的，均不计入。

第四，虽然研究冠以"核心素养"字样，也对幼儿园教师专业核心素养的指标进行了描述和解释，但与学生发展核心素养同义重复或直接引用《幼儿园教师专业标准（试行）》等文件中的领域或维度命名，不能体现幼儿园

[①] 叶托，胡税根. 政府购买社会服务的绩效评估指标体系研究：基于德尔菲法和层次分析法的应用 [J]. 广东行政学院学报，2015，27（2）：5-13+45.

教师素养专业性、核心性指标的，均不计入。如将幼儿园教师专业核心素养概括为"扎实的理论素养、专业的能力素养和良好的师德素养"等，均不计入。

2. 优化指标

在对理论指标进行优化过程中，遵循以下原则。

第一，合并同义重复的指标。为提高指标内部结构的完整度，降低交叉度，把同义重复、近义重复的指标进行了合并，部分下位指标合并进入上位指标。如将"保育专业知识、教育专业知识"合并为"保教知识"，将"教学能力、保育能力"合并为"保教能力"，将"科学儿童观""因材施教"并入"理解儿童"，将"综合知识"并入"通识教育"，将"沟通能力""相互协作""合作意识"合并为"沟通合作"，等等。

第二，将抽象的上位概念解构为可测、可评的下位指标，避免指标的关键性特征被淹没、遮蔽。如"教保专业伦理"主要包括关怀幼儿福祉与利益、遵守相关法律法规、保护幼儿身心、协助困难幼儿、避免伤害等内容，因此转化为"关爱儿童""尊重儿童""保护儿童"等指标；"教保专业态度"在研究中表示在保教工作中要尊重幼儿，积极促进自我专业成长，认同教师职业的专业性，具有敬业精神等，因此转化为"尊重儿童""专业成长""认同职业""敬业精神"等指标；将"对学习者及其学习的承诺"具体化为"认同职业""热心从教""关爱儿童"等；将"仁爱之德"具体化为爱己的"热心从教"，爱人的"尊重儿童""关爱儿童"和"理解儿童"等。

第三，删除描述不清的指标。如"优质教学"反映的是教师教学行为达成的效果，并非对素养本身的操作性描述；"专业基础"既包括了专业基础知识，也包括了专业基础能力，界定过于宽泛，此类指标均删除。

第四，对指标结构进行句式上的统整。①对表述过于复杂的长句或包含多项内容的指标进行提炼或拆分，如将"形式知识与实践"提炼为"实践知识"，将"保教知能"拆分为"保教知识""保教能力"，将"亲师沟通"拆分为"家园共育""沟通合作"。②向本土语言习惯靠拢，如将中国台湾地区使用的"课室管理能力"修改为"班级管理"，将"辅导幼儿"修改为"支持幼儿"等。③将指标表述简洁化,如将"信息化素养"修改为"信息素养"。

3. 理论指标建构的结果

对与幼儿园教师专业核心素养直接相关的成果进行梳理,不考虑重复、包含等关系,从文献检索获得的国内外7项重点研究成果中可抽取出39项原始指标(见表4-1)。依据指标优化的原则,对已有相关研究成果梳理出的原始指标进行拆分、合并、规范、优化,共得到24个幼儿园教师专业核心素养理论指标(见图4-2)。

表4-1 根据已有研究成果梳理出的幼儿园教师专业核心素养原始指标

研究者（时间）	对象	使用名称	专业核心素养指标
加拿大安大略省	幼儿园教师	核心素养	专业知识（professional knowledge）；专业实践（professional practice）；对学生和学生学习的承诺（commitment to students and student learning）；学习共同体领导力（leadership in learning community）；专业发展能力（ongoing professional knowledge）
陈盈诗（2015）	幼儿园教师	专业核心素养	教保专业伦理；教保专业态度；教学能力；保育能力；沟通能力；课室管理能力；辅导能力；行政能力；专业成长能力；保育专业知识；教育专业知识
利诺（2016）	学前教育学生	核心素养	通识教育（general education）；专业基础（professional foundations）；正式知识与实践（formal knowledge and practice）；课程发展（curriculum development）
李朝晖（2017）	幼儿园教师	核心素养	综合知识；创新能力；信息化技术；合作意识

续表

研究者（时间）	对象	使用名称	专业核心素养指标
华爱华（2018）	幼儿园教师	专业核心素养	理解儿童
苏航（2018）	幼儿园教师	核心素养	职业道德；敬业精神；科学儿童观；因材施教；保教知能；领域素养；亲师沟通；相互协作；探究实践；终身学习
陈秋珠、余晓（2018）	卓越幼儿园教师	核心素养	实践智慧；优质教学；反思意识；仁爱之德

关爱儿童	理解儿童	尊重儿童
保护儿童	支持儿童发展	沟通合作
专业成长能力	保教知识	保教能力
领域素养	反思意识	行政能力
探究实践	终身学习	信息技术
通识素养	家园共育	创新能力
认同职业	课程发展	随机教育智慧
敬业精神	热心从教	班级管理

图 4-2 从已有研究成果中得到的 24 个幼儿园教师专业核心素养理论指标

（二）基于文本分析法提取政策指标

提取并优化国内外已有研究成果之后，需要结合我国教育政策方针的规定，从幼儿园教师相关政策文件、标准中提取政策指标。政策指标是幼儿园教师专业核心素养内涵的重要构成，是对理论指标的重要补充。

1. 政策文本分析的必要性

在回答"什么是合格的幼儿园教师""幼儿园教师应具备什么条件、达到什么标准"等一系列有关幼儿园教师培养的基本问题时，仅仅依靠需求侧——就业市场（主要指幼儿园）的自我调节，或者依赖供给侧——职前培养机构的自我摸索，往往容易导致人才供给的滞后、盲目和错位。必须通过政策制定和制度设计来确定国家标准并反映社会期望，发挥政府规制的调节和治理职能。党和国家主要通过三种途径表达对幼儿园教师的要求与期望。一是党和国家领导人关于教育的重要论述。如习近平总书记系统阐释了我国好教师的标准、角色与做好教师的方法论，强调新时代的教师应该有理想信念，有道德情操，有扎实学识，有仁爱之心——这是对好教师的标准界定；强调广大教师要做学生锤炼品格的引路人，做学生学习知识的引路人，做学生创新思维的引路人，做学生奉献祖国的引路人——这是对教师角色的殷切期望；强调广大教师要坚持教书和育人相统一，坚持言传和身教相统一，坚持潜心问道和关注社会相统一，坚持学术自由和学术规范相统一——这是做好教师的方法论，期待人人做好新时代的"大先生"。二是党中央、国务院发布的关于教育的政策文件，如《中共中央 国务院关于全面深化新时代教师队伍建设改革的意见》等。三是教育主管部门发布的专业及行业标准，如《幼儿园教师专业标准（试行）》等。

相比较而言，党和国家领导人关于教育的论述定位于教育改革与发展的指导思想、方向引领和基本遵循。学前教师教育的一系列政策文件和国家标准反映了国家意志，蕴含着国家对幼儿园教师应具备的核心素养的期待和要求，是核心素养指标构成的重要来源。核心素养是教师教育标准的下位概念，相关政策要求的落实依赖于具有核心素养的幼儿园教师。因此，建构幼儿园教师专业核心素养指标体系，必须从学前教师教育相关政策文本中探寻答案。

2. 政策文本分析的对象

与学前教师教育相关的政策文件、国家标准均可被视为文本。

本研究以与学前教师专业发展密切相关的四个政策文件为主要研究对象：2010年国务院发布的《关于当前发展学前教育的若干意见》，2012年教育部、中央编办、财政部、人力资源社会保障部联合发布的《关于加强幼儿园教师队伍建设的意见》，2018年发布的《中共中央 国务院关于全面深化新时代教师队伍建设改革的意见》《中共中央 国务院关于学前教育深化改革规范发展的若干意见》。这些学前教育政策文件关于幼儿园教师素养指标的论述见表4-2。

表4-2 重要学前教育政策文件关于幼儿园教师素养指标的论述

政策文件名称	来源	相关表述	发布时间（年）
关于当前发展学前教育的若干意见	国务院	加快建设一支师德高尚、热爱儿童、业务精良、结构合理的幼儿教师队伍	2010
关于加强幼儿园教师队伍建设的意见	教育部、中央编办、财政部、人力资源社会保障部	形成一支热爱儿童、师德高尚、业务精良、结构合理的幼儿园教师队伍	2012
中共中央 国务院关于全面深化新时代教师队伍建设改革的意见	中共中央、国务院	培养热爱学前教育事业，幼儿为本、才艺兼备、擅长保教的高水平幼儿园教师	2018
中共中央 国务院关于学前教育深化改革规范发展的若干意见	中共中央、国务院	培养热爱幼教、热爱幼儿的职业情怀；对违反职业行为规范、影响恶劣的实行"一票否决"，终身不得从教	2018

《教师教育课程标准（试行）》《中小学和幼儿园教师资格考试标准（试行）》《幼儿园教师专业标准（试行）》《学前教育专业认证标准》以及《学前教育专业师范生教师职业能力标准（试行）》被视为学前教师教育领域最重要的五大国家标准，是幼儿园教师专业核心素养指标建构的重要参考。

《教师教育课程标准（试行）》是我国现代教师教育体系的重要构成，涵盖了中小幼职前教师教育的课程目标与课程设置建议，体现了国家对教师教育课程设置的基本要求，是制订课程方案、开发教材与课程资源、开展教学与评价、认定教师资格的重要依据。本研究分析的文本内容为《教师教育课程标准（试行）》中的"幼儿园职前教师教育课程目标"与"课程设置"两部分，其中"课程目标"包括3个目标领域、9个目标、38个基本要求，

"课程设置"包括6个学习领域以及若干个建议开设的课程模块。

教师资格是国家对专门从事教育教学工作人员最基本的要求。教师资格制度是国家对教师实行的一种特定的职业许可制度，对教师任用的规范化和法治化、加强教师队伍建设、丰富教师培养途径等具有重要意义，体现了教师职业的专业性和严格性，具有很高的权威性。本研究以《中小学和幼儿园教师资格考试标准（试行）》中的"幼儿园教师"考试标准为研究对象，主要涵盖职业道德与基本素养、教育知识与应用、保教知识与能力3个一级指标，10个二级指标，40个三级指标。其中，职业道德与基本素养共12个三级指标，教育知识与应用共12个三级指标，保教知识与能力共16个三级指标。

《幼儿园教师专业标准（试行）》是国家对合格幼儿园教师专业素质的基本要求，是引领幼儿园教师专业发展的基本准则，是幼儿园教师培养、准入、培训、考核等工作的重要依据，对建设高素质的幼儿园教师队伍，促进教师个人的专业成长具有重要指导意义。本研究分析的文本内容为《幼儿园教师专业标准（试行）》的"基本内容"部分，不包括"基本理念""实施建议"等辅助文字。《幼儿园教师专业标准（试行）》从专业理念与师德、专业知识、专业能力3个维度，通过14个领域、62条基本要求，全面规定了幼儿园教师实施保教行为的基本规范。在62条基本要求中，专业理念与师德维度20条，专业知识维度15条，专业能力维度27条。从对文本的意义理解和简单数量统计来看，《幼儿园教师专业标准（试行）》强调了"师德为先、幼儿为本、能力为重、终身学习"的基本理念。

《学前教育专业认证标准》依据《幼儿园教师专业标准（试行）》《教师教育课程标准（试行）》等制定，是国家对学前教育专业教学质量的合格要求，分为本科和专科两个层次，一级到三级3个等级。与幼儿园教师能力素质结构密切相关的主要为"毕业要求"部分，该部分实现了对践行师德、学会教学、学会育人、学会发展（即"一践行三学会"）等方面能力素质要求的全覆盖，并将可教、可学、可测的具体毕业要求概括为8个指标点：师德规范、教育情怀、保教知识、保教能力、班级管理、综合育人、学会反思、沟通合作。

《学前教育专业师范生教师职业能力标准（试行）》提出学前教育专业师范生应具备4个方面的教师职业能力，即师德践行能力、保育和教育实践能力、综合育人能力和自主发展能力。《学前教育专业师范生教师职业能力标准（试行）》对标《学前教育专业认证标准》的"毕业要求"，遵循"一践行三学会"的框架行文，融入教师资格考试标准、考试大纲以及教师专业标准相关要求，旨在指导各校加强师范类专业建设，提升师范生教育教学能力水平。

《教师教育课程标准（试行）》性质上属于学习标准，《学前教育专业认证标准》性质上属于办学标准，《学前教育专业师范生教师职业能力标准（试行）》性质上属于综合素质标准，以上3个标准在阶段上均属于职前标准；《中小学和幼儿园教师资格考试标准（试行）》性质上属于考试标准，阶段上属于入职标准；《幼儿园教师专业标准（试行）》属于综合素质标准，面向职前、入职、在职所有教师。这五大标准彼此衔接、相互支撑，是幼儿园职前教师教育课程设置、学前教育办学、幼儿园教师资格考试与认定、幼儿园教师职业准入的基本依据，也是对幼儿园教师保教行为的基本规范、专业发展的引领，是最基本、最重要的国家标准，其结构特征见表4-3。

表4-3 学前教师教育领域五大国家标准比较

标准名称	性质	适用阶段	结构	发布时间（年）
教师教育课程标准（试行）	学习标准	职前	教育信念与责任、教育知识与能力、教育实践与体验3个目标领域，9个目，38个基本要求	2011
中小学和幼儿园教师资格考试标准（试行）	考试标准	入职	职业道德与基本素养、教育知识与应用、保教知识与能力3个一级指标，10个二级指标，40个三级指标	2011
幼儿园教师专业标准（试行）	综合素质标准	全程	专业理念与师德、专业知识、专业能力3个维度，14个领域，62条基本要求	2012

续表

标准名称	性质	适用阶段	结构	发布时间（年）
学前教育专业认证标准	办学标准	职前	师德规范、教育情怀、保教知识、保教能力、班级管理、综合育人、学会反思、沟通合作8个毕业要求	2017
学前教育专业师范生教师职业能力标准（试行）	综合素质标准	职前	师德践行能力、保育和教育实践能力、综合育人能力、自主发展能力4个一级指标，14个二级指标	2021

3. 政策文本分析的步骤

第一，确定研究对象。本研究以与学前教师专业发展密切相关的4个政策文件及5个专业行业标准为主要研究对象，这些政策文件和标准是国家层面对幼儿园教师应具备的素养的基本要求，是幼儿园教师专业核心素养的重要指标来源，因此将其确定为研究对象。

第二，预读文本，理解意义。熟悉文本的内容、理解文本的背景意义是进行文本分析的第一步。陈向明认为："在对资料进行分析之前，研究者起码应该通读资料两遍，直到感觉已经对资料了如指掌，完全沉浸到了与资料的互动之中。"[①] 因为每一次阅读都是读者与作者及文本之间一次新的遇见，都可能产生新的意义火花。[②] 笔者在进行内容分析前，多次通读文本，以加深对文本意义的理解。

第三，确定编码规则。首先，以句子为单位对文本进行登录。其次，以从国内外已有研究成果中梳理出的24个幼儿园教师专业核心素养理论指标作为特征指标，或称登录码——文本分析中最基础的意义单位，它们在资料中反复出现，形成了一定的模式，往往是研究者关注的重点（见表4-2）。若文

---

① 陈向明. 质的研究方法与社会科学研究 [M]. 北京：教育科学出版社，2000：277.
② ECO U, RORTY R, CULLER J, et al. Interpretation and overinterpretation [J]. Journal of aesthetics and art criticism, 1993, 51 (4)：632-634.

本中的意义与主题紧密相关，但在幼儿园教师专业核心素养初步指标中无法找见对应的特征指标，则可按照新的意义增设特征指标并据此进行编码。再次，不是以特征指标词是否出现为依据来编码，而是以句子的意义来标记特征指标进行编码。如《中小学和幼儿园教师资格考试标准（试行）》中的"了解与家长沟通与交流的基本方法"，如果采用特征指标词是否出现为依据来编码，就会标记为"沟通与交往"；如果采用意义编码，则表达的是幼儿园职前教师应该掌握的工作方法，显然应该用"保教知识"来编码。另外，一个句子有几个意义就用几个特征指标来编码。几个句子出现同一意义，用同一个特征指标多次编码。如《幼儿园教师专业标准（试行）》要求幼儿园教师"具有团队合作精神，积极开展协作与交流"，一句话包含"合作意识"和"沟通与交往"两个特征指标。最后，每一句话都要编码。

第四，登录编码。登录是文本分析中最基本的一项工作，需要将文本资料根据一定单位长度打散：既可以从资料的意义、内容入手，也可以从资料的语言单位入手，如词、短语、句子、段落、文本等。正如一些扎根理论家进行非常细微的编码，逐字逐句地浏览他们的数据，本研究以句子为单位进行登录。编码则意味着把数据资料片段贴上标签，用一个简短的名称进行归类，同时对每一部分数据进行概括和说明。[①] 特征指标既可以用文字来表示，也可以用数字、字母等抽象符号来表示，以提高编码效率。由于本研究文本分析的内容不多，因此直接用特征指标在每一句话后做出标识，如对《幼儿园教师专业标准（试行）》的部分编码（见图4-3）。

第五，梳理指标。在登录过程中，对于24个理论指标未覆盖的文本内容，结合语义分析和意义理解，用表述素养特征的概念作为新的指标加以补充，并标识为"新增"。

4. 政策指标建构的结果

经过对教育政策文本含义的分析、概括、归纳、抽象，最终提取了"关

[①] 卡麦兹. 建构扎根理论：质性研究实践指南 [M]. 边国英，译. 重庆：重庆大学出版社，2009：56-64.

二、基本内容

维度	领域	基本要求
专业理念与师德	（一）职业理解与认识	1.贯彻党和国家教育方针政策，遵守教育法律法规。【遵守法律】 2.理解幼儿保教工作的意义，热爱学前教育事业，具有职业理想和敬业精神。【职业认同】【新增：职业理想】【敬业精神】 3.认同幼儿园教师的专业性和独特性，注重自身专业发展。【职业认同】【专业成长能力】 4.具有良好职业道德修养，为人师表。【新增：恪守师德】 5.具有团队合作精神，积极开展协作与交流。【沟通合作】
	（二）对幼儿的态度与行为	6.关爱幼儿，重视幼儿身心健康，将保护幼儿生命安全放在首位。【关爱儿童】【保护儿童】 7.尊重幼儿人格，维护幼儿合法权益，平等对待每一位幼儿。不讽刺、挖苦、歧视幼儿，不体罚或变相体罚幼儿。【尊重儿童】【保护儿童】 8.信任幼儿，尊重个体差异，主动了解和满足有益于幼儿身心发展的不同需求。【尊重儿童】【理解儿童】 9.重视生活对幼儿健康成长的重要价值，积极创造条件，让幼儿拥有快乐的幼儿园生活。【理解儿童】【支持儿童发展】

图 4-3 《幼儿园教师专业标准（试行）》编码图（节选）

爱儿童"等21个与理论指标重合的指标，并补充了"恪守师德""儿童立场""实践体验""遵守法律""研究能力""实践反思""职业理想""积极人格""艺术素养""观察评价儿童""综合育人"11个新指标（见表4-4）。

表4-4 从政策文本中补充的幼儿园教师专业核心素养实践指标

政策文件（时间）	覆盖的理论指标	补充的新指标
关于当前发展学前教育的若干意见（2010）	关爱儿童；保教知识、保教能力；理解儿童；尊重儿童；支持儿童发展	恪守师德；儿童立场
关于加强幼儿园教师队伍建设的意见（2012）	关爱儿童；保教知识；保教能力	恪守师德

续表

政策文件（时间）	覆盖的理论指标	补充的新指标
中共中央 国务院关于全面深化新时代教师队伍建设改革的意见（2018）	认同职业；文化修养；艺术修养；保教能力	儿童立场；实践体验
中共中央 国务院关于学前教育深化改革规范发展的若干意见（2018）	认同职业；关爱儿童	恪守师德；遵守法律
教师教育课程标准（试行）（2011）	理解儿童；尊重儿童；保护儿童；支持儿童发展；恪守师德；认同职业；职业理想；热心从教；保教知识；观察评价儿童；反思意识；保教能力；专业成长能力；沟通合作	实践体验；实践反思；研究能力
中小学和幼儿园教师资格考试标准（试行）（2011）	关爱儿童；尊重儿童；理解儿童；热心从教；专业成长能力；保教知识；恪守师德；认同职业；通识素养；艺术素养；沟通合作	艺术素养；研究能力
幼儿园教师专业标准（试行）（2012）	遵守法律；认同职业；敬业精神；专业成长能力；沟通合作；关爱儿童；保护儿童；理解儿童；支持儿童发展；保教知识；通识素养；信息技术；班级管理；保教能力；随机教育智慧；家园共育；反思意识；探究实践	恪守师德；遵守法律；职业理想；积极人格；艺术素养；观察评价儿童
学前教育专业认证标准（2017）	恪守师德；热心从教；认同职业；关爱幼儿；保教能力；班级管理；学会反思；沟通合作	综合育人
学前教育专业师范生教师职业能力标准（试行）（2021）	恪守师德；热心从教；认同职业；关爱幼儿；保教知识；保教能力；领域素养；信息素养；家园共育；专业发展能力；沟通合作	综合育人

（三）基于问卷法征集实践指标

本研究采用简单随机抽样法，面向幼儿园教师、园长等行业一线工作者，通过"问卷星"专业在线调查平台发放开放式调查问卷《幼儿园教师专业核心素养调查问卷（指标征集）》（见附录1），除收集调查对象基本信息外，仅包含一个调查题目，即列举您认为幼儿园教师最应具备的"专业核心素养"，提名数量不限，建议采用短语形式描述。本次问卷调查共发放问卷260份，回收257份，有效问卷245份。

1. 研究对象

本次问卷调查样本总量为245人，其中女性238人，男性7人；年龄以20—40岁的中青年教师为主，占比达81.22%；教龄3—10年最多，占比37.14%；学历层次以本科为主，占比54.69%；职称中未定级人数较多，占比44.90%；来自公办幼儿园的有76.73%，民办园的有23.27%（见表4-5）。样本性别、年龄、教龄、职称、学历等构成基本上接近于幼儿园教师总体的构成，说明样本具有较好的代表性。

表 4-5 研究对象基本信息

基本信息	选项	人数（单位：人）	占比（单位：%）
性别	女	238	97.14
	男	7	2.86
年龄	20 岁以下	3	1.22
	20—40 岁	199	81.22
	41—60 岁	43	17.55
	60 岁以上	0	0.00
幼儿园教龄	3 年以下	83	33.88
	3—10 年	91	37.14
	11—20 年	44	17.96
	20 年以上	27	11.02

续表

基本信息	选项	人数（单位：人）	占比（单位:%）
学历	硕士研究生及以上	2	0.82
	本科	134	54.69
	大专	78	31.84
	高中及以下	31	12.65
职称	正高级	4	1.63
	高级	9	3.67
	一级	29	11.84
	二级	80	32.65
	三级	13	5.31
	未定级	110	44.90
所在园所性质	公办	188	76.73
	民办	57	23.27

2. 研究方法

第一步，整理资料，提取实践指标。将回收的开放式资料以 Excel 格式导出，将理论指标和政策指标作为特征指标，以"一句话"为单位进行编码，若资料中含有理论指标和政策指标未能涵盖的意义单元，则由研究人员依据语义进行独立编码。如将"细心、爱心、耐心"编码为"关爱儿童"，将"选择教育内容和方式时，以'幼儿长远健全人格发展'为出发点和落脚点"编码为"儿童立场"，将理论指标和政策指标都未包含的"吃苦耐劳"直接编码为指标。

第二步，统计指标词频。利用 Excel 电子表格统计每个经过编码的指标被提名的频次和占比。

第三步，对指标进行遴选。由于调查对象在专业、个性、资历、文化背景等方面的巨大差异，提名法获取的指标离散度较大，因此只有获得"大多数"幼儿园教师共同认可（即频次超过平均值）的指标才能代表来自行业一线专业人员的意向，方能计入实践指标。

3. 实践指标建构的结果

第一，对原始问卷资料的分析结果。本研究将回收到的245份开放式问题原始答案，利用"问卷星"在线统计功能生成词云，这能在一定程度上反映被调查幼儿园教师心目中最重要的专业核心素养的主题词提名频率（见图4-4）。

图4-4　幼儿园教师、园长等提名的"幼儿园教师专业核心素养"词云图

第二，对经过编码的指标的统计结果。本研究采用理论指标和政策指标作为特征编码对调查文本编码后，共产生34个指标，其中"关爱儿童"等33个指标与理论指标和政策指标完全重合，新增"吃苦耐劳"指标1个；"班级管理""实践体验"两个特征指标未被提及，因此直接删去。34个指标总频率为368次，最大值为53次，最小值为1次。凡是超过1次（即有人验证）的提名指标保留，因此，前32个指标入选最终实践指标（见表4-6）。

表4-6 幼儿园教师、园长等提名的"幼儿园教师专业核心素养"指标频率

排序	指标序号	核心素养指标	是否为理论指标或特征指标	频率（单位：次）	占比（单位:%）
1	1	关爱儿童	是	53	14.40
2	25	恪守师德	是	31	8.42
3	2	理解儿童	是	30	8.15
4	3	尊重儿童	是	27	7.34
5	23	热心从教	是	19	5.16
6	29	积极人格	是	19	5.16
7	8	保教知识	是	17	4.62
8	9	保教能力	是	17	4.62
9	6	沟通合作	是	15	4.08
10	14	终身学习	是	14	3.80
11	26	儿童立场	是	12	3.26
12	17	家园共育	是	11	2.99
13	5	支持儿童发展	是	10	2.72
14	7	专业成长能力	是	9	2.45
15	16	通识素养	是	8	2.17
16	22	敬业精神	是	8	2.17
17	32	研究能力	是	7	1.90
18	35	综合育人	是	6	1.63
19	28	职业理想	是	5	1.36
20	30	艺术素养	是	5	1.36
21	31	观察评价儿童	是	5	1.36
22	33	实践反思	是	5	1.36
23	4	保护儿童	是	4	1.09

续表

排序	指标序号	核心素养指标	是否为理论指标或特征指标	频率（单位：次）	占比（单位：%）
24	10	领域素养	是	4	1.09
25	15	信息技术	是	4	1.09
26	18	创新能力	是	4	1.09
27	20	课程发展	是	4	1.09
28	11	反思意识	是	3	0.82
29	19	认同职业	是	3	0.82
30	21	随机教育智慧	是	3	0.82
31	12	行政能力	是	2	0.54
32	13	探究实践	是	2	0.54
33	27	遵守法律	是	1	0.27
34	新增	吃亏耐劳	否	1	0.27
35	24	班级管理	是	0	0.00
36	34	实践体验	是	0	0.00

综上，幼儿园教师专业核心素养指标主要来自已有研究成果梳理的24个理论指标，教育政策文本提取的32个政策指标，以及行业一线调研征集的32个实践指标，去掉交叉重复项，共计形成35个最终指标（见表4-7）。由图4-5可知，理论指标、政策指标和实践指标交叉度较高，散落在外的孤立指标较少，反映出已经产生的35个指标具有较好的代表性和覆盖面，即使增加指标采集途径或扩大样本数量，从新收集的数据中只能发掘出与已有编码或主题相重复的内容，不再有新的编码或主题出现，即达到编码或主题饱和（code or thematic saturation）[1]。

---

[1] 杨莉萍，亓立东，张博. 质性研究中的资料饱和及其判定[J]. 心理科学进展，2022，30（3）：511-521.

表 4-7 幼儿园教师专业核心素养指标及其分布

序号	专业核心素养指标	指标来源分布		
		已有理论成果	教育政策文本	行业一线调研
1	关爱儿童	√	√	√
2	理解儿童	√	√	√
3	尊重儿童	√	√	√
4	保护儿童	√	√	√
5	支持儿童发展	√	√	√
6	沟通合作	√	√	√
7	专业成长能力	√	√	√
8	保教知识	√	√	√
9	保教能力	√	√	√
10	领域素养	√	√	√
11	反思意识	√	√	√
12	行政能力	√		√
13	探究实践	√	√	√
14	终身学习	√	√	√
15	信息技术	√	√	√
16	通识素养	√	√	√
17	家园共育	√	√	√
18	创新能力	√		√
19	认同职业	√	√	√
20	课程发展	√		√
21	随机教育智慧	√	√	√
22	敬业精神	√	√	√
23	热心从教	√	√	√

续表

序号	专业核心素养指标	指标来源分布		
		已有理论成果	教育政策文本	行业一线调研
24	班级管理	√	√	
25	恪守师德		√	√
26	儿童立场		√	√
27	遵守法律		√	
28	职业理想		√	√
29	积极人格		√	√
30	艺术素养		√	√
31	观察评价儿童		√	√
32	研究能力		√	
33	实践反思		√	
34	实践体验		√	
35	综合育人		√	√

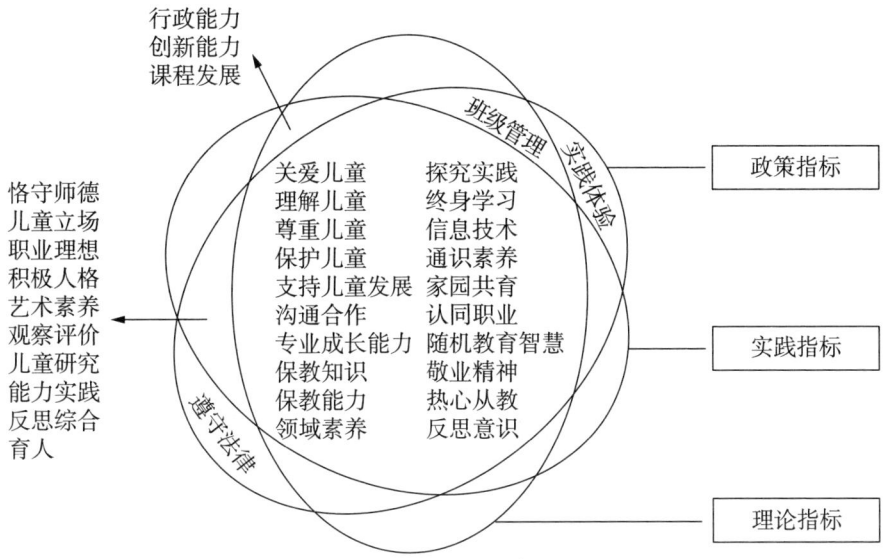

图 4-5 理论指标、政策指标、实践指标的交叉重合情况

四、指标含义诠释

根据已有研究成果的界定、政策文本含义的分析，结合研究者的理解，以下是对35个幼儿园教师专业核心素养指标的描述性定义（见表4-8）。

表4-8 幼儿园教师专业核心素养指标及其含义

序号	指标	含义
1	关爱儿童	热爱幼儿，对幼儿富有爱心、责任心、耐心和细心
2	理解儿童	了解幼儿的生活方式、学习方式和年龄特征，承认、尊重幼儿发展的个体差异，以幼儿为核心立场开展工作
3	尊重儿童	以亲切、尊重的态度积极主动地与幼儿交往，构建平等、和谐的师幼关系
4	保护儿童	保障幼儿的发展权、受教育权、游戏权、隐私权等免受侵害
5	支持儿童发展	为幼儿的身心健康发展创造良好的条件，并提供适宜的支持策略
6	沟通合作	用符合幼儿年龄特点的语言进行保教工作，能够与同事分享、合作、交流，与家长有效沟通、合作，共同促进团队目标的达成
7	专业成长能力	有明确的职业发展规划，能够不断加强专业学习，促进专业知识、能力与情感的持续发展
8	保教知识	了解、熟悉幼儿发展相关知识，掌握婴幼儿保育、教育、教学的相关知识、基本方法和策略，注重知识的联系与整合
9	保教能力	科学规划幼儿在园一日生活，创设环境，设计、组织、实施和评价幼儿园教育教学活动，支持与引导幼儿的游戏活动，具有观察幼儿、与幼儿谈话并能记录与分析的能力
10	领域素养	掌握幼儿健康、语言、社会、科学、艺术等领域教育的基本知识和方法，理解幼儿园各领域教育之间的联系，注重领域之间的渗透与整合

续表

序号	指标	含义
11	反思意识	具有一定的反思和创新意识,掌握教育教学反思的基本方法和策略,能运用批判性思维方法分析和解决问题,改进保教工作
12	行政能力	教师在教育实践中具有组织力、协调力、沟通力、理解力、执行力,以及大局意识、责任意识等
13	探究实践	针对保教工作中的现实需要与问题进行探索、研究和改进
14	终身学习	具有终身学习与专业发展意识,学习先进学前教育理念,了解国内外学前教育改革发展动态,及时更新知识结构
15	信息技术	注意借助信息技术改进教育教学活动的形式并丰富教育教学内容,能够熟练实现办公自动化,能适应信息技术革新对工作、学习和生活带来的挑战
16	通识素养	具备一定的自然科学和人文社会科学知识
17	家园共育	掌握家长工作的基本方法和途径,能与家长进行有效沟通与合作,能调动家庭、社区等资源参与幼儿园教育
18	创新能力	具有一定的创新意识和创新思维,大胆开展保教实践的改革和行动研究
19	认同职业	拥有职业理想,认同幼儿园教师工作的专业性和独特性
20	课程发展	具有幼儿园课程的生成能力,能对优秀课程方案加以理解与转化,对课程的实施过程进行优化与创造
21	随机教育智慧	能自觉、灵活地运用专业知识与能力,具有机智、有效应对实践性问题的综合能力与品质
22	敬业精神	全身心投入学前教育事业,在忘我地付出和奉献中产生归属感、荣誉感和成就感
23	热心从教	热爱并忠诚于学前教育事业,乐于从事幼儿园教师职业,积极做幼儿成长的引路人
24	班级管理	建立班级秩序与规则,合理规划、利用时间与空间,营造良好的班级氛围,建立积极的同伴关系和师幼关系

续表

序号	指标	含义
25	恪守师德	能够在教育实践中严守教师职业道德规范，恪守《新时代幼儿园教师职业行为十项准则》，依据《幼儿园工作规程》《幼儿园教育指导纲要（试行）》《3—6岁儿童学习与发展指南》等科学地开展保教活动
26	儿童立场	对促进幼儿身心发展持有积极的态度和行为，关爱、理解、保护、尊重和支持幼儿，以幼儿的发展为自身职业行为的出发点、落脚点和评价标准
27	遵守法律	能够遵守教育法律法规在内的各项国家法律法规，依法执教
28	职业理想	对所从事的幼儿园教师职业有持续发展的规划和愿景
29	积极人格	拥有乐观向上、积极进取、热情开朗的人格特征，表现出高乐群性、兴奋性、敢为性、敏感性及低怀疑性，希望在工作中更好地完成任务，追求自我的不断完善
30	艺术素养	具有相应的艺术欣赏和表现的知识与能力
31	观察评价儿童	习惯关注幼儿日常表现、乐于倾听、积极对话，善于发现和赏识幼儿的发展和进步
32	研究能力	了解国内外学前教育改革发展动态，参与各类科研活动，获得科学了解幼儿和研究幼儿的方法与体验
33	实践反思	在日常学习和教育实践过程中不断积累，提升问题解决水平，促进理论与实践的双向转化与生成
34	实践体验	具有观摩、参与、研究学前教育实践的经验
35	综合育人	理解环境的教育价值，重视在园一日生活和园所文化对幼儿身心发展的意义，能充分开发和利用幼儿园、家庭和社区各种资源，全面育人

第五章 幼儿园教师专业核心素养的模型建构

模型的有效性在很大程度上取决于建模方法的科学性。① 本部分主要通过三个步骤进行幼儿园教师专业核心素养模型的建构。一是通过德尔菲法进行模型初构。该方法被公认为建构各类评价指标过程中最成熟的指标筛选方法。②③ 在已有进行的关于核心素养框架的研究中，无论是对中国学生发展核心素养框架、幼儿园教师专业核心素养的研究，还是其他组织、个人对核心能力评价指标的研究④，均主要依赖德尔菲法来构建指标。二是在运用德尔菲法完成对幼儿园教师专业核心素养模型的建构之后，采用因子分析的方法验证专业核心素养模型。因子分析法是验证模型效度的科学且常用的方法，通过SPSS主成分分析法提取公因子，进行探索性因子分析，随后利用AMOS结构方程模型方法，作为验证性因子分析的数据来源，明确素养指标的内部关系，进一步验证模型的适用性。三是通过专家排序法进行指标赋权，即采用独立填表选取权数的形式收集专家意见，经数据整理和分析后，确定各维

---

① 贾建锋，赵希男，温馨. 胜任特征模型构建方法的研究与设想 [J]. 管理评论，2009，21 (11)：66-73.
② 平卫伟. Delphi法的研究进展及其在医学中的应用 [J]. 疾病控制杂志，2003，7 (3)：243-246.
③ 王少娜，董瑞，谢晖，等. 德尔菲法及其构建指标体系的应用进展 [J]. 蚌埠医学院学报，2016，41 (5)：695-698.
④ 郭杰，王丽波，杨玉美，等. 手术室专科护士核心能力评价指标体系的构建 [J]. 中国护理管理，2013，13 (5)：20-23.

度和指标的权重数值，并最终建构幼儿园教师专业核心素养模型。

一、基于德尔菲法的幼儿园教师专业核心素养模型建构

德尔菲法是建构指标体系的常用方法，它通过专家小组得出集体意见或决定。研究者通过多轮次专家咨询，获得专家对指标体系构建的专业意见和反馈，加以汇总、整理，从而调整指标体系的结构和表达。最终的结果意味着专家们的想法达成真正的共识。

（一）研究设计

1. 研究目标

将幼儿园教师专业核心素养的3个一级指标和35个二级指标提交给学前教育领域权威专家，请他们进行重要性评定，遴选出心目中最关键、最核心的专业素养指标，笔者在此基础上删除、补充、优化部分指标，建构幼儿园教师专业核心素养模型。

2. 研究内容

（1）依据幼儿园教师专业核心素养3个一级指标和35个二级指标，编制《"幼儿园教师专业核心素养研究"专家咨询表》。

（2）进行多轮次专家咨询，修订、完善并最终确定幼儿园教师专业核心素养框架。

3. 研究对象

（1）构成：专家组由学科专家、行业专家和综合专家三部分构成，分别为高校学前教育领域教学研究人员、幼儿园管理者和骨干教师以及教育研究机构的学前教育教研员，针对重点研究领域，实现专家的多层次、多类型全覆盖。

（2）人数：一般认为德尔菲咨询专家人数为15—50人[①]，也有学者认为

---

① 柯惠新，黄京华，沈浩. 调查研究中的统计分析法[M]. 北京：北京广播学院出版社，1992：351.

20—100人为宜①。考虑到个别专家因种种原因不一定每轮必答，有时甚至中途退出，在预选专家时人数要适当多一些，以留有余地。因此，综合考虑聘请专家的难度、费用、时间以及中途可能退出等各方面因素，本研究初步遴选了38位专家接受意见咨询。

（3）遴选标准：专家应对幼儿园教师专业核心素养研究具有一定兴趣，理解、支持本研究，乐意就幼儿园教师专业核心素养模型发表建设性意见，能全程参与完成多轮咨询，且符合以下条件之一：

·学科专家应具有10年以上高校学前教育专业教学、研究或管理经验，高级职称，硕士以上学位；

·行业专家应具有20年以上幼儿园管理或教学经验，为幼儿园中层以上业务领导，或被评为省级学科带头人、教学能手、骨干教师等；

·综合专家应具有20年以上学前教育领域教研经验，高级职称。

4. 研究工具

自编《"幼儿园教师专业核心素养研究"专家预访谈提纲》（见附录2）和《"幼儿园教师专业核心素养研究"专家咨询表》（见附录3—5）。

（二）研究方法

本研究将通过德尔菲专家咨询法，通过6个步骤进行指标重要性征询（见图5-1）。

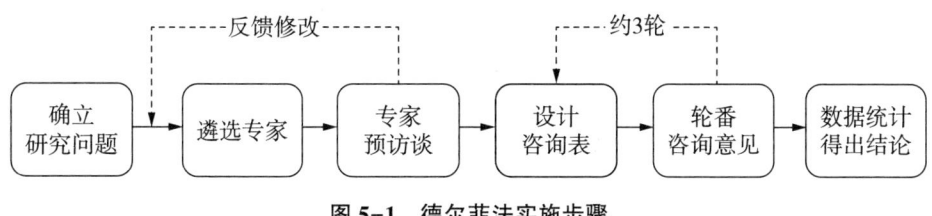

图5-1 德尔菲法实施步骤

第一，明确咨询主题和目的：对基于学前教育本质分析、已有研究成果梳理、相关政策标准分析、问卷调查所形成的幼儿园教师专业核心素养理论

---

① 王浣尘，陈宏民. 关于Delphi方法的若干理论问题 [J]. 控制与决策，1986（2）：46-49.

构想进行专家论证。

第二，根据研究问题，确立标准，遴选专家。专家包括一线幼儿园教师、幼儿园教学管理工作者、幼儿园园长、在高等师范院校从事学前教育研究和学前教育师范生培养的学者等。

第三，进行专家预访谈。本研究根据概括、归纳、凝练后形成幼儿园教师专业核心素养的初步理论指标和模型构想，设计《"幼儿园教师专业核心素养研究"专家预访谈提纲》，咨询5位权威专家对35个指标的产生过程、指标层次、结构、数量的合理性和科学性，以及后续的研究开展等方面的意见和建议。

第四，设计咨询表。对专家预访谈的意见和建议进行收集整理、归纳概括，据此前初构的包含一级指标和二级指标的幼儿园教师专业核心素养基本模型，设计第一轮专家咨询表（见附录3）。专家咨询表主要包括以下内容要素。①指导语，介绍研究的目的、主要内容及填表的要求。鉴于咨询专家均是第一次接触本研究，在指导语部分增加关于"幼儿园教师专业核心素养"和指标遴选原则的"补充说明"，以便专家能够熟悉、了解本研究的基本情况，提高反馈意见的有效性。②受访者基本信息，包括就职单位类型、教（工）龄、学历、职称。③ 5点评分项目，包括一级指标、二级指标和具体指标的含义解释。每个指标都根据李克特（Likert）5点计分分为不重要、不太重要、一般、比较重要、非常重要5个等级，分别赋予1—5分。每个一级指标后面都设有意见栏，可以填写对指标的修改意见。④专家提名重要指标。专家从35个专业核心素养指标中遴选出自认为最重要的几项（数量不限）。⑤专家判断依据及对调查内容的熟悉程度。判断依据包括理论分析、实践经验、国内外研究和直观感受4个选项；熟悉程度分为从"特别熟悉"到"不熟悉"5个层次和选项。

第五，轮番咨询专家意见。专家咨询共进行三轮。每一轮次都依据第三章所形成的"指标建构的立场"，结合专家修改意见，采用指标选择频率、平均值、标准差、变异系数和专家意见集中程度等作为指标进行筛选，修订形成下一轮次专家咨询表。调查是螺旋上升的过程，不是简单重复，而是不断反馈改进，专家也因此对预测对象有了更深刻、更全面的认识，预测结果的精确性逐轮提高，并最终达成一致意见。

第六，对各位专家最后一次咨询的意见进行统计处理，做出调查预测结论。

（三）结果与分析

1. 预访谈的结果与分析

本研究遴选 5 位对研究内容更为熟悉的权威专家进行预访谈。其中，高校专家 3 人（含境外专家 1 人），研究机构专家 1 人，幼儿园专家 1 人，专家反馈结果见表 5-1。

表 5-1 专家预访谈主要意见汇总

专家	单位性质	职称	1. 指标产生的过程和方法	2. 指标层级建议	3. 指标维度建议	4. 指标是否有代表性	5. 总指标数范围	6. 还需要补充的指标
专家1	高校（境外）	教授	基本认同	2	3	是	几个到十几个都行，多合并，原则是"量少质精"	无
专家2	高校	教授	认同	2—3	3	是		无
专家3	高校	教授	认同	2—3	4	是		无
专家4	研究院	研究员	基本认同	3	3	是		无
专家5	幼儿园	正高级	认同	2	3	是		无

经过对专家反馈意见的梳理，形成了以下基本共识。

第一，指标产生的过程、方法与结果具有一定的科学性和有效性。全部专家"认同"或"基本认同"通过从已有相关理论成果、教育政策文本和面向行业一线人员调研 3 个层面建构指标的程序方法，也全部认可 35 名幼儿园教师专业核心素养指标的代表性，说明指标权威、可靠。

第二，指标的层级两层即可，应有指标释义。两位专家认为核心素养指标应由两个层级构成，1 位专家认为应由 3 个层级构成，另有两位专家认为 2—3 个层级均可，最关键的是"对指标的内涵有解释"，"可以是两层，也可以把对指标的解释称为第三层"。综合上述专家意见,本研究将幼儿园教师专业核心素养指标划分为两个层级,并对指标进行解释。

第三,建构3个维度的模型。4位专家认为3个维度的模型更能反映核心素养的整体性、系统性和稳定性。

第四,指标总数量宜精不宜繁。5位专家一致认为,核心素养要聚焦关键少数,总指标数不宜过多,要进行适当合并和删减,体现代表性。

根据上述意见,本研究在对35个指标含义进行深入分析和理解的基础上,经过比较、分类、概括、归纳等过程,将35个指标整理成3个主题单元,分别对应情感态度、知识能力和动机特质3个维度,并初步将这3个维度作为一级指标,分别命名为儿童本位、专业知能和职业信念(见表5-2)。

表5-2 幼儿园教师专业核心素养一级指标和二级指标构成

一级指标(主题单元)	二级指标
A 儿童本位	关爱儿童;理解儿童;尊重儿童;保护儿童
B 专业知能	支持儿童发展;沟通合作;专业成长能力;保教知识;保教能力;领域素养;反思意识;行政能力;探究实践;终身学习;信息技术;通识素养;家园共育;创新能力;课程发展;随机教育智慧;班级管理;艺术素养;观察评价儿童;研究能力;实践反思;实践体验;综合育人
C 职业信念	认同职业;敬业精神;热心从教;恪守师德;儿童立场;遵守法律;职业理想;积极人格

2. 专家基本信息、积极系数、权威度

(1)专家分布、构成和基本信息。35位专家来自陕西、浙江等7个省市(见图5-2);专家以学科专家和行业专家为主,兼顾综合专家(见表5-3);所有专家教龄、学历、职称和资历等方面均符合遴选条件(见表5-4)。

第五章 幼儿园教师专业核心素养的模型建构

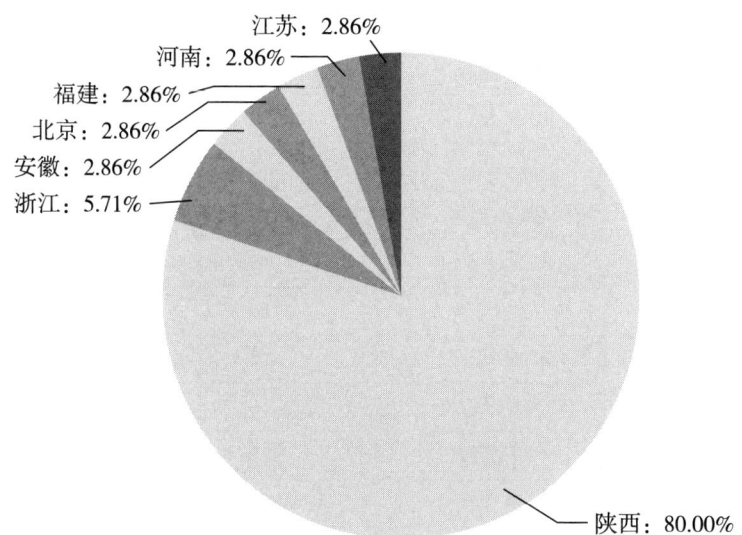

图 5-2 专家来源地分布

表 5-3 专家构成表

类别	构成	人数 (单位:人)	占比 (单位:%)
学科专家(高校专家)	从事学前教育专业教学、研究、管理的教师	19	54.29
行业专家(幼儿园专家)	幼儿园园长、教学副园长、保教主任、省级学科带头人、教学能手、骨干教师等	12	34.29
综合专家(教育研究、机构专家)	各级教科院(所)、教师进修学校学前教育教研员	4	11.43

表 5-4 专家基本信息

项目	类别	人数（单位：人）	占比（单位:%）
教（工）龄	10 年及以下	0	0.00
	11—20 年	13	37.14
	21—30 年	10	28.57
	31 年及以上	12	34.29
学历	博士	14	40.00
	硕士	15	42.86
	本科及以下	6	17.14
职称	正高级	21	60.00
	副高级	14	40.00
	中级	0	0.00
	初级	0	0.00
省级以上荣誉	教学名师	8	22.86
	学科带头人	8	22.86
	教学能手	2	5.71
	骨干教师	6	17.14
	其他相关荣誉	18	51.43

（2）专家积极系数。三轮专家咨询积极系数均超过 92.00%，反映出专家对本研究问题较为关注，基本能够积极参与本次咨询调查（见表 5-5）。

表 5-5 幼儿园教师专业核心素养三轮专家咨询积极系数表

轮次	发放数（单位：份）	回收数（单位：份）	有效数（单位：份）	专家积极系数（单位:%）
第一轮	38	38	35	92.11
第二轮	35	35	33	94.29
第三轮	33	33	33	100.00

（3）专家权威度。考虑到研究的领域特色，我们决定采用相对权重法确定专家权威系数。具体来说，基于以往研究[1]，选定实践经验、理论分析、国内外研究和直观感觉4个方面的专家评价依据[2][3][4]，并根据可靠程度对其进行赋值[5][6]。专家根据自己的实际情况对其进行评分，并根据4类评价依据的赋值，计算Ca。专家同时对自己对该研究领域的熟悉程度进行评分，通过转换后得到Cs，进而计算专家的权威系数得分$Cr=(Ca+Cs)/2$。

本研究中的三轮专家评分权威程度均大于0.8，说明参与研究的专家具有较高的权威性，研究中指标的筛选流程和结果是可靠的（见表5-6）。此外，根据三轮专家评分依据频次分布可知，专家们作出判断时主要依据实践经验，说明参与研究的专家大都拥有较为丰富的相关实践经验及理论基础，进一步证实了专家的选择及其在研究中的判断都是有效的（见图5-3）。

表5-6 专家评分权威程度表

指标内容	Ca	Cs	Cr
第一轮（$n=35$）	0.826	0.960	0.893
第二轮（$n=33$）	0.942	0.958	0.950
第三轮（$n=33$）	0.939	0.958	0.948

---

[1] 林秀清，杨现民，李怡斐. 中小学教师数据素养评价指标体系构建［J］. 中国远程教育，2020（2）：49-56+75+77.

[2] 余信华. 农村中小学教师培训效果评价指标体系的构建［J］. 中小学教师培训，2016（11）：1-4.

[3] 鲍钰清，侯莉敏. 基于关键事件技术的幼儿园教师教学行为观察评价指标体系［J］. 学前教育研究，2021（3）：36-51.

[4] 何齐宗，熊思鹏. 高校教师教学胜任力模型构建研究［J］. 高等教育研究，2015，36（7）：60-67.

[5] 孙晓东. 中小学体育教师教学能力评价指标体系的构建研究［J］. 吉林体育学院学报，2018，34（1）：98-103.

[6] 郑馥荔，胡萍英. 来华留学生教师核心素养评价指标构建［J］. 教育评论，2019（6）：104-109.

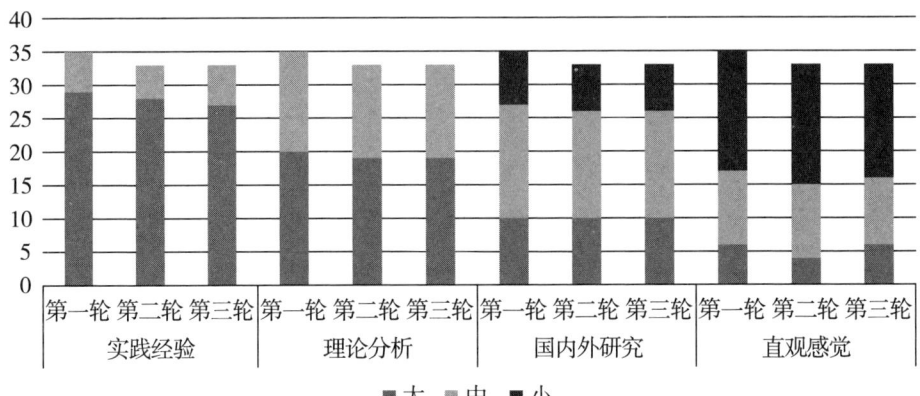

图 5-3 专家评分依据频次分布累计图

3. 第一轮咨询结果统计与分析

第一轮,由专家对幼儿园教师专业核心素养的 3 个一级指标进行重要性评价,并请专家在 35 个二级指标中选择个人认为"最重要"的几项幼儿园教师专业核心素养指标,进行分析。第一轮咨询共发放 38 份咨询表,回收 38 份,35 份有效,专家积极系数为 92.11%。

(1) 一级指标差异分析

对回收的咨询表进行统计的结果显示,"儿童本位"和"职业信念"重要性平均值均高于 4.9,"专业知能"平均值为 4.880,反映出专家对 3 个一级指标的认可度均比较高,均可保留(见表 5-7)。

其中有专家对一级指标"儿童本位"的命名提出修改意见,认为"儿童本位"的"价值倾向性不够鲜明",而二级指标中的"儿童立场"归于"职业信念"不够贴切,但与"儿童本位"所对应的 4 个二级指标有较高的重合度,"儿童立场"这一概念能够很好地概括该维度的 4 个指标,建议更改"儿童本位"指标名称。本研究结合前文对教育本质分析所形成的指标建构基本立场,强调幼儿园教师坚持儿童本位、秉持儿童立场对开展工作的极端重要性,接受专家修改建议。因此,将二级指标"儿童立场"提升为一级指标,替换"儿童本位",定义为以幼儿的发展为幼儿园教师职业行为的出发点、落脚点和评价标准,能够关爱、理解、保护、尊重幼儿并支持其发展。

表 5-7 一级指标第一轮专家咨询统计分析表

一级指标	平均值（M）	标准差（SD）	满分频率	变异系数（CV）	四分位差	集中程度	专家意见
A 儿童本位	4.940	0.236	0.943	0.141	0	<1.8	建议将"儿童本位"修改为"儿童立场"
B 专业知能	4.880	0.331	0.829	0.068	0	<1.8	无
C 职业信念	4.910	0.284	0.914	0.140	0	<1.8	无

（2）二级指标差异分析

首先是指标选择频次方面。

专家被要求从 35 个二级指标中选择个人认为"最重要"的几项幼儿园教师专业核心素养指标。本研究通过统计每一指标的被选总频次界定各指标的重要程度，界定标准为被选占比在后 25.00% 的指标。在第一轮咨询中，共 35 份有效数据，后 25.00% 的四分位点对应的选择占比为 51.43%，共 10 个二级指标低于该标准，成为备选删除指标，包括：保教知识（48.57%）、行政能力（28.57%）、信息技术（51.43%）、认同职业（48.57%）、随机教育智慧（45.71%）、热心从教（42.86%）、班级管理（51.43%）、职业理想（42.86%）、艺术素养（42.86%）、实践体验（42.86%）（见表 5-8）。

针对选择频次占比在前 75.00% 的指标，采用卡方非参检验的方法，进行选择频次与未选频次之间的差异性检验，选择频次显著高于未选频次，则证明专家对该指标的一致性认同度较高。显著性通过 p 值表示，一般认为 $p<0.05$ 为显著水平。结果表明，选择频次占比在后 25.00% 的 10 个指标，选择频次与未选频次之间的差异均不显著；"关爱儿童""理解儿童""尊重儿童""沟通合作""专业成长能力""保教能力""反思意识""终身学习""家园共育""恪守师德""儿童立场""观察评价儿童""实践反思"13 个二级指标的选择频次显著高于未选频次，证明专家认可度较高，可保留；"保护儿童""支持儿童发展""领域素养""敬业精神""遵守法律"5 个二

级指标边缘显著，有待进一步结合平均值等指标考虑是否需删除；"探究实践""创新能力""课程发展""积极人格""综合育人""通识素养"和"研究能力"7个指标差异不显著，也需结合其他数据和专家意见决定是否删除（见表5-8）。

表5-8 第一轮咨询各二级指标专家选择频次、占比及差异

一级指标	题号	二级指标	选择频次（单位：次）	未选频次（单位：次）	选择占比（单位：%）	未选占比（单位：%）	x^2	p
A 儿童本位	1	关爱儿童	27	8	77.14	22.86	10.31	0.001
	2	理解儿童	32	3	91.43	8.57	24.03	0.000
	3	尊重儿童	31	4	88.57	11.43	20.83	0.000
	4	保护儿童	23	12	65.71	34.29	3.46	0.063
B 专业知能	5	支持儿童发展	30	5	85.71	14.29	17.86	0.063
	6	沟通合作	27	8	77.14	22.86	10.31	0.001
	7	专业成长能力	29	6	82.86	17.14	15.11	0.000
	8	保教知识	17	18	48.57	51.43	0.03	0.866
	9	保教能力	25	10	71.43	28.57	6.43	0.011
	10	领域素养	23	12	65.71	34.29	3.46	0.063
	11	反思意识	29	6	82.86	17.14	15.11	0.000
	12	行政能力	10	25	28.57	71.43	6.43	0.011
	13	探究实践	22	13	62.86	37.14	2.31	0.128
	14	终身学习	30	5	85.71	14.29	17.86	0.000
	15	信息技术	18	17	51.43	48.57	0.03	0.866
	16	通识素养	20	15	57.14	42.86	0.71	0.398
	17	家园共育	27	8	77.14	22.86	10.31	0.001
	18	创新能力	22	13	62.86	37.14	2.31	0.128
	20	课程发展	22	13	62.86	37.14	2.31	0.128

续表

一级指标	题号	二级指标	选择频次(单位：次)	未选频次(单位：次)	选择占比(单位：%)	未选占比(单位：%)	χ^2	p
B 专业知能	21	随机教育智慧	16	19	45.71	54.29	0.26	0.612
	24	班级管理	18	17	51.43	48.57	0.03	0.866
	30	艺术素养	15	20	42.86	57.14	0.71	0.398
	31	观察评价儿童	32	3	91.43	8.57	24.03	0.000
	32	研究能力	20	15	57.14	42.86	0.71	0.398
	33	实践反思	26	9	74.29	25.71	8.26	0.004
	34	实践体验	15	20	42.86	57.14	0.71	0.398
	35	综合育人	21	14	60.00	40.00	1.40	0.237
C 职业信念	19	认同职业	17	18	48.57	51.43	0.03	0.866
	22	敬业精神	23	12	65.71	34.29	3.46	0.063
	23	热心从教	15	20	42.86	57.14	0.71	0.398
	25	恪守师德	30	5	85.71	14.29	17.86	0.000
	26	儿童立场	24	11	68.57	31.43	4.83	0.028
	27	遵守法律	23	12	65.71	34.29	3.46	0.063
	28	职业理想	15	20	42.86	57.14	0.71	0.398
	29	积极人格	22	13	62.86	37.14	2.31	0.128

其次是指标重要性评价方面。

通过选择频次的差异分析，已筛选出重要程度居前75.00%的二级指标。为了更加科学和全面地对指标进行筛选、修改与确定，除了采用选择频次作为界定标准，笔者又进一步对指标的重要程度进行评分，将平均值、标准差、变异系数、集中程度也作为筛选的标准和依据，结合专家对各维度指标的意见和建议，最终形成用于第二轮筛选的备选指标。

平均值、标准差和变异系数常用于描述数据分布程度。平均值用于描述数据集中程度；标准差可反映数据的离散程度；变异系数则是用来测量一组数据分散程度的相对指标，变异系数越大，证明专家意见存在的分歧越大。本研究中指标筛选标准为：每项指标平均值大于4.8，标准差小于0.5，变异系数小于0.2。

专家咨询意见的集中程度通常可以用平均值、众数、中数，以及上四分位数（$Q+$）和下四分位数（$Q-$）的差（$Q+-Q-$）来分析。其中平均值M和满分频率可用来衡量指标的重要程度：平均值M越大，说明这一构成要素越重要；满分频率可以作为平均值的补充，其值越高，说明专家评价越一致，指标的重要程度越高。专家对指标评价的集中程度可通过四分位差（$Q+-Q-$）来反映，通常采用（$Q+-Q-$）<a（$an-a1$）的计算公式来测量。在本研究中，将a赋值为0.45，由于专家咨询表采用五点式量表，所以最大值an=5，最小值$a1$=1，专家意见集中程度的基准值为1.8。当（$Q+-Q-$）=0时，专家意见集中程度最高；当0<（$Q+-Q-$）<1.8时，专家意见集中程度为良好；当1.8≤（$Q+-Q-$）≤2.0时，专家意见集中程度为一般，还可以接受；当（$Q+-Q-$）>2.0时，专家意见集中程度则比较差，其平均值和中位数所代表的意义不可接受。[①]

第一，"儿童本位"维度二级指标结果统计与分析（见表5-9）。该维度所有指标的选择占比均在65.71%及以上，且显著高于未选占比；同时，该维度下指标的平均值均在4.9以上，标准差、变异系数和集中程度也均达标，且处于良好水平，证明无论采用哪种测量方式，专家对该维度指标的认可度都较高，因此所有指标均可保留。

---

① 吴建新，欧阳河，黄韬，等．专家视野中的职业教育校企合作长效机制设计：运用德尔菲专家咨询法进行的调查分析［J］．现代大学教育，2014（5）：74-84．

表 5-9 "儿童本位"维度第一轮专家咨询统计分析表

题号	二级指标	选择占比(单位:%)	p	平均值(M)	标准差(SD)	满分频率	变异系数(CV)	四分位差	集中程度	专家意见
1	关爱儿童	77.14	0.001	4.970	0.169	0.971	0.142	0	<1.8	无
2	理解儿童	91.43	0.000	4.970	0.169	0.971	0.142	0	<1.8	无
3	尊重儿童	88.57	0.000	5.000	0.000	1.000	0.143	0	<1.8	无
4	保护儿童	65.71	0.063	4.910	0.284	0.914	0.140	0	<1.8	无

第二,"专业知能"维度二级指标结果统计与分析(见表5-10)。"专业知能"维度上,所有指标的集中程度均小于1.8,说明指标集中程度良好。其中,行政能力($M=4.770$,$SD=0.426$)、信息技术($M=4.540$,$SD=0.505$)、随机教育智慧($M=4.740$,$SD=0.443$)、班级管理($M=4.770$,$SD=0.426$)、艺术素养($M=4.510$,$SD=0.612$)、实践体验($M=4.660$,$SD=0.539$)6个指标选择占比均在后25.00%,同时平均值均小于4.8,确定删除。保教知识($M=4.890$,$SD=0.323$)指标虽然选择占比在后25.00%,但平均值大于4.8,标准差小于0.5,变异系数小于0.2,需保留到下一轮做进一步分析。探究实践($M=4.710$,$p=0.128$)、创新能力($M=4.690$,$p=0.128$)、课程发展($M=4.770$,$p=0.128$)、综合育人($M=4.770$,$p=0.237$)、通识素养($M=4.630$,$p=0.398$)、研究能力($M=4.600$,$p=0.398$)6个指标平均值均小于4.8,且选择占比与未选占比差异不显著,因此确定删除。支持儿童发展($M=4.910$,$SD=0.284$)、沟通合作($M=4.890$,$SD=0.323$)、专业成长能力($M=4.860$,$SD=0.355$)、保教能力($M=4.910$,$SD=0.284$)、领域素养($M=4.890$,$SD=0.323$)、反思意识($M=4.890$,$SD=0.323$)、终身学习($M=4.860$,$SD=0.355$)、家园共育($M=4.830$,$SD=0.382$)、观察评价儿童($M=4.890$,$SD=0.323$)、实践反思($M=4.800$,$SD=0.406$)10个指标平均值均大于4.8,标准差小于0.5,变异系数小于0.2,且上述指标的选择占比也高于未选占比,达到显著或边

缘显著的水平，因此确定保留。

表5-10 "专业知能"维度第一轮专家咨询统计分析表

题号	二级指标	选择占比（单位：%）	p	平均值（M）	标准差（SD）	满分频率	变异系数（CV）	四分位差	集中程度	专家意见
6	沟通合作	77.14	0.001	4.890	0.323	0.886	0.140	0	<1.8	无
7	专业成长能力	82.86	0.000	4.860	0.355	0.857	0.139	0	<1.8	无
8	保教知识	48.57	0.866	4.890	0.323	0.886	0.140	0	<1.8	无
9	保教能力	71.43	0.011	4.910	0.284	0.914	0.140	0	<1.8	无
10	领域素养	65.71	0.063	4.890	0.323	0.886	0.140	0	<1.8	并入"保教知识"
11	反思意识	82.86	0.000	4.890	0.323	0.886	0.140	0	<1.8	并入"实践反思"
12	行政能力	28.57	0.011	4.770	0.426	0.771	0.136	0	<1.8	无
13	探究实践	62.86	0.128	4.710	0.458	0.714	0.135	1	<1.8	无
14	终身学习	85.71	0.000	4.860	0.355	0.857	0.139	0	<1.8	并入"职业理想"
15	信息技术	51.43	0.866	4.540	0.505	0.543	0.130	1	<1.8	无
16	通识素养	57.14	0.398	4.630	0.598	0.686	0.132	1	<1.8	无
17	家园共育	77.14	0.001	4.830	0.382	0.829	0.138	0	<1.8	并入"沟通合作"
18	创新能力	62.86	0.128	4.690	0.53	0.714	0.134	1	<1.8	无
5	支持儿童发展	85.71	0.063	4.910	0.284	0.914	0.140	0	<1.8	无
20	课程发展	62.86	0.128	4.770	0.426	0.771	0.136	0	<1.8	无
21	随机教育智慧	45.71	0.612	4.740	0.443	0.743	0.135	1	<1.8	无
24	班级管理	51.43	0.866	4.770	0.426	0.771	0.136	0	<1.8	无
30	艺术素养	42.86	0.398	4.510	0.612	0.571	0.129	1	<1.8	无
31	观察评价儿童	91.43	0.000	4.890	0.323	0.886	0.140	0	<1.8	并入"保教能力"

续表

题号	二级指标	选择占比(单位:%)	p	平均值(M)	标准差(SD)	满分频率	变异系数(CV)	四分位差	集中程度	专家意见
32	研究能力	57.14	0.398	4.600	0.553	0.629	0.131	1	<1.8	无
33	实践反思	74.29	0.004	4.800	0.406	0.800	0.137	0	<1.8	无
34	实践体验	42.86	0.398	4.660	0.539	0.686	0.133	1	<1.8	无
35	综合育人	60.00	0.237	4.770	0.490	0.800	0.136	0	<1.8	范围太大，建议删除

同时，根据专家意见，将"家园共育"并入"沟通合作"，定义为用符合幼儿年龄特点的语言进行保教工作，能够与同事分享、合作、交流，与家长有效地沟通、合作，共同促进团队目标的达成；将"反思意识"并入"实践反思"，定义为具有一定的反思和创新意识，掌握教育教学反思的基本方法和策略，在日常学习和教育实践过程中不断积累，不断促进理论和实践的双向转化，改进保教工作，提升解决问题的水平；将"领域素养"并入"保教知识"，定义为了解、熟悉幼儿发展相关知识，掌握婴幼儿保育、教育、教学的相关知识、基本方法和策略，理解幼儿园五大领域教育之间的联系，注重领域之间的渗透与整合；将"观察评价儿童"并入"保教能力"，定义为科学规划幼儿在园一日生活，创设环境，设计、组织、实施和评价幼儿园教育教学活动，支持与引导幼儿的游戏活动，具有观察幼儿日常表现、与幼儿积极对话并能记录与分析的能力；将"终身学习"并入"职业理想"，定义为具有终身学习与专业发展意识，对所从事的幼儿园教师职业有持续发展的规划和愿景。

第三，"职业信念"维度二级指标结果统计与分析（见表5-11）。该维度所有指标集中程度均小于1.8，说明指标集中程度良好。其中"认同职业"指标（$M=4.710$，$SD=0.458$）选择占比在后25.00%，平均值小于4.8，确定删除；"职业理想"（$M=4.800$，$SD=0.406$）、"热心从教"（$M=4.890$，

$SD=0.323$）两个指标虽然选择占比在后25.00%，但平均值均在4.8及以上，标准差小于0.5，变异系数小于0.2，需保留到下一轮做进一步分析；"敬业精神""恪守师德""儿童立场""遵守法律"和"积极人格"5个指标平均值均大于4.85，证明专家认可度较高，且除"积极人格"外的4个指标的选择占比也高于未选占比，达到显著或边缘显著的水平，因此确定5个指标均保留到下一轮专家咨询表中。

同时，根据专家意见，用"儿童立场"替换"儿童本位"，作为第一个一级指标的表述；将"遵守法律"并入"恪守师德"，定义为能够遵守教育法律法规在内的各项国家法律法规，能够在教育实践中严守教师职业道德规范，恪守《新时代幼儿园教师职业行为十项准则》，依据《幼儿园工作规程》《幼儿园教育指导纲要（试行）》《3—6岁儿童学习与发展指南》等科学地开展保教活动。

表5-11 "职业信念"维度第一轮专家咨询统计分析表

题号	二级指标	选择占比（单位：%）	p	平均值（M）	标准差（SD）	满分频率	变异系数（CV）	四分位差	集中程度	专家意见
19	认同职业	48.57	0.866	4.710	0.458	0.714	0.135	1	<1.8	无
22	敬业精神	65.71	0.063	4.890	0.404	0.914	0.140	0	<1.8	无
23	热心从教	42.86	0.398	4.890	0.323	0.886	0.140	0	<1.8	无
25	恪守师德	85.71	0.000	5.000	0.000	1.000	0.143	0	<1.8	无
26	儿童立场	68.57	0.028	4.940	0.236	0.943	0.141	0	<1.8	替换"儿童本位"，作为一级指标
27	遵守法律	65.71	0.063	4.970	0.169	0.971	0.142	0	<1.8	并入"恪守师德"
28	职业理想	42.86	0.398	4.800	0.406	0.800	0.137	0	<1.8	无
29	积极人格	62.86	0.128	4.910	0.284	0.914	0.140	0	<1.8	无

4. 第二轮咨询结果统计与分析

经过第一轮的筛选,最终确定3个一级指标、15个二级指标进入第二轮咨询。第二轮咨询面向第一轮提交有效问卷的35位专家发放咨询表,回收35份,有效问卷33份,专家积极系数为94.29%。

（1）一级指标差异分析

对回收的咨询表进行统计的结果（见表5-12）显示,"儿童立场""职业信念"两个一级指标平均值均为满分5,"专业知能"平均值高于4.9,反映出专家对3个指标的高度认可,因此均保留。

表5-12 一级指标第二轮专家咨询统计分析表

一级指标	平均值（M）	标准差（SD）	满分频率	变异系数（CV）	四分位差	集中程度	专家意见
A 儿童立场	5.000	0.000	1.000	0.000	0	<1.8	无
B 专业知能	4.970	0.174	0.970	0.035	0	<1.8	无
C 职业信念	5.000	0.000	1.000	0.000	0	<1.8	无

（2）二级指标差异分析

首先是指标选择频次方面。

第二轮咨询中对各指标的分析结果显示（见表5-13）,"关爱儿童""理解儿童""尊重儿童""保护儿童""沟通合作""专业成长能力""保教能力""保教知识""实践反思""支持儿童发展""敬业精神""恪守师德""职业理想"13个指标后25.00%的四分位点对应的选择频次均高于第一轮咨询,证明专家认可度较高,可保留；"热心从教""积极人格"2个指标的选择占比低于51.43%,需结合五点评分数据和专家建议决定是否保留。

表 5-13 第二轮咨询各指标专家选择频次、占比及差异分析

一级指标	题号	二级指标	选择频次（单位：次）	未选频次（单位：次）	选择占比（单位：%）	未选占比（单位：%）	χ^2	p
A 儿童立场	1	关爱儿童	30	3	85.71	8.57	22.091	0.000
	2	理解儿童	30	3	85.71	8.57	22.091	0.000
	3	尊重儿童	29	4	82.86	11.43	18.939	0.000
	4	保护儿童	22	11	62.86	31.43	3.667	0.060
B 专业知能	5	支持儿童发展	29	4	82.86	11.43	18.939	0.000
	6	沟通合作	24	9	68.57	25.71	10.939	0.010
	7	专业成长能力	29	4	82.86	11.43	18.939	0.000
	8	保教知识	21	12	60.00	34.29	2.455	0.120
	9	保教能力	24	9	68.57	25.71	6.818	0.010
	11	实践反思	26	7	74.29	20.00	10.939	0.000
C 职业信念	22	敬业精神	23	10	65.71	28.57	5.121	0.020
	23	热心从教	17	16	48.57	45.71	0.300	0.860
	25	恪守师德	26	7	74.29	20.00	10.939	0.000
	28	职业理想	20	13	57.14	37.14	0.273	0.220
	29	积极人格	16	17	45.71	48.57	0.300	0.860

其次是指标重要性评价方面。

第一，"儿童立场"维度二级指标结果统计与分析（见表5-14）。"儿童立场"维度所有二级指标的选择占比均在62.86%及以上，且均高于未选占比，达到显著或边缘显著水平；所有二级指标重要性评价五点评分的平均值均在4.9以上，证明专家意见较为统一，对该维度4个指标的认可度高，因此确定全部保留。

表 5-14 "儿童立场"维度第二轮专家咨询统计分析表

题号	二级指标	选择占比（单位：%）	p	平均值（M）	标准差（SD）	满分频率	变异系数（CV）	四分位差	集中程度	专家意见
1	关爱儿童	85.71	0.000	5.000	0.000	0.943	0.000	0	<1.8	无
2	理解儿童	85.71	0.000	5.000	0.000	0.943	0.000	0	<1.8	无
3	尊重儿童	82.86	0.000	5.000	0.000	0.943	0.000	0	<1.8	无
4	保护儿童	62.86	0.060	4.970	0.174	0.914	0.035	0	<1.8	无

第二，"专业知能"维度二级指标结果统计与分析（见表5-15）。"专业知能"维度上，所有指标平均值均在4.85及以上，变异系数均小于0.2，专家意见同样较为集中，认可度较高，所有指标均符合筛选要求。同时，接受专家意见，将"支持儿童发展"并入"保教能力"，定义为科学规划幼儿在园一日生活，创设环境，设计、组织、实施和评价幼儿园教育教学活动，为幼儿身心健康发展创造良好条件，并提供适宜的策略支持，具有观察幼儿日常表现、与幼儿积极对话并能记录与分析的能力；将"专业成长能力"并入"职业理想"，定义为具有终身学习与专业发展意识，对所从事的幼儿园教师职业有持续发展的规划和愿景；拓展"实践反思"的内涵，将其修订为"实践智慧"，定义为在实践场域中自觉、灵活地运用专业知识与能力，通过不断地反思与审视，机智、有效应对实践性问题的策略、能力与品质。

第三，"职业信念"维度二级指标结果统计与分析（见表5-16）。"职业信念"维度上，除"职业理想"外的其他指标平均值均高于4.8，所有指标变异系数均小于0.2，"职业理想"指标平均值为4.760，选择占比为57.14%，也处在可接受的范围内，因此都可以保留。同时，根据专家意见，将"热心从教"并入"敬业精神"，定义为热爱并忠诚于学前教育事业，全身心投入幼儿教育工作，在忘我地付出和奉献中产生归属感、荣誉感和成就感。

表 5-15 "专业知能"维度第二轮专家咨询统计分析表

题号	二级指标	选择占比(单位：%)	p	平均值(M)	标准差(SD)	满分频率	变异系数(CV)	四分位差	集中程度	专家意见
6	沟通合作	82.86	0.000	4.880	0.415	0.857	0.085	0	<1.8	无
7	专业成长能力	74.29	0.000	4.880	0.331	0.829	0.068	0	<1.8	并入"职业理想"
8	保教知识	82.86	0.000	4.850	0.364	0.800	0.075	0	<1.8	无
9	保教能力	60.00	0.120	4.850	0.364	0.800	0.075	0	<1.8	无
11	实践反思	57.14	0.010	4.910	0.292	0.857	0.059	0	<1.8	改为"实践智慧"
5	支持儿童发展	68.57	0.000	4.910	0.292	0.857	0.059	0	<1.8	并入"保教能力"

表 5-16 "职业信念"维度第二轮专家咨询统计分析表

题号	二级指标	选择占比(单位：%)	p	平均值(M)	标准差(SD)	满分频率	变异系数(CV)	四分位差	集中程度	专家意见
22	敬业精神	65.71	0.020	4.850	0.442	0.829	0.091	0	<1.8	无
23	热心从教	48.57	0.860	4.850	0.442	0.829	0.091	0	<1.8	并入"敬业精神"
25	恪守师德	74.29	0.000	4.970	0.174	0.914	0.035	0	<1.8	无
28	职业理想	57.14	0.220	4.760	0.502	0.743	0.105	0	<1.8	无
29	积极人格	45.71	0.860	4.970	0.174	0.914	0.035	0	<1.8	无

5. 第三轮咨询结果统计与分析

经过第二轮筛选，最终确定 3 个一级指标、12 个二级指标进入第三轮专家咨询。本轮继续对所有指标进行重要性评价，不再要求专家选出二级指标中"最重要"的指标，同时增加对3个一级指标、12个二级指标的重要性排序，以便采用专家排序法测算指标权重。第三轮共发放33份咨询表，回收33份，专家积极系数为100.00%。

对回收的咨询表进行统计的结果（见表5-17、表5-18）显示，3个一级指标的平均值均在4.95以上，标准差小于0.2，变异系数小于0.05，专家集中程度小于1.8，得到专家的一致认可，所有指标都可以保留；一级指标下的12个二级指标平均值均高于4.8，标准差小于0.5，变异系数小于0.2，证明专家对所有指标的认可度较高，且意见较为一致，结束咨询。

表5-17 一级指标第三轮专家咨询统计分析表

一级指标	平均值（M）	标准差（SD）	满分频率	变异系数（CV）	四分位差	集中程度	专家意见
A 儿童立场	5.000	0.000	1.000	0.000	0	<1.8	无
B 专业知能	4.970	0.174	0.970	0.035	0	<1.8	无
C 职业信念	5.000	0.000	1.000	0.000	0	<1.8	无

表5-18 二级指标第三轮专家咨询统计分析表

一级指标	二级指标	平均值（M）	标准差（SD）	满分频率	变异系数（CV）	四分位差	集中程度	专家意见
A 儿童立场	关爱儿童	5.000	0.000	1.000	0.000	0	<1.8	无
	理解儿童	5.000	0.000	1.000	0.000	0	<1.8	无
	尊重儿童	5.000	0.000	1.000	0.000	0	<1.8	无
	保护儿童	4.910	0.292	0.909	0.059	0	<1.8	无
B 专业知能	实践智慧	5.000	0.000	1.000	0.000	0	<1.8	无
	保教能力	4.970	0.174	0.970	0.035	0	<1.8	无
	保教知识	4.850	0.364	0.848	0.075	0	<1.8	无
	沟通合作	4.940	0.242	0.939	0.049	0	<1.8	无

续表

一级指标	二级指标	平均值（M）	标准差（SD）	满分频率	变异系数（CV）	四分位差	集中程度	专家意见
C 职业信念	敬业精神	4.970	0.174	0.970	0.035	0	<1.8	无
	恪守师德	5.000	0.000	1.000	0.000	0	<1.8	无
	职业理想	4.910	0.292	0.909	0.059	0	<1.8	无
	积极人格	4.970	0.174	0.970	0.035	0	<1.8	无

综上，经过三轮专家咨询，最终确定3个一级指标和12个二级指标（见表5-19）。

表5-19 三轮专家咨询对幼儿园教师专业核心素养模型的修订

层级	专家咨询前	专家咨询后	数量变化	修订情况
一级指标	A 儿童本位	A 儿童立场	无	"儿童本位"修订为"儿童立场"
	B 专业知能	B 专业知能		
	C 职业信念	C 职业信念		
二级指标	A 关爱儿童	A 关爱儿童	无	无
	A 理解儿童	A 理解儿童		
	A 尊重儿童	A 尊重儿童		
	A 保护儿童	A 保护儿童		
	B 沟通合作	B 沟通合作	减少19个指标	删除12个指标，合并7个指标
	B 专业成长能力	B 保教知识		
	B 保教知识	B 保教能力		
	B 保教能力	B 实践智慧		
	B 领域素养			
	B 反思意识			
	B 行政能力			
	B 探究实践			
	B 终身学习			

续表

层级	专家咨询前	专家咨询后	数量变化	修订情况
二级指标	B 信息技术		减少19个指标	删除12个指标，合并7个指标
	B 通识素养			
	B 家园共育			
	B 创新能力			
	B 支持儿童发展			
	B 课程发展			
	B 随机教育智慧			
	B 班级管理			
	B 艺术素养			
	B 观察评价儿童			
	B 研究能力			
	B 实践反思			
	B 实践体验			
	B 综合育人			
二级指标	C 认同职业	C 敬业精神	减少4个指标	删除2个指标，合并2个指标
	C 敬业精神	C 恪守师德		
	C 热心从教	C 职业理想		
	C 恪守师德	C 积极人格		
	C 儿童立场			
	C 遵守法律			
	C 职业理想			
	C 积极人格			

二、基于因子分析法的幼儿园教师专业核心素养模型验证

本研究主要采用因子分析法对幼儿园教师专业核心素养模型进行信效度检验，明确模型的内部结构，并验证指标的合理性和有效性。因子分析法包括探索性因子分析和验证性因子分析，是验证模型结构框架的科学且常用的方法。其中，探索性因子分析是指利用降维分析，提取一组变量的公共因子，将变量表示为公共因子的线性组合，用数量较少的因子来描述原有变量之间的联系，达到信息浓缩的目的。由于这种方法是基于因子载荷的分析结果来提取公共因子，对变量的因子结构并没有预设，因此被称为探索性因子分析。与之相对，验证性因子分析需要事先确定因子个数及其定义，再收集数据来检验事先设定的模型拟合实际数据的能力，判断、测量模型的优劣是其重要功能。[①] 二者结合使用，才能完成从模型建构到验证的完整闭环。

（一）研究方法

本研究将基于三轮专家咨询形成的幼儿园教师专业核心素养指标，初步编制成《幼儿园教师专业核心素养调查问卷（因子分析）》（见附录6）并发放，利用"问卷星"在线调查平台，面向一线幼儿园教师、幼儿园教学管理工作者、幼儿园园长发放。通过对问卷数据进行探索性和验证性因子分析，明确评价指标体系的内部结构，建立科学稳定的结构框架。

1. 探索性因子分析

探索性因子分析的关键步骤包括两步。

第一步，通过变量的协方差矩阵，确定因子个数。因子提取的方法主要分两种：一种是保留特征值大于1的因子，目前大多数研究用的都是这个方法；另一种是根据碎石图，保留拐点之前的因子。

---

① 王慧. 中国公务员胜任力结构及提升机制研究 [M]. 北京：北京师范大学出版社，2012：100.

第二步，基于因子载荷，解释因子结构。由于因子载荷的不唯一性，通常需要对因子进行旋转，旋转后因子载荷将得到重新分配，因子载荷的差异变大，使每个变量仅在一个公共因子上有较大载荷，这样因子结构才能朝着可合理解释的方向趋近。

本研究使用 SPSS25 中的主成分（因子）分析功能，对问卷数据进行探索性因子分析，通过 KMO 和 Bartlett 检验，判断数据是否适合进行因子分析，并根据因子载荷等形成模型的结构框架。

2. 验证性因子分析

验证性因子分析的步骤大致可分为以下四步。

第一步，模型构建。基于探索性因子分析，形成事先设定的结构模型。

第二步，删除不合理测量题项。研究中通常根据测量项与因子间的载荷系数对模型中的不合理测量题项进行删减。载荷系数越小，说明该测量题项与因子间的关系越弱。本研究按照载荷系数小于 0.5 的标准对测量题项进行删减。

第三步，模型 MI 指标修正。如果模型拟合指标不佳，可考虑进行模型 MI 指标修正。

第四步，模型分析。一般采用极大似然估计，确定理论模型与观测数据之间的拟合程度，评价模型是否恰当。本研究使用 AMOS21 进行验证性因子分析，通过卡方拟合指数（χ^2）、比较拟合指数（CFI）、拟合优度指数（GFI）和近似误差均方根（RMSEA）等常用的统计参数，验证指标体系内部结构的合理性和有效性。

此外，探索性因子分析和验证性因子分析的数据最好来源于不同的调查样本，也可进行随机化处理。本研究采用第二种方法，即通过随机抽取数据进行验证性因子分析，以保证因子分析的可靠性。

（二）结果与分析

本研究针对三轮专家咨询后形成的 12 个二级指标，编制《幼儿园教师专业核心素养调查问卷（因子分析）》。调查问卷题项采用李克特 5 点计量表，不重要、不太重要、一般、比较重要、非常重要依次用 1、2、3、4、5 来表征。调查问卷通过"问卷星"在线调查平台,以不记名方式面向一线幼儿园教师、幼儿园教学管理工作者、幼儿园园长发放,共回收913份问卷,其中有效问卷842份,有效率为92.22%。问卷调查对象来自陕西、山西、浙江、湖南、河北等多个省份的幼儿园。

本研究首先通过SPSS因子分析的方法,进行探索性因子分析,随后利用AMOS结构方程模型方法,随机抽取364名幼儿园教师、园长,作为验证性因子分析的数据来源,进一步验证模型的适用性。

1. 问卷描述性统计分析

从区域分布来看,参与问卷调查的样本人员来自陕西、浙江、云南、山西等12个省份,共842人,其中以陕西省人数最多,占比近90.00%(见表5-20)。在性别分布上,绝大多数为女性,占比98.10%;年龄分布上,以20—40岁最多,占比77.32%;教龄分布上,以中青年教师为主,其中3—10年教龄的,占比42.04%;学历集中在大专和本科阶段;职称主要集中在一级和二级,刚工作尚未定级的新教师占比最高;所属幼儿园以公办为主,占比73.99%(见表5-21)。整体来看,问卷调查样本在年龄、教龄、学历、职称和幼儿园性质方面分布较为均衡,具有较好的代表性。

表5-20　幼儿园教师核心素养问卷调查样本人员来源地描述统计

省份	人数 (单位:人)	占比 (单位:%)	省份	人数 (单位:人)	占比 (单位:%)	省份	人数 (单位:人)	占比 (单位:%)
陕西	726	86.22	河北	4	0.48	江苏	1	0.12
浙江	58	6.89	广东	3	0.36	辽宁	1	0.12
云南	24	2.85	北京	2	0.24	湖南	1	0.12
山西	19	2.26	上海	2	0.24	江苏	1	0.12

表 5-21　幼儿园教师核心素养问卷调查样本人口特征

背景信息	类别	频数（单位：次）	占比（单位:%）
性别	女	826	98.10
	男	16	1.90
年龄	20 岁以下	12	1.43
	20—40 岁	651	77.32
	41—60 岁	178	21.14
	60 岁以上	1	0.12
教龄	3 年以下	200	23.75
	3—10 年	354	42.04
	11—20 年	189	22.45
	20 年以上	99	11.76
学历	硕士研究生及以上	11	1.31
	本科	508	60.33
	大专	240	28.50
	高中及以下	83	9.86
职称	正高级	3	0.36
	高级	43	5.11
	一级	163	19.36
	二级	260	30.88
	三级	49	5.82
	未定级	324	38.48
幼儿园性质	公办	623	73.99
	民办	219	26.01

2. 因子分析与验证

（1）KMO 和 Bartlett 检验

由表 5-22 可知，KMO 度量值为 0.880，说明问卷非常适合进行因子分析。Bartlett 检验近似卡方值为 3787.588，自由度为 66，p 值为 0.000，小于 0.01。总的来看，数据非常适合进行因子分析。

表 5-22　问卷的 KMO 和 Bartlett 检验

KMO 和 Bartlett 检验		
KMO 取样适切性量数	0.880	
Bartlett 球形检验	近似卡方	3787.588
	自由度	66
	p	0.000

（2）主成分提取

在实际研究中，因子提取的方法主要有以下 3 种。①Kaiser 标准，基于特征值≥1.0 的标准保留因子。特征值反映了原始变量的总方差在各公共因子上重新分配的结果，特征值越大，该公共因子就越重要。目前大多数研究用的都是 Kaiser 标准。[1] ②碎石检验法，根据碎石图的走向，保留散点连线变平之前的因子。该方法认为连线变平之后的因子就像山脚的碎石，不会提供太多有效信息，因此可以直接舍弃。[2] ③累积贡献率原则，根据前几个成分累积贡献率达到的百分比来确定公共因子的数量（一般最少为 50.00%的累积解释变异量）。方差贡献率是指单个公因子引起的变异占总变异的比例，贡献率越高，说明该因子提供的原始信息量越大。此方法可以保证较高的累计贡献率，但提取的公共因子一般较多。除了以上 3 种方法，对于非常了解研究领域的专家，也可以依据理论和实践基础，事前定好因素数目。

---

[1] 孙晓军，周宗奎．探索性因子分析及其在应用中存在的主要问题［J］．心理科学，2005，28（6）：1440-1442+1448.

[2] 沐守宽，顾海根．探索性因素分析因子抽取方法的比较［J］．心理学探新，2011，31（5）：477-480.

由表 5-23 可知，初始值大于 1 的因子一共有两个。但根据碎石图来看，在因子 3 之后散点连线才真正变平（见图 5-4）。与此同时，前两个因子仅解释了 55.20% 的方差变异，加入因子 3 后，解释方差变异达到 62.87%，且旋转后因子 3 解释方差变异为 19.18%，接近 20.00%，说明因子 3 对模型的贡献率较大。综合评估后，本研究决定将因子 3 纳入结构模型，一并进行后续分析。

表 5-23 问卷解释的总方差

成分	初始特征值			提取载荷平方和			旋转载荷平方和		
	总计	方差百分比（单位:%）	累积贡献率（单位:%）	总计	方差百分比（单位:%）	累积贡献率（单位:%）	总计	方差百分比（单位:%）	累积贡献率（单位:%）
1	4.83	40.24	40.24	4.83	40.24	40.24	2.74	22.80	22.80
2	1.80	14.96	55.20	1.80	14.96	55.20	2.51	20.89	43.69
3	0.92	7.67	62.87	0.92	7.67	62.87	2.30	19.18	62.87
4	0.67	5.58	68.45	—	—	—	—	—	—
5	0.66	5.46	73.91	—	—	—	—	—	—
6	0.55	4.60	78.51	—	—	—	—	—	—
7	0.54	4.48	82.98	—	—	—	—	—	—
8	0.51	4.27	87.25	—	—	—	—	—	—
9	0.46	3.79	91.04	—	—	—	—	—	—
10	0.40	3.37	94.41	—	—	—	—	—	—
11	0.38	3.18	97.58	—	—	—	—	—	—
12	0.29	2.42	100.00	—	—	—	—	—	—

提取方法：主成分分析法。

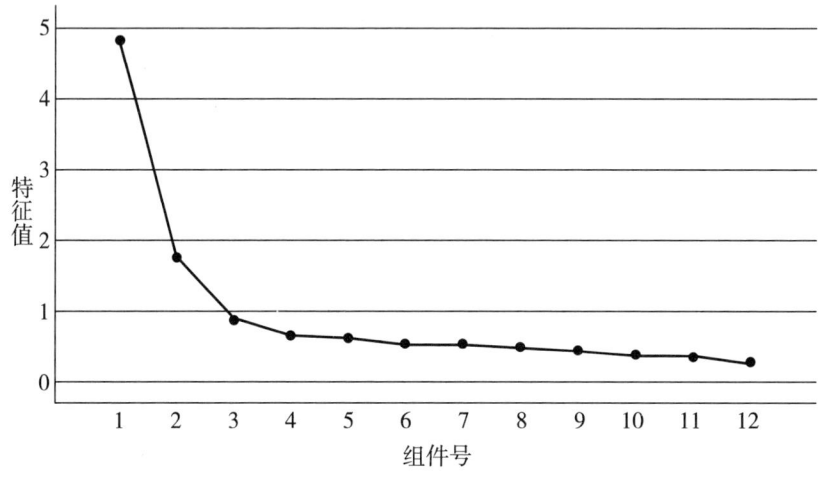

图 5-4 探索性因子分析碎石图

(3) 旋转成分矩阵

采用最大方差法得到旋转后的因子载荷矩阵,根据载荷系数的大小,将各指标归到 3 个公因子下,并验证各指标与公因子之间的相关程度。本研究以因子载荷系数大于 0.50 为标准,因子载荷值越接近 1,证明该指标与所属公因子的关系越密切。

根据旋转成分矩阵判断各组指标的因子归宿,其中关爱儿童、理解儿童、尊重儿童、保护儿童 4 个题组属于因子 1,因子载荷均在 0.70 以上,根据题目内容对应"儿童立场";依此类推,敬业精神、恪守师德、职业理想、积极人格 4 个指标属于因子 2,因子载荷均大于 0.55,根据题目内容对应"职业信念";沟通合作、保教知识、保教能力、实践智慧 4 个指标属于因子 3,因子载荷均大于 0.60,根据题目内容对应"专业知能"(见表 5-24)。

表 5-24 探索性因子分析的问卷旋转成分

题号	指标	因子1	因子2	因子3
1	关爱儿童	0.807		
2	理解儿童	0.815		
3	尊重儿童	0.818		
4	保护儿童	0.744		
22	敬业精神		0.663	
25	恪守师德		0.788	
28	职业理想		0.783	
29	积极人格		0.585	
6	沟通合作			0.731
8	保教知识			0.619
9	保教能力			0.725
11	实践智慧			0.750
提取方法：主成分分析法				
旋转方法：凯撒正态化最大方差法				

（4）验证性因子分析

本研究依据专家咨询后形成的幼儿园教师专业核心素养的结构方程模型（见图 5-5），使用 AMOS21 软件进行验证的因子分析，分析整个指标体系的拟合度，验证其科学性和合理性。

研究中通常用以下指标判断模型拟合度：卡方/自由度（χ^2/df）、拟合优度指数（GFI）、调整拟合优度指数（AGFI）、节俭拟合优度指数（PGFI）、规范拟合指数（NFI）、增值拟合指数（IFI）、比较拟合指数（CFI）、近似误差均方根（RMSEA）、残差均方根（RMR）。

在各项拟合指数中，χ^2/df 小于 2 表明模型拟合度较好，大于 2 小于 5 表示可以接受；GFI、AGFI、NFI、IFI、CFI 越接近 1 表明模型拟合度越好，大于 0.90 表明模型拟合度较好，大于 0.80 表示可以接受；RMSEA 小于 0.05

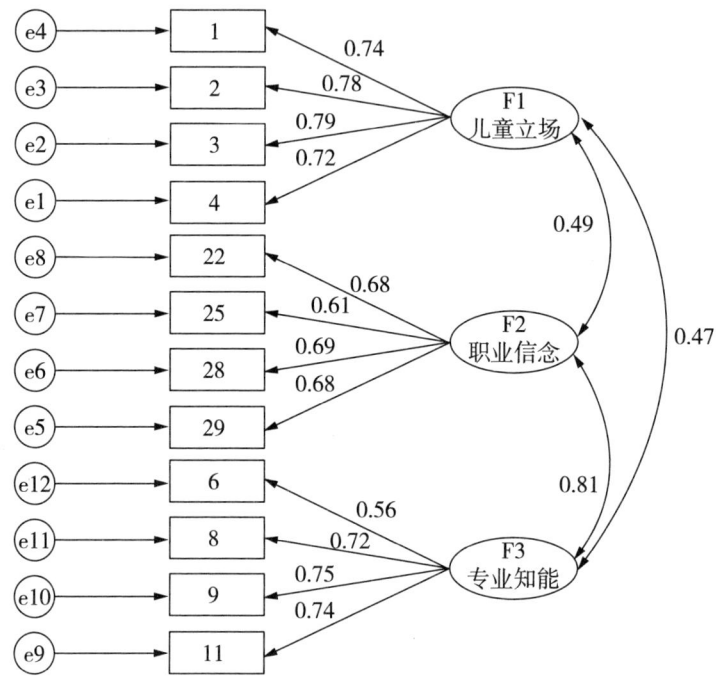

图 5-5　幼儿园教师专业核心素养的结构方程模型

表明模型拟合度非常好，小于 0.08 表示可以接受[①]；RMR 越小越好，小于 0.05 说明模型拟合度可以接受；PGFI 值越接近 1 表明模型越简约，一般良好模型的应大于 0.50。本研究整体拟合指数中，χ^2/df 小于 5，RMSEA 值小于 0.08，RMR 小于 0.01，PGFI 大于 0.50，GFI、AGFI、NFI、IFI、CFI 都在 0.90 以上（见表 5-25），表明模型整体拟合度较高，模型结构良好。

表 5-25　问卷结构的整体拟合指数

卡方/自由度 (χ^2/df)	近似误差均方根 (RMSEA)	拟合优度指数 (GFI)	调整拟合优度指数 (AGFI)	比较拟合指数 (CFI)	规范拟合指数 (NFI)	增值拟合指数 (IFI)	节俭拟合优度指数 (PGFI)	残差均方根 (RMR)
4.260	0.062	0.961	0.940	0.956	0.943	0.956	0.628	0.006

---

① 郑勇军，陈浩彬．高校辅导员胜任力结构模型研究［J］．心理学探新，2021，41（2）：169-175．

为了进一步验证模型的聚合效果，本研究还计算了组合信度（composite reliability，又称CR），即一个组合变量（composite score，由多于一个变量的总和组成的新变量）的信度，研究中一般要求CR值大于0.60[①]，数值越大说明数据聚合效度较好。从表5-26可以看出，3个因子的组合信度CR均大于0.75，说明模型的组合信度比较好，这意味着模型整体的聚合效果较好，模型整体值得信赖。

表5-26 验证性因子分析的组合信度

题号	路径	非标准化回归系数（Estimate）	估计值标准误（S.E.）	临界比值（C.R.）	p	组合信度（CR）
4	←F1	0.72	—	—	—	0.84
3	←F1	0.79	0.05	20.15	***	
2	←F1	0.78	0.06	19.91	***	
1	←F1	0.74	0.05	19.07	***	
29	←F2	0.68	—	—	—	0.76
28	←F2	0.69	0.071	16.46	***	
25	←F2	0.61	0.04	14.86	***	
22	←F2	0.68	0.07	16.27	***	
11	←F3	0.74	—	—	—	0.79
9	←F3	0.75	0.05	19.49	***	
8	←F3	0.72	0.05	18.69	***	
6	←F3	0.56	0.04	14.71	***	

*** $p<0.001$

综上，探索性因子分析和验证性因子分析的结果科学地验证了幼儿园教师专业核心素养模型的有效性（见表5-27）。

---

① 吴明隆. 结构方程模型：AMOS的操作与应用：第2版 [M]. 2版. 重庆：重庆大学出版社，2010：54-55.

表 5-27 幼儿园教师专业核心素养模型结构

一级指标	二级指标	指标含义
儿童立场（情感态度维度）：以幼儿的发展为幼儿园教师职业行为的出发点、落脚点和评价标准，能够关爱、理解、保护、尊重幼儿并支持其发展	关爱儿童	热爱幼儿，对幼儿富有爱心、责任心、耐心和细心
	理解儿童	了解幼儿的生活方式、学习方式、年龄特征，承认、尊重幼儿发展的个体差异，以幼儿为核心立场开展工作
	尊重儿童	以亲切、尊重的态度积极主动地与幼儿交往，构建平等、和谐的师幼关系
	保护儿童	保障幼儿的发展权、受教育权、游戏权、隐私权等免受侵害
专业知能（知识能力维度）：具备幼儿园保育、教育方面的相关知识及教学智慧，以及实践反思、沟通合作等方面的专业能力和艺术	沟通合作	用符合幼儿年龄特点的语言进行保教工作，能够与同事分享、合作、交流，与家长有效地沟通、合作，共同促进团队目标的达成
	保教知识	了解、熟悉幼儿发展相关知识，掌握婴幼儿保育、教育、教学的相关知识、基本方法和策略，理解幼儿五大领域教育之间的联系，注重领域之间的渗透与整合
	保教能力	科学规划幼儿在园一日生活，创设环境，设计、组织、实施和评价幼儿园教育教学活动，为幼儿身心健康发展创造良好条件，并提供适宜的策略支持，具有观察幼儿日常表现、与幼儿积极对话并能记录与分析的能力
	实践智慧	在实践场域中自觉、灵活地运用专业知识与能力，通过不断的反思与审视，机智、有效应对实践性问题的策略、能力与品质

续表

一级指标	二级指标	指标含义
职业信念（动机特质维度）：遵守教育法律法规，具有良好的幼儿园教师职业道德，认同幼儿园教师职业，热爱学前教育事业，积极进取，追求卓越，具有终身学习与持续发展的意识和能力	敬业精神	热爱并忠诚于学前教育事业，全身心投入幼儿教育工作，在忘我地付出和奉献中产生的归属感、荣誉感和成就感
	恪守师德	能够遵守教育法律法规在内的各项国家法律法规，能够在教育实践中严守教师职业道德规范，恪守《新时代幼儿园教师职业行为十项准则》，依据《幼儿园工作规程》《幼儿园教育指导纲要（试行）》《3—6岁儿童学习与发展指南》等科学地开展保教活动
	职业理想	具有终身学习与专业发展意识，对所从事的幼儿园教师职业有持续发展的规划和愿景
	积极人格	拥有乐观向上、积极进取、热情开朗的人格特征，表现出高乐群性、兴奋性、敢为性、敏感性及低怀疑性，希望在工作中更好地完成任务，追求自我的不断完善

三、基于专家排序法的指标权重测算

（一）研究方法

本研究采用专家排序统计法（又称"专家调查权重法"），通过选择相关专家，采用独立填表选取权数的形式收集专家意见，经数据整理和分析后，确定出各维度和指标的权重数值。①② 具体来说，此方法设有 m 个同层指标，邀请 n 位专家，将设计好的指标重要程度排序调查表发给每位专家，要求每位专家分别对 m 个同层指标按照重要程度从 1 开始依次排序，一级指标赋分范围 1—3（$m=3$），二级指标赋分范围 1—4（$m=4$）。问卷回收后，将数据汇集在一个表中（见表5-28），得到各位专家对每个指标的排序等级之和，记为 R_i。

---

① 王景英. 教育评价学［M］. 长春：东北师范大学出版社，2005：61.
② 程书肖. 教育评价方法技术［M］. 北京：北京师范大学出版社，2004：63.

表 5-28 专家排序汇总表

专家	一级指标(赋分范围1—3)			二级指标(赋分范围1—4)										
	儿童立场	专业知能	职业信念	关爱儿童	理解儿童	尊重儿童	保护儿童	敬业精神	恪守师德	职业理想	积极人格	沟通合作	保教知识	实践能力	实践智慧
1	2	1	3	2	3	4	1	4	2	3	1	4	3	2	1
2	1	2	3	3	1	2	4	1	2	3	4	4	3	2	1
3	1	2	3	3	1	2	4	3	1	2	4	4	2	3	1
4	1	3	2	2	4	3	1	1	2	3	4	4	3	2	1
5	2	3	1	3	2	4	1	4	2	3	1	4	3	2	1
6	1	3	2	3	1	2	4	1	2	3	4	4	3	2	1
7	2	1	3	3	2	1	4	3	1	2	4	4	3	2	1
8	2	1	3	2	1	3	4	3	1	2	4	2	4	3	1
9	1	3	2	4	2	3	1	3	2	4	1	4	1	3	2
10	2	3	1	2	4	3	1	4	1	2	3	4	2	3	1
11	1	2	3	1	2	3	4	1	2	3	4	4	3	1	2
12	1	3	2	1	2	3	4	1	3	2	4	4	3	2	1
13	1	2	3	4	1	3	2	2	1	3	4	4	2	3	1
14	1	2	3	2	1	3	4	3	1	2	4	2	3	4	1
15	1	3	2	4	1	2	3	2	1	3	4	4	3	2	1
16	2	3	1	1	2	3	4	3	2	4	1	4	2	3	1
17	1	3	2	3	2	4	1	1	2	4	3	3	4	1	2
18	2	3	1	3	2	4	1	3	2	1	4	3	4	1	2
19	2	3	1	1	2	3	4	4	1	3	2	4	2	3	1
20	1	3	2	3	1	2	4	2	3	4	1	2	4	3	1
21	2	3	1	3	1	2	4	2	1	4	3	3	2	4	1
22	1	3	2	1	2	3	4	1	2	3	4	4	3	2	1
23	1	2	3	2	1	3	4	2	1	3	4	4	2	3	1
24	1	3	2	3	2	4	1	3	1	2	4	2	4	3	1
25	1	2	3	3	1	2	4	2	1	3	4	2	4	3	1

续表

专家	一级指标(赋分范围1—3)			二级指标(赋分范围1—4)										
	儿童立场	专业知能	职业信念	关爱儿童	理解儿童	尊重儿童	保护儿童	敬业精神	恪守师德	职业理想	积极人格	沟通合作	保教知识	实践能力	实践智慧
26	1	2	3	4	3	2	1	2	1	3	4	4	2	3	1
27	3	1	2	4	3	2	1	3	1	4	2	4	3	2	1
28	3	2	1	3	4	2	1	2	1	4	2	4	3	2	1
29	1	3	2	3	1	2	4	3	4	3	4	3	2	3	1
30	1	3	2	4	2	1	3	2	1	4	4	4	3	1	2
31	3	1	2	3	1	2	4	1	3	4	2	4	4	3	1
32	1	3	2	2	4	1	3	3	1	2	4	2	4	3	1
33	1	3	2	4	2	3	1	2	1	3	4	4	4	3	1
秩和 R_i	48	80	70	87	66	88	89	76	51	95	108	116	97	79	38

第一步，对专家排序结果进行一致性检验。专家排序法中，计算权重的一个重要前提是专家意见要基本一致。[①] 因此，在计算各指标权重之前，需要通过卡方检验对专家意见进行一致性检验。[②] 一致性检验公式为：

$$\chi^2 = m(n-1)W$$

其中，m 为专家数，n 为指标数，

$$W = 12S/[m^2(n^3-n)],$$

$$S = (R_1^2+R_2^2+\cdots+R_i^2) - (R_1+R_2+\cdots+R_i)^2/n$$

R_i 为第 i 个指标的秩序和。

由此公式，计算出卡方值，依据自由度（$df=n-1$）与临界值进行比较，若卡方值大于临界值，则说明专家意见基本一致，可以进行下一步分析与

---

① 李仲来. 确定因素权重的专家调查法[J]. 教育学报，1991（2）：35-38.
② 胡维芳，翟友华. 高等职业教育教师专业素质评价指标体系构建研究[J]. 苏州大学学报（教育科学版），2019，7（4）：88-96.

计算。①

由以上公式，$m=3$，$n=33$，$R_1R_2R_3$ 分别为 48、80、70，可得一级指标的卡方值为 16.24。同样方法，可得到二级指标的卡方值约为 11.85。指标一致性检验结果显示（见表 5-29），一级指标和二级指标一致性检验结果均大于临界值，通过检验，符合专家排序法权重计算要求。

表 5-29 指标一致性检验结果

指标	卡方值	自由度	卡方临界值	一致性检验结果
一级指标	16.24	2	9.21（$\alpha=0.01$）	大于临界值，通过检验
二级指标	11.85	11	10.341（$\alpha=0.5$）	大于临界值，通过检验

第二步，采用单纯排序计算公式（如下所示），得到不同指标的权重分配数值②。其中，m 为同层指标数，n 为专家数，R_i 为各专家对第 i 个指标的评定等级之和，W_i 即为第 i 个指标的指标权重，$\sum M_i = 1$。

$$W_i = \frac{2[n(1+m)-R_i]}{mn(1+m)}$$

（二）结果与分析

根据上述公式，$m=3$，$n=33$，一级指标"儿童立场"R_i 为 48，可得"儿童立场"的权重为 0.424。同样方法，可得其他一级指标的权重系数，排名从高到低依次为儿童立场（0.424）、职业信念（0.313）、专业知能（0.263）（见表 5-30）。这表明"儿童立场"是幼儿园教师应具备的"第一核心素养"，是带有鲜明价值倾向和价值权重的专业核心素养，在所有核心素养中居于统领地位，属于"指向性素养"；"专业知能"是专业核心素养中相对基础性的素养，是幼儿园教师从事保育教育工作的"技术性素养"；"职业信念"是专业核心素养发展的"动力性素养"，如果缺失了动机特质，"专业知能"将成为静态的知识与能力，失去应用的价值。

---

① 刘振华，丁元林. 医学综合评价中指标赋权法及应用研究进展 [J]. 中国医学创新，2010，7(10)：190-192.

② 霍静. 生物职前教师实验教学能力指标体系的构建研究 [D]. 西南大学，2021.

表 5-30 幼儿园教师专业核心素养模型一级指标权重排序

一级指标	相对权重	排序
A 儿童立场	0.424	1
B 专业知能	0.263	3
C 职业信念	0.313	2

在对二级指标进行权重计算时,首先计算出每个一级指标下相应的 4 个二级指标分别在组内的权重（$m=4$，$n=33$），然后由该指标的组内权重乘以一级指标权重,就是该二级指标在大组的权重;同样方法,可以得到其他各二级指标的权重（见表 5-31）。其中,排名前 6 位的专业核心素养是"理解儿童""恪守师德""实践智慧""关爱儿童""尊重儿童"和"保护儿童",这反映出新时代幼儿园教师专业核心素养已经由传统意义上的侧重知识能力转向强调情感态度。

表 5-31 幼儿园教师专业核心素养二级指标权重

二级指标	归于一级指标的权重	一级指标权重	二级指标权重	排序
A1 关爱儿童	0.236	0.424	0.100	4
A2 理解儿童	0.300		0.127	1
A3 尊重儿童	0.233		0.099	5
A4 保护儿童	0.230		0.098	6
B1 敬业精神	0.270	0.313	0.085	7
B2 恪守师德	0.345		0.108	2
B3 职业理想	0.212		0.066	9
B4 积极人格	0.173		0.054	11
C1 沟通合作	0.148	0.263	0.039	12
C2 保教知识	0.206		0.054	10
C3 保教能力	0.261		0.069	8
C4 实践智慧	0.385		0.101	3

综上，依据专家评估的指标权重排序，得到指标体系中各指标的具体权重（见图5-6）。该权重分布显示，幼儿园教师专业核心素养模型是以"儿童立场"为统领、以"专业知能"为基础、以"职业信念"为动力的一个整体素养结构。12个二级指标的权重分布反映了情感态度维度在整个素养模型中的首要地位，这意味着对幼儿园教师而言，与"会不会教、如何教、教得怎么样"（专业知能）相比，"为谁而教"（儿童立场）、"是否愿意教、是否为了教好而不断努力"（职业信念）显得更为重要和迫切。

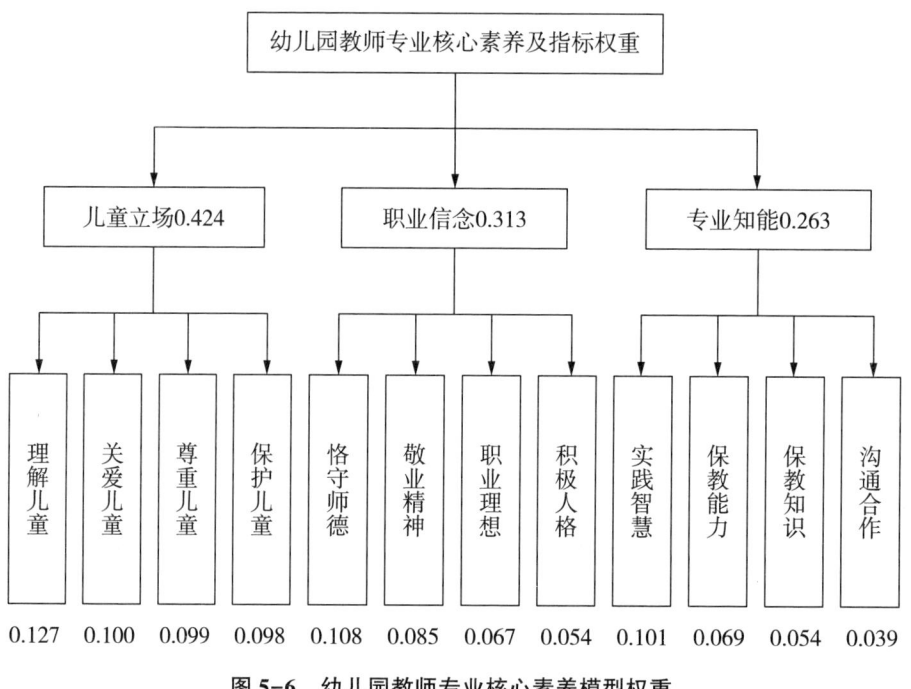

图5-6　幼儿园教师专业核心素养模型权重

（三）主要结论

本研究基于对学前教育本质分析所形成的幼儿园教师专业核心素养指标建构的基本价值立场，对从国内外已有研究成果中梳理的理论指标、从教育政策文本中提取的政策指标以及通过行业一线调研征集的实践指标进行系统建构，通过德尔菲法和因子分析法对所建构的维度和指标进行遴选与验证，再采用专家排序法确定各维度及指标权重,进而形成幼儿园教师专业核心素养模型,具体结论如下。

第一,幼儿园教师专业核心素养模型由3个维度、12个核心指标构成,体现信念为基、知能为体、伦理为范的理念,具有多维统整、多点辐射、多元功能的特点。

第二,幼儿园教师专业核心素养模型的3个维度权重依次为:儿童立场、职业信念、专业知能;12个核心指标权重依次为理解儿童、恪守师德、实践智慧、关爱儿童、尊重儿童、保护儿童、敬业精神、保教能力、职业理想、保教知识、积极人格、沟通合作。

第六章　幼儿园教师专业核心素养模型的理论审视

建构核心素养模型就是对个体完成特定组织任务所需要的关键、必备高阶素养指标的有效统整。建构的过程就是确定个体在特定岗位情境中各种必备素养指标之间逻辑关系的过程。本研究通过文献研究法从国内外已有研究成果中梳理幼儿园教师专业核心素养的理论指标，通过内容分析法从教育政策文本中提取政策指标，通过问卷调查法面向行业一线从业人员调研、征集实践指标，对建构的幼儿园教师专业核心素养指标采用德尔菲专家咨询法进行三轮咨询，经过因子分析法的验证及专家排序法确定权重后，建构包含3个维度、12个核心指标，以信念为基、知能为体、伦理为范的幼儿园教师专业核心素养模型。以下是对该模型理念、内容、特征及与已有国家标准的关系等的分析。

一、幼儿园教师专业核心素养模型的基本理念分析

幼儿园教师专业核心素养模型基本理念体系的架构是信念为基、知能为体、伦理为范，呈现3个维度的层次递进关系。

（一）信念为基

"基"就是基础，基础不牢，地动山摇。职业信念包含着教师对教育本质和理想、教育与社会的关系、教育的价值和意义等的解读，在幼儿园教师

专业核心素养中居于基础性、先导性的地位，是教师从教的精神支柱和发展动力。职业信念在教师所有素养要求中居于第一位，直接影响教师的知觉、判断，进而有意识或无意识地影响其教育行为。苏霍姆林斯基认为，教师的信念是学校里最宝贵的东西。拥有坚定职业信念的幼儿园教师更忠诚于学前教育事业，具有稳定的从教意愿，能自觉体认并履行自己的专业使命，并拥有不断自我更新、自我完善的可持续发展意识。幼儿园教师如果缺乏职业信念或者产生信仰危机，就无法恪守师德，就会缺失敬业精神，丧失职业理想和成长动力，专业发展就无从谈起。因此，职业信念回应的是"是否"适教的基本问题，在幼儿园教师所应具备的专业核心素养中居于基础性地位。

（二）知能为体

"体"就是根本、主体。"知能为体"就是指专业知能维度在幼儿园教师专业核心素养中居于根本性和主体地位，是幼儿园教师科学地开展保教实践活动的坚实能力保障，是幼儿园教师职业走向专业化的标志。教师仅仅具有职业信念或坚持儿童立场，而没有专业知能作为保障，就无法科学有效地开展保育教育工作。同时，教师缺乏专业知能，职业信念和儿童立场也就缺失了得以呈现和表达的载体。从另一个层面来说，求知是教师作为人的自由的需要，是一种生存的需要，从事知识活动就是教师生活的基本内容，"惟必有学识，方可担任教育"[①]；而能力特别是保育教育能力，是幼儿园教师独立开展教育教学工作的保障。因此，专业知能回应的是"适教"基础之上的"善教"，反映的是相对显性的素养，是核心素养的根本能力保障。缺失了这个根本和主体，幼儿园教师就失去了专业性，专业核心素养就是空洞、无力的。

（三）伦理为范

"范"就是模子、模范，具有表率和统领意味。对幼儿园教师的核心伦理要求就是理解、关爱、尊重和保护儿童，即拥有儿童立场，其在幼儿园教

[①] 中国社会科学院近代史研究所中华民国史研究室、中山大学历史系孙中山研究室、广东省社会科学院历史研究室. 孙中山全集：第二卷 [M]. 北京：中华书局，1982：358.

师专业核心素养中发挥着模范和统领作用。坚定的教育信念和精熟的专业知能最终都需要依靠教师的教育立场得以体现，儿童立场对职业信念和专业知能维度具有价值引领和方向指导的统领意义。如澳大利亚教育、学前儿童发展和青年事务部（Ministerial Council for Education, Early Childhood Development and Youth Affairs, MCEECDYA）编制的《国家教师专业标准》（2009），将"了解学生并了解学生是如何学习的"放在第一条，并强调要充分了解学生、尊重学生，体现了教师儿童本位、儿童中心、儿童立场的核心品质。儿童立场回应的是"善教"基础上的"乐教"。

幼儿园教师专业核心素养的理念体系从定位上呈现基础—根本—统领的层级递进关系；同时，幼儿园教师坚定的职业信念表现为"适教"，精熟的专业知能表现为"善教"，鲜明的儿童立场表现为"乐教"，从教师职业行为表现上也呈现3个层次的层级递进关系。这表明，幼儿园教师专业核心素养模型的基本理念是具有层次性的统一整体，全面反映了幼儿园教师专业核心素养模型的精神内核与基本要义。

二、幼儿园教师专业核心素养模型的内容结构分析

幼儿园教师专业核心素养模型由儿童立场、职业信念、专业知能3个维度，理解儿童、关爱儿童、尊重儿童、保护儿童、恪守师德、敬业精神、职业理想、积极人格、实践智慧、保教能力、保教知识、沟通合作12个核心指标共同构成（见图6-1）。

（一）幼儿园教师专业核心素养的价值向度

儿童立场维度反映了幼儿园教师专业核心素养的价值向度。儿童立场是教育的基本立场。教育绝不仅仅是知识与技能的传承，教育之所以称为教育，就是因为它是一种价值传导和价值创造的过程。有学者认为，教育事业的本质就是对人性的启发与唤醒，要不断呼唤与启发儿童所拥有的多元智慧和自由意志。洛克认为"儿童究竟是儿童"，教师最基本的要求就是要从儿童的立场看待儿童，背离儿童立场的教师难成好教师。儿童立场就是幼儿园教师

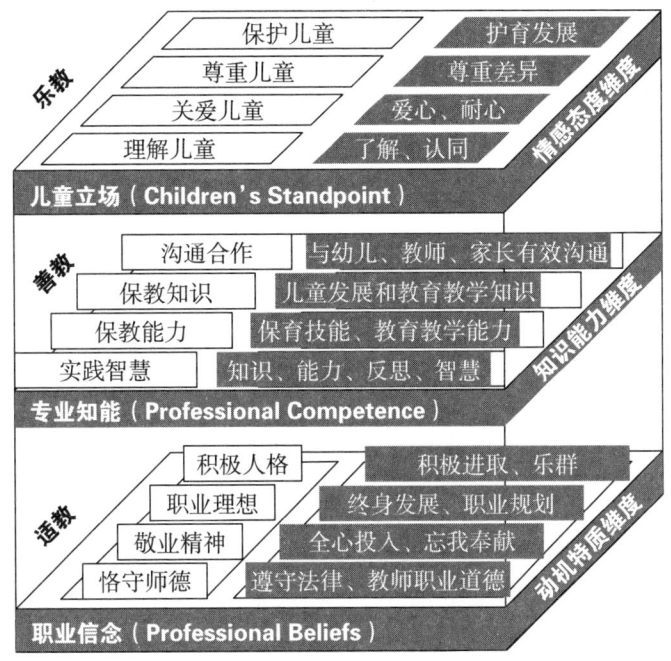

图 6-1 幼儿园教师专业核心素养模型

以儿童的发展为职业行为的出发点、落脚点和评价标准，能够关爱、理解、保护、尊重儿童并支持其发展。从卢梭"发现"儿童开始，儿童立场逐步成为教育学的首要原则，覆盖教育的各个阶段，成为文学、艺术、社会等领域的共同价值观念，不仅是现代教育的基本原则，也是未来理想社会的基本特征。[1]

儿童立场维度包括了理解儿童、关爱儿童、尊重儿童、保护儿童4个核心指标。理解儿童强调对儿童的了解和认同，理解儿童是关爱、尊重和保护儿童的前提；关爱儿童强调教师要拥有仁爱之心，要热爱儿童；尊重儿童强调教师要接受并尊重儿童的个体差异，观照儿童的人文精神与信念；保护儿童强调保障儿童的发展权、受教育权、游戏权、隐私权等免受侵害。

---

[1] 刘晓东. 发现伟大儿童：从童年哲学到儿童主义 [M]. 北京：生活·读书·新知三联书店，2021：84.

由此可见，上述4个核心指标本身所涵盖的素养内容主要围绕情感、态度、价值观展开，从本质上就是价值性的而非技术性的。有价值的就是有意义的、合理的、适切的、值得追求的。从分类上来说，儿童立场的价值向度是依据事物本身的内在性质进行价值判断的内在价值而非外在价值，是人类始终不变的永恒价值而非短暂价值，是一切人类所追求的普遍价值而非特殊价值，是与人的高级需要相关联的高级价值而非低级价值。因此，儿童立场在3个维度中占有最高权重，发挥着价值引领作用。

（二）幼儿园教师专业核心素养的伦理向度

职业信念维度反映了幼儿园教师专业核心素养的伦理向度。信念是对某人某事坚定不移的信任、信赖和执着追求的意向动机。职业信念反映个体对所从事职业的信任、认同和不懈追求[1]，使教师摆脱日常平凡、平庸、肤浅的经验束缚，使经验得以升华和具有意义。因此，库姆斯（Combs）把造就优秀教师的原因归结为教师个人行为准则的信念结构。[2] 幼儿园教师专业核心素养的职业信念维度是指幼儿园教师遵守教育法律法规，具有良好的幼儿园教师职业道德，认同幼儿园教师职业，热爱学前教育事业，积极进取，追求卓越，具有终身学习与持续发展的意识和能力。职业信念是一种深刻而稳定的教师发展动力特征，是教师从事教育活动所体现出的专业热忱与职业操守，包括恪守师德、敬业精神、职业理想、积极人格4个核心指标。恪守师德强调遵守法律、严守教师职业道德；敬业精神强调全情投入、忘我奉献；职业理想强调终身持续发展和个体职业生涯规划；积极人格强调高乐群性，积极上进，追求卓越。

正如涂尔干所言，任何职业活动都必须得有自己的伦理。[3] 幼儿园教师专业核心素养职业信念维度的4个核心指标主要涵盖道德、精神、理想和人格等方面，包括"客观法"的道德，更包括"主观法"的伦理。上

---

[1] 王庭照，杨鹍，王彦朴．免费师范生从教信念及农村任教意愿调查[J]．当代教师教育，2011，4（2）：59-64．

[2] 库姆斯，殷普农．师范教育的新设想（特约稿）[J]．华东师范大学学报（教育科学版），1989（4）：1-7．

[3] 涂尔干．职业伦理与公民道德[M]．渠敬东，译．北京：商务印书馆，2015：15-16．

述 4 个核心指标表现在教师行为层面就是为人师表，有事业心，积极进取，对幼儿教师职业执着、坚定而热情。综上，职业信念在幼儿园教师专业核心素养的 3 个维度中发挥着道德伦理的统摄性和职业发展的动力性功能。

（三）幼儿园教师专业核心素养的能力向度

专业知能维度反映了幼儿园教师专业核心素养的能力向度。与价值和伦理的形而上相比，能力向度是一种求真、求实的过程。专业知能是专业知识与专业能力的简称，但不限于知识与能力。幼儿园教师专业核心素养的专业知能维度是指幼儿园教师具备幼儿园保育、教育方面的相关知识及教学智慧，以及实践反思、沟通合作等方面的专业能力和艺术。专业知能维度包括实践智慧、保教知识、保教能力、沟通合作 4 个核心指标。实践智慧是对知识与能力灵活、智慧的运用，是在实践基础上的反思和反思基础上的实践；保教知识强调幼儿发展知识和教育教学知识；保教能力突出保育技能和教育教学能力；沟通合作包括教师与幼儿、与同事、与家长的沟通与合作等。

上述 4 个核心指标概括起来就是核心知识+核心能力+核心智慧。核心知识包括：幼儿身心发展规律、学前教育教学基本规律等方面的本体性知识，即学科知识，回答的是"教育对象是什么"的问题；教育学、心理学、教育心理学、五大领域教学法等方面的条件性知识，回答的是"如何教"的问题；在教育实践中收获的直接经验及实践化理论知识等实践性知识，回答的是"如何用"的问题。核心能力不是普通的能力，是在解决特定领域问题、完成特定岗位工作时所必需的专业能力，对幼儿园教师而言就是保育技能和教育教学能力，它是幼儿园教师职业实现专业化的基本条件和主要标志。核心智慧是指在真实的教育情境中经由反思所生成的理论化的教育经验和教育智慧，是专业能力的升华。可见，专业知能维度是以保教知识和保教能力为基础，以能力为表征，以沟通合作为桥梁，以实践反思为特征的专业核心素养。

三、幼儿园教师专业核心素养模型的特征分析

（一）多维统整

幼儿园教师专业核心素养模型包含专业知能、儿童立场、职业信念3个一级指标（维度），对应知识能力、情感态度、动机特质3个维度，涵盖并整合了胜任力理论的相关胜任特征，同时也对应个体心理活动的"知""情""意"3个过程，形成了一个完整统一、动态稳定的素养结构。

3个维度分别阐述了相互关联的3种关系：儿童立场维度反映教师对待儿童应持有的基本态度和情感，揭示了教师与儿童的关系；专业知能维度反映教师履行岗位职责必备的知识、能力和智慧，揭示了教师与岗位的关系；职业信念维度反映教师自我道德修养、职业理想及积极向上的人格品质，揭示了教师与自我的关系。幼儿园教师专业核心素养模型的3个维度统合了教师与儿童、岗位、自我的关系。因此，幼儿园教师专业核心素养模型的3个维度并非简单的元素排列，而在很大程度上彼此依赖、互为补充、相互促进（见图6-2）。

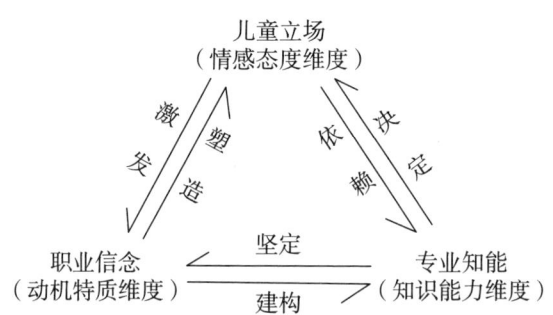

图6-2　幼儿园教师专业核心素养模型各维度之间的相互关系

第一，教师的儿童立场需要通过特定而专业的行为表现出来，教师行为的专业性依赖专业知能的扎实度和成熟度，而教师对专业知能的掌握程度又决定了儿童立场是否能够通过专业性的教师行为得以落地。

第二，儿童立场的积极情感和态度会激发、激活教师的职业信念，教师坚定的职业信念反过来又会在教育实践中塑造、确立儿童立场。

第三，坚定的职业信念有助于教师主动建构专业知能，而专业知能的娴熟和精进所产生的成就感、效能感又会进一步坚定职业信念。

（二）多点辐射

幼儿园教师专业核心素养模型除了在整体上呈现多维复杂的结构层次关系之外，还在核心指标上呈现点状辐射的特点，即12个核心指标中权重排名前三的"理解儿童"（权重0.127）、"恪守师德"（权重0.108）、"实践智慧"（权重0.101）也分别是所在维度权重最大的核心指标。可见从维度到整体模型，这3个指标都发挥着辐射、引领的重要作用。

第一，专业核心素养的"第一素养"：理解儿童。理解儿童是指了解儿童的生活方式、学习方式、年龄特征，承认、尊重儿童发展的个体差异，以儿童为核心立场开展工作。理解儿童是学前教育工作的出发点，在所有12个核心指标及儿童立场维度中均拥有最高的权重。如果借鉴亚里士多德、笛卡尔和胡塞尔提出"第一哲学"概念用以说明一门学问相对于其他哲学部门的前提性、基础性地位，那么，理解儿童不仅是儿童立场的"第一立场"，也是幼儿园教师专业核心素养的"第一素养"，换句话说，不能理解儿童，就无法开展学前教育工作。

第二，专业核心素养的"基础性素养"：恪守师德。恪守师德是指幼儿园教师能够遵守教育法律法规在内的各项国家法律法规，能够在教育实践中严守教师职业道德规范，恪守《新时代幼儿园教师职业行为十项准则》，依据《幼儿园工作规程》《幼儿园教育指导纲要（试行）》《3—6岁儿童学习与发展指南》等科学地开展保教活动。如果没有相应的道德和纪律，任何形式的社会活动都不会存在。幼儿园的保育教育活动必须合乎道德伦理的价值要求，不能违背道德伦理的规范，因为发展德性是教育的主要目标之一，恪守师德也是从古至今教师职业的基本命题。扬雄在《法言·学行》中开宗明义地强调"师者，人之模范也"，即教师应成为世人的表率。中共中央、国务院印发的《深化新时代教育评价改革总体方案》提出的重点任务之一就是要"改革教师评价","坚持把师德师风作为第一标准"。因此,恪守师德在职业信念维度的权重最高,是幼儿园教师专业核心素养的基础性、前提性素养。

第三,专业核心素养的"高阶性素养":实践智慧。实践智慧是幼儿园教师在实践场域中自觉、灵活地运用专业知识与能力,通过不断的反思与审视,机智、有效应对实践性问题的策略、能力与品质。实践智慧是优质的教育实践不可或缺的特质,是教师的教育理念与师德、教育实践知识与能力所达到的一种综合性品质、状态与境界,是教师专业发展的核心与标尺,具有反思性、情感性和经验性以及道德伦理维度的特点。①

"拥有"知识技能并不等于"会使用"知识技能。② 保教工作质量的决定性因素是对专业知识能力积极、灵活、有效的运用,也就是实践智慧。会教的未必乐教,乐教的未必善教。"传统意义上丰富的理论知识与扎实的专业能力已经不足以满足当下教育实践对幼儿园教师的需求。教师职业的复杂性和实践性决定了新时代的幼儿园教师应富于实践智慧。"③ 实践智慧的生成需要理论知识向实践知识、实践能力向实践理性的双向转化,只有在实践中反复经历学习、体验、评估、反思的过程,才有可能促成这种转化。核心素养不仅可以协助个人对环境的需求进行回应,更能协助个人发展高阶心智"反思力"。反思是良师的重要特征,也是成为良师的关键。反思的重点不仅仅在于"思",更在于"反"——批判性思维。这种反省思考及行动与学习,是核心素养的核心(the heart of key competencies)。④

教师生成实践智慧是解决学前教育理论与实践之间的张力与冲突的重要路径。教师的实践智慧是以实践知识为基础、以实践能力为手段、以实践反

---

① COCHRAN-SMITH M, LYTLE S L. Relationships of knowledge and practice:teacher learning in communities [J]. Review of research in education, 1999, 24: 249-305.

② 凯兹. 与幼儿教师对话:迈向专业成长之路 [M]. 廖凤瑞, 译. 南京:南京师范大学出版社, 2004: 55-57.

③ 蔡军. 做一名富于实践智慧的幼儿园教师 [J]. 今日教育(幼教金刊), 2019 (4): 1.

④ 蔡清田. 课程发展与设计的关键 DNA:核心素养 [M]. 台北:五南图书出版股份有限公司, 2012: 40.

思为主要特征的复杂运作机制，表现为教师对教育情境中"应当做什么"的价值适切性判断与"应当如何做"的合理性行动的相互融合与统一，即能够在真实的教育情境中，把握教育时机，转化教育矛盾和冲突，做出适宜的理性判断、价值关切和教育决策。

（三）多元功能

虽然幼儿园教师专业核心素养具有上述重要价值定位，但要正确理解和认识幼儿园教师专业核心素养的含义，也不能盲目、无限扩大核心素养的功能边界。正如学生发展核心素养是课程改革的宗旨，是教材编写、教学改革、考试评价的主要依据，引领课程改革的每个环节，发挥统领功能，幼儿园教师专业核心素养模型在学前教师教育及幼儿园教师专业发展方面具有以下六方面功能。

第一，规范高校学前教育专业人才培养定位。如果说学生发展核心素养是基础教育领域全新育人目标体系，那么幼儿园教师专业核心素养就是确定高校学前教育专业人才培养目标和毕业要求的"参照系"。只有将专业核心素养与人才培养目标和毕业要求有机结合、紧密对接，才能使学前教师教育把握正确的人才培养方向，避免人才培养定位陷入"艺术取向"和"技能陷阱"。

第二，指导职前课程设置。课程是人才培养的关键要素，课程设置的科学性以及课程实施的有效性决定着人才培养的质量和效果。学前教育职前培养机构应基于幼儿园教师专业核心素养，重构人才培养课程体系，优化课程目标，更新课程内容，通过高质量的专业课程设置和实施搭建幼儿园教师与专业核心素养培育的桥梁。

第三，引领教师在职发展。幼儿园教师专业发展虽然发端于职前教育，但主要依靠在职教育。当前在职教育的模块化、碎片化、实用化倾向往往导致幼儿园教师专业发展失去"准心"，只见树木，不见森林。幼儿园教师专业核心素养对教师的在职发展具有方向引领和价值纠偏的功能。

第四，完善教师评价模式。幼儿园教师专业核心素养模型的多维统整性，将对长久以来"知识技能"倾向的教师评价进行匡正，形成对"知识技能"的定量评价与对"情感态度动机"的定性评价相结合的完整教师评价模式。

第五，指导学习环境建设。良好的学习环境是幼儿园教师专业发展的保障。幼儿园教师专业核心素养生成的机制表现为学思结合、知行合一、研训一体，这对教师的学习环境提出了实践性、体验性、互动性、研究性的要求，对幼儿园学习共同体的构建、教研活动的组织、培训模式的更新等学习环境的建设具有指导意义。

第六，唤醒教师专业自觉。幼儿园教师专业核心素养的动机特质维度是职业信念，它强调激发和保护教师专业发展的信念、理想和积极人格。职业信念的动力特质将唤醒幼儿园教师的专业意识，激发其专业精神，增强其专业发展的自觉性、主动性和主体性。

四、幼儿园教师专业核心素养模型与专业标准的关系分析

不同的教育政策、专业标准具有不同的性质和定位，以及不同的理念、内容和形式等，因此有必要将幼儿园教师专业核心素养模型与其密切相关的《幼儿园教师专业标准（试行）》进行比较分析，以便找准定位，揭示联系，厘清差异。

2012年教育部颁布了《幼儿园教师专业标准（试行）》，对幼儿园教师职前培养、资格认定、入职选拔、在职培训、考核评价等提出了系统全面的基本要求，有效解决了学前教师教育目标不明、方向不定、培养低效等一系列突出问题，在很大程度上提升了幼儿园教师的专业性，促进了教师专业化发展。但该文件未能全方位关注新时代幼儿园教师发展内涵的转变，知识技能倾向仍然较为明显，特别是"缺乏对幼儿园教师工作本质的深入分析"[①]，应更观照幼儿园教师工作的生命性、主体性和实践性。因此，幼儿园教师专

---

① 索长清．幼儿园教师文化研究 [D]．东北师范大学，2014．

业核心素养需要在相关专业标准的基础上，进一步升级转型、重点细化和聚焦强化。① 本研究认为，幼儿园教师专业核心素养模型与《幼儿园教师专业标准（试行）》在理念、性质、定位、结构、内容等方面具有一定区别（见表 6-1），但也在以下 3 方面具有密切的关联性。

表 6-1 幼儿园教师专业核心素养模型与《幼儿园教师专业标准（试行）》的区别

类别名称	幼儿园教师专业核心素养模型	《幼儿园教师专业标准（试行）》
理念	信念为基、知能为体、伦理为范	师德为先、幼儿为本、能力为重、终身学习
性质	专业素养	综合素质标准
定位	规范人才培养定位；指导职前课程设置；引领教师在职发展；完善教师评价模式；指导学习环境建设；唤醒教师专业自觉	引领幼儿园教师专业发展，是幼儿园教师培养、准入、培训、考核等工作的重要依据
结构	维度+核心指标+指标含义	维度+领域+基本要求
内容	儿童立场、职业信念、专业知能 3 个维度，理解儿童等 12 个核心指标	专业理念与师德、专业知识、专业能力 3 个维度，职业理解与认识等 14 个领域及 62 条基本要求

（一）幼儿园教师专业核心素养模型来源于《幼儿园教师专业标准（试行）》

由 3 个维度、12 个核心指标构成的幼儿园教师专业核心素养模型，其原始指标来自从已有成果梳理的理论指标、从国家教育政策文本提取的政策指标和面向行业一线调研征集的实践指标 3 个方面，其中《幼儿园教师专业标准（试行）》是最重要的五大教师教育国家标准之一，本研究从中提取出了 24 条政策指标用于模型建构（见表 4-5）。因此，该模型与已有研究成果和国家专业标准等具有高度的内在一致性和逻辑上的自洽性。可以说，《幼儿

---

① 索长清，王元. 美国幼儿保教专业人员核心素养研究：以纽约州与西弗吉尼亚州为例[J]. 教育评论，2021（8）：158-168.

园教师专业标准（试行）》与幼儿园教师专业核心素养模型是源与流的上下位层次关系，并非平行并列关系。

（二）幼儿园教师专业核心素养模型是《幼儿园教师专业标准（试行）》的浓缩和具体化

《幼儿园教师专业标准（试行）》覆盖3个层级，涵盖3个维度、14个领域、62条基本要求，是对幼儿园教师专业知识、专业能力和专业精神的全面规定和基本要求；幼儿园教师专业核心素养模型覆盖2个层级，涵盖3个维度、12个核心指标，且均来源于《幼儿园教师专业标准（试行）》，虽然3个维度也涉及情感态度、知识能力及动机特质等方面，但模型层级更简洁，核心指标数量更少，侧重点也更加鲜明。可以说，幼儿园教师专业核心素养模型是对《幼儿园教师专业标准（试行）》的浓缩和具体化，两者之间是重点与全面的关系。

（三）幼儿园教师专业核心素养模型有助于《幼儿园教师专业标准（试行）》的落地落实

由于专业核心素养更强调核心性，即对事情起决定意义的量少质精的素养，更突出高阶性，如强调知识、技能、能力基础上的"实践智慧"，更注重情感态度、信念动机、人格特质等隐性素养的强大动力，这些关键性的素养指标往往在幼儿园教师履行岗位职责的过程中发挥着更为关键的作用。只有具备专业核心素养的幼儿园教师才能真正理解并贯彻落实《幼儿园教师专业标准（试行）》，因此专业核心素养是幼儿园教师在保教实践中落实《幼儿园教师专业标准（试行）》的桥梁和中介。

第七章 幼儿园教师专业核心素养模型的现实观照

幼儿园教师专业核心素养是影响教师专业发展及学前教育质量的关键因素。在核心素养统领下,幼儿园教师是教育改革的参与者和实施者,应该主动迎接知识经济时代的世界变革、教育改革,以及未来教育、未来学校、未来课堂的挑战。只有具备专业核心素养的教师才能培育具有核心素养的学生和社会公民,因此,走在教育改革之前的应是教师的改革——对教师专业核心素养的提升。幼儿园教师专业核心素养的培养和提升迫在眉睫。OECD国家在提升学前教育质量的过程中,通过提升幼儿园教师在职培训的有效性、强化"基于工作现场"的培训等方式,将幼儿园教师核心素养作为职前课程改革和职后培训质量提升的着力点,这也日益成为全球学前教育发展趋势。[①]鉴于素养具有可教、可学、可培育的特性,可通过有目的、有计划、有设计的一系列课程教学、实践体验、自我反思等,引导幼儿园教师在职业生命周期中长期积累、主动建构。

一、幼儿园教师专业核心素养的生成机制

机制是事物内部的各要素之间的关系及运行方式。揭示幼儿园教师专业

---

① 李敏谊. 全球学前教育发展趋势:注重提升师资队伍核心素养[J]. 幼儿教育(教育教学),2020(3):56.

核心素养内部相关各因素的结构关系及运行方式，是有效培养和提升幼儿园教师专业核心素养的前提。幼儿园教师专业核心素养机制是在丰富、真实、富有挑战性的真实情境中，经由实践—反思—研究的"三段螺旋"，通过教师与儿童、自我、理论的"三重对话"而生成的，是经由教师理论知识、间接经验实践化，到实践知识、直接经验理论化两个阶段的转化而发展起来的（见图7-1）。

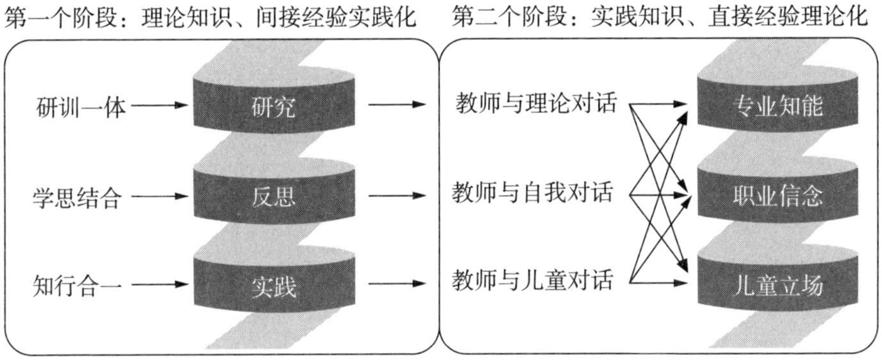

第一个阶段：理论知识、间接经验实践化　　第二个阶段：实践知识、直接经验理论化

研训一体 → 研究
学思结合 → 反思
知行合一 → 实践

教师与理论对话 → 专业知能
教师与自我对话 → 职业信念
教师与儿童对话 → 儿童立场

图 7-1　幼儿园教师专业核心素养生成机制

幼儿园教师专业核心素养生成机制是一个主动建构、实践反思的过程，是多种知识、技能在幼儿园教师个体和群体身份上的统一过程。[①] 该机制呈现横向贯通、纵向衔接的特征。

就横向上来说，首先，要做到知行合一、重在实践，即教师将学到的公共知识通过实践内化为个体知识，将在虚拟环境（教室）中获得的技能在实践中转化为真实的保教能力，促进理论知识、间接经验的实践化。要实现实践化，教师需与多种实践要素发生对话，其中最核心的是与儿童的对话，在与儿童的对话、互动中确立"儿童立场"。其次，要做到学思结合、重在反思，即教师无论是对公共知识的吸收还是对间接经验的积累，都需要及时进行反思，无论是活动后的自我反思还是集体研讨反思，其过程都是教师与自

---

① 陈秋珠，余晓. 卓越幼儿园教师的核心素养及培养：基于领域特殊性理论［J］. 幼儿教育（教育科学），2018（5）：20-23.

我的对话，教师在这个过程中加深职业理解，坚定"职业信念"。最后，要做到研训一体、重在研究，即要通过研究使教师的培训与学习实现学习效果的提升和飞跃。研究的过程就是教师与理论对话的过程，使教师实现对专业知识、专业能力的灵活运用，进而产生实践智慧，提升"专业知能"。

就纵向上来说，幼儿园教师专业核心素养的培育不是一个线性的过程，而是一个循环往复、螺旋上升的过程。在专业核心素养生成的第一个阶段，教师要知行合一，边理论边实践，促进理论的实践化，进而在实践的基础上进行反思，这种反思既包括对理论的反思，也包括对实践的反思，从而促进教师研究意识的觉醒、研究能力的提升。而教师对教育实践与教育理论研究的成果和体会需要回到实践中去检验及应用，这样就形成了一个循环往复的过程，即实践—反思—研究—再实践—再反思—再研究。在专业核心素养生成的第二个阶段，由于专业核心素养具有统一完整、动态稳定的特点，教师与儿童、与自我、与理论对话的过程，与专业核心素养的生成并非一一对应关系，而是一种多元共促关系。这种多元共促表现在无论是来自实践、反思、研究的途径，还是来自教师与儿童、与自我、与理论对话的途径，最终都会有效作用于专业核心素养的某一个或某几个维度，从而促进该素养的生成与提升。

总的来说，幼儿园教师从第一个阶段走向第二个阶段的过程，是理论与实践不断双向转化与生成的过程，是从经验世界走进理念世界的过程，不仅促进了专业核心素养的生成和提升，还实现了教育智慧的个体生成和教育哲学的个体建构。

二、幼儿园教师专业核心素养的培育路径

与学生发展核心素养一样，幼儿园教师专业核心素养也是可教、可学、可培养的。幼儿园教师专业核心素养培育的过程，就是促进教师专业发展的过程。这种发展过程起始于中等学校或高等学校的专业教育，贯穿幼儿园教师职前培养、入职教育和在职培训的职业生命全周期，是学生核心素养在职

业场域的延伸，是公民核心素养在职业与行业的具体化，是幼儿园教师专业标准的具体要求，是幼儿园的战略性优势资源，是学前儿童核心素养研究与实践的逻辑前提。本书以幼儿园教师专业核心素养模型的内容、结构、理念、特征等要素为基础，遵循素养生成机制，结合国际学前教师教育研究与改革趋势，立足我国学前教育发展现实，提出以下五方面幼儿园教师专业核心素养培育的路径。

（一）学前教育政策的制定与引导

如果把公共政策视为社会利益与特权分配的产物，认为教育政策具有保证这些公共政策被接受并得到维持的功能，公共教育的工具性价值，即为社会提供稳定性就会被发现。因此，只考虑公共教育而不考虑政策制定，存在本末倒置的危险。[1] 教育政策是国家利益在教育上的体现，是政府为实现一定的教育目标、解决教育公共问题，通过计划和决策，对全社会的价值做权威性分配而采取的一系列行动[2]，被认为是高度价值涉入的，因此具有鲜明的价值导向功能。

近年来，教育部印发《新时代幼儿园教师职业行为十项准则》《幼儿园教师违反职业道德行为处理办法》等政策文件，对幼儿园教师职业行为做出明确的要求和引导，重点突出了坚守职业道德、遵守专业伦理、坚持儿童立场等基本要求。这也正是对幼儿园教师众多素养中最关键、最薄弱部分素养的强调。应该说，新时代我国教师素养普遍提升，待遇稳步改善，教育质量显著提高[3]，均得益于国家关于教育的一系列政策的制定与引导[4]。国家教育法律和教育政策的强制力和约束性，将为幼儿园教师专业核心素养的培育及专业发展提供强有力的保障。

---

[1] 斯特赖克，伊根.伦理学与教育政策［M］.刘世清，李云星，等译.北京：北京大学出版社，2013：118.

[2] 李孔珍，洪成文.教育政策的重要价值追求：教育公平［J］.清华大学教育研究，2006（6）：65-69.

[3] 陈鹏，李莹.国家特殊公职人员：公办中小学教师法律地位的新定位［J］.教育研究，2020，41（12）：141-149.

[4] 祁占勇.学前教育阶段受教育权实现的国家限度研究［J］.湖南师范大学教育科学学报，2019，18（3）：57-62.

1. 加快学前教育立法，保障教师发展权益

国家应通过学前教育立法，保障幼儿园教师合法权益，提高幼儿园教师职业认同感、归属感和自豪感，从而激发和保护教师的从教热情，培育教师的敬业精神。学前教育立法应确认幼儿园教师在教师序列中的独立法律地位，明确其享有与大中小学教师同等的社会地位和福利待遇；立法保障教师合法权益，要突出幼儿园教师职业群体权益的独特性，在职称评定、进修培训、薪资待遇等方面予以法律保障。在幼儿园教师职称评定方面，需立法确立幼儿园教师独立的职称评定办法与标准，肯定幼儿园教师的专业性；在幼儿园教师的进修培训权方面，要兼顾公办幼儿园和民办幼儿园教师的进修培训权，实现教师进修培训的地位平等；在保障幼儿园教师薪资待遇方面，政府需要强化自身职责，确定符合幼儿园教师专业身份的独立的工资待遇参照标准，有效利用政策工具，通过多种方式提升教师工作待遇。①② 这是彰显加强学前教育立法规约的价值所需。③ 幼儿园教师法律地位的确立、福利待遇的依法保障、发展权益的捍卫等，都将为幼儿园教师专业核心素养的培育与提升提供坚实的法律和制度保障。

2. 修订《幼儿园教师专业标准（试行）》，捍卫幼儿园教师职业的专业性

围绕幼儿园教师专业核心素养的培育，修订《幼儿园教师专业标准（试行）》应着力加强以下三个方面。第一，进一步加强"恪守师德"的要求。虽然"基本理念"部分已将"师德为先"列为第一条并纳入第一个维度，但对于师德的要求散落于各个"基本要求"之中，缺乏单独阐释，并且表述较为笼统，亟须进一步强化、细化"恪守师德"的要求。第二，适当精简、压缩专业知识和专业能力，突出核心知识和核心能力。幼儿园教师是专业人才，不是全面人才，虽然《幼儿园教师专业标准（试行）》不定位为核心素养模

---

① 刘颖，乐晓云. 美国提高学前教师工资水平的政策进展及启示［J］. 教师教育研究，2017，29（3）：121-127.
② 刘天子，曾晓东. 我国幼儿教师工资待遇政策变迁的历程、特点及趋势［J］. 当代教育论坛，2021（1）：19-28.
③ 陈鹏，高源. 我国学前教育立法的现实诉求与基本问题观照［J］. 陕西师范大学学报（哲学社会科学版），2017，46（6）：35-45.

型，但应发挥其行政规章的导向功能，引导学前教育从业人员率先掌握核心知识、核心能力，缩短人才成长周期，提高人才培养效率。第三，突出对知识能力的应用和转化。在"专业知识""专业能力"部分，应从全面强调专业知识与专业能力，向既重视知识能力也重视对知识和能力在实践中的应用转变，让知识和能力转化为教师适宜的教学行为，并为实践智慧的生成奠定基础。

3. 细化《教师教育课程标准（试行）》，促进职前职后一体化素养培育

职前专业教育是教师教育的起点，专业核心素养萌发的种子在此阶段埋下。我国通过《教师教育课程标准（试行）》对教师教育实施机构教育类课程的目标、设置等提出了基本要求，初步解决了教师教育体系从封闭走向开放、从三级师范向二级师范的过渡过程中暴露的课程设置失准、课程目标定位偏差、课程内容陈旧、课程质量偏低等问题，促进了我国教师教育课程建设和教师队伍建设质量的双提升。教师教育具有开放性及职前职后一体化的基本特点，修订《教师教育课程标准（试行）》时要将目前面向所有学段的较为宏观和笼统的"在职教师教育课程设置框架建议"，进一步细分为面向幼儿园、小学、中学等不同学段的建议，实现学前教育职前培养和幼儿园教师在职教育两个阶段课程的有机衔接及精准对接，促进教师专业核心素养的持续建构。

4. 修订《中小学和幼儿园教师资格考试标准（试行）》，完善教师资格考试制度

幼儿园教师资格考试笔试部分包括《保教知识与能力》和《综合素质》，从内容上看，是典型的知识能力测验；从形式上看，是典型的纸笔测试。面试涉及职业认知、心理素质、仪表仪态、交流沟通、思维品质、了解幼儿、技能技巧和评价与反思八个方面，采取结构化面试和展示相结合的方法，通过展示、回答问题、陈述等方式进行，主要考查申请人员应具备的基本素养、职业发展潜质和保教实践能力，其本质上也是知识能力测验。因此，修订完善《中小学和幼儿园教师资格考试标准（试行）》时应重点克服对申请者测评知识能力的倾向，进一步加大对"职业理念""积极人格"等方面的考查

力度。同时，在组织实施教师资格考试过程中，一是研发《幼儿园教师职业性向测试》等类似从教情感、态度、价值观等方面测试的科学量表，并将职业测试成绩纳入教师资格认定条件；二是适当提高面试环节整体占比，增加答辩或访谈环节，深入评定申请者的职业信念和职业理想。

（二）学前师范教育的改革与转型

"发展"是核心素养的生命力。[①] 发展意味着一定的延续性和连贯性，即个体既要在职业场域不断提升核心素养，也要在学校场域培育核心素养；不仅要在中小幼阶段培育核心素养，也应该在大学阶段提升核心素养。学前师范教育是学前教育专业师范生走向幼儿园教师职业的准备阶段。在专门化、正规化学前师范教育的百年发展历史中，学前师范教育实现了从无到有、从依附到独立、从封闭到开放、从三级向二级的转型升级，但是依然存在理论与实践分离、专业与职业分离、德性与知能分离、课程与培养分离、职前与职后分离等现象。归结起来，这主要源于对学前师范教育人才培养标准和育人目标，即什么是幼儿园教师专业核心素养、如何培养幼儿园教师专业核心素养认识的偏差。学前师范教育阶段是师范生专业核心素养生成和积聚的关键阶段，培养机构通过对学前师范生实施系统、有效的专业教育，使其坚定从教信念，厚植教育情怀，建构儿童立场，夯实专业知能，生成实践智慧，必将促进学前教育师范生专业核心素养的建构，为入职后幼儿园教师专业核心素养的提升奠基。学生培养目标的确立必然带动教学目标、课程体系、教育内容、教育评价等各环节的一系列变革。

立足我国学前教师教育的现实并结合国际经验，基于幼儿园教师专业核心素养模型，我国学前教师教育改革应重点从以下四个方面展开。

1. 以课程体系重构支撑学前教育专业育人目标转型

帕尔默（Palme）在《教学勇气》（*The courage to teach: exploring the inner landscape of a teacher's life*）一书中指出，教师应该把教育工作视为一项事业（vocation），而非职业（occupation）或工作（job），应该设计好一系列

---

① 成尚荣. 基础性：学生核心素养之"核心"[J]. 人民教育，2015（7）：24-25.

能使教师的专业伦理、专业精神与人文品性得到有效培养的教师教育课程。国际社会对此做了大量实践和探索。如美国把提高教师质量作为提高教育质量最重要的前提条件，50.00%以上的州政府开发了学前教育领域相关的核心素养[①]，新墨西哥州建立了幼儿园教师成长和发展的职业生涯机制，基于核心素养创建了适合所有大学的通用课程。加拿大安大略省从2006年开始以核心素养为中心构建学前教师教育课程，并与教师评价挂钩；魁北克省也于2001年修改《教育法》（*Educational Act*），构建以核心素养为中心的教师教育课程。

我国要实现从知识与技能、过程与方法、情感态度价值观的传统三维目标向专业核心素养育人目标的转型，必须进行课程体系改革、课程内容更新、课堂教学创新等一系列的变革，其中课程体系重构是前提。虽然在《教师教育课程标准（试行）》出台后，各培养单位学前教育专业课程建设的规范性、科学性、实效性得到显著提高，课程建设质量及人才培养质量均稳步提升，但目前存在的课程体系中理论课与实践课相互割裂、艺术类课程与教学实践类课程比例失衡、学科领域知识与教学法知识融合度较低等问题仍较为突出，特别是由于缺乏专业核心素养的统领，课程之间横向联系不足、垂直衔接不够，课程零散化、碎片化，导致课程设置未能有效支撑人才培养目标，职前培养与在职教师岗位工作无法紧密衔接。因此，要重塑学前教育专业育人目标体系，就必须首先重构课程体系。

第一，着力建设专业核心课程。核心课程具有两个突出特点：一是知识密集性，核心课程可以为后继学习奠基，能为学生学前教育专业知识体系的建构发挥主干和支架的作用；二是能力高阶性，核心课程一定指向学生高阶能力的培养，能有效培养岗位核心能力。因此，要通过核心课程来培育核心素养。

第二，凸显实践类课程的比例。《中共中央　国务院关于全面深化新时

---

① YU Y. An analysis and implication on core competencies of early childhood teacher between U. S. and Canada [J]. The journal of educational idea, 2011, 25 (2): 153-177.

代教师队伍建设改革的意见》中提出："优化幼儿园教师培养课程体系,突出保教融合,科学开设儿童发展、保育活动、教育活动类课程,强化实践性课程,培养学前教育师范生综合能力。"《教师教育课程标准(试行)》的基本理念之一就是要求教师教育体现"实践取向",使教师在教育实践中"形成个人的教学风格和实践智慧"。

第三,合理调整艺术类课程的定位和比例。应将艺术类课程定位为学前师范生艺术素养的提升,而非艺术技能的掌握,合理控制艺术类课程在课程体系中的占比,避免学前教育专业课程沦为艺术教育课程。

第四,彰显课程体系的学前属性。学前教育专业课程除具备课程的一般要素之外,应将师范性、儿童性、实践性、活动性等特殊要素与课程有机融合[1],体现课程的专业性和独特性。

总的来说,在确立课程体系内部比例关系和先后关系时,要遵循两个逻辑,即知识体系的逻辑和能力素养形成的逻辑,如先生理、后心理、再教育,先知识、后技能、再素养,先教育教学、后反思研究。特别是要将课程目标与专业核心素养有效对接,使课程实施的过程紧密对接专业核心素养的形成过程。

2. 以课堂教学创新全面推动专业核心素养落地

要寻找专业核心素养在课程和教学中的实现方式,应在经济合作与发展组织所倡导的全球胜任力培养的教学法[2]基础上,着力做好以下两方面改革。

第一,开展小组合作项目工作(group-based cooperative project work)。正如苏格拉底将学习看作一个相互合作的对话过程一样,小组合作项目工作以小组合作学习的方式展开,以项目式学习为特点,以学生为学习主体,所有参与者商定学习目标和内容,提供、评估、编制自己的学习材料。该教学方法可加强学生之间的沟通与合作,明确学习目标和学习路径。小组合作学习

---

[1] 李少梅,唐宇. "以本为本"背景下的学前教育专业课程改革:以"学前教育原理"课程为例[J]. 学前教育研究,2019(9):3-13.

[2] 经济合作与发展组织. 未来世界青少年行动指南:PISA 如何评估全球胜任力[M]. 胡敏,郝福合,译. 北京:北京师范大学出版社,2019:24-26.

中非常关键的一个要求是教师能够"移交权威",即让学生解决他们自己的问题,以便提高小组内学生交流互动的频率,让学生真正成为学习的中心。该方法适用于学前教育专业通识类、专业类和实践类大多数课程的实施。

第二,开展有组织的课堂讨论。讨论法几乎成为除讲授法之外高校课堂最常用的教学方法。课堂讨论的成效将在很大程度上影响课堂教学的效果。有组织的课堂讨论就是要明确讨论的主题、目标、程序、规则,增加讨论活动的结构化程度,提高学生对讨论的参与度和积极性。在有组织的讨论过程中,学生通过彼此反复的交流和辩论建构起自己的儿童观、教育观、教学观、教师观,专业意识得以觉醒,专业精神得以激发,除了能实现课程的本体性目标之外,还有助于实现情感态度、动机特质等维度的目标。

3. 以"基于现场"的教学模式培育专业核心素养

全球主流的教师教育范式逐步趋向了临床医师专业模型。该模型以医学专业精神为类比,将教师描述为反思性的实践者,强调了研究专家和教育专业人员的共识:专业知识的基础——实践。教师教育教学能力具有"依附实践、依附主体、依附情境"的特性,在特定情境、具体实践活动中生成并表现[1],通过自身内部的矛盾运动来完成"实践—认识—再实践—再认识"的循环往复过程。显然,在教师职业的实践性本质回归中,支撑教师教育的理念根基已经由以往的关注"理论"转向了关注"实践"。[2]

"实践乃素养之母。"[3] 幼儿园教师专业核心素养的培育与提升应是一个寓于情境的行动过程,是从经验现场到教师个人理论的过程。

第一,通过情境化的学习体验,强化学前教育师范生"保教知识"与"保教能力"素养。这是理论向实践靠拢、理论知识实践化的过程。应引导学生进入情境,推进教学情境化、学习体验化。情境化、体验化的特征融合了学习、生活、工作情境的边界,能使学习者从"洞穴内"瞭望"洞穴外"

---

[1] 龙宝新,李贵安. 论一流高校教师教育教学能力标准构建的依据与思路[J]. 武汉科技大学学报(社会科学版),2020,22(6):660-667.

[2] 洪明."反思实践"思想及其在教师教育中的争议:来自舍恩、舒尔曼和范斯特马切尔的争论[J]. 比较教育研究,2004(10):1-5.

[3] 张华. 论核心素养的内涵[J]. 全球教育展望,2016,45(4):10-24.

的世界,并摸索着自主走出"洞穴"。要构建"模拟教学+虚拟教学+真实教学"的学前教育师范生专业实训体系。校内模拟教学是较为传统的"保教能力"实训,特别是幼儿园教育教学能力实训的模式,具有随学随训随练的便捷性,但缺乏真实场景的体验性;虚拟教学借助相关设备和程序,实现了在校内实训室较为真实地模拟幼儿园工作现场的功能,具有一定的仿真性;真实教学就是在真实工作场域的实训,能将学生的学与教师的教统一起来。陶行知在学前教育师资培养上主张"艺友制",一方面强调平等的师生关系,一方面从学习方式上倡导"幼儿教师在工作中'怎么做',学前师范生在学校就'怎么学'","共教共学共做"方能促进幼儿园教师"保教能力"的快速提升。①

第二,通过改进实践教学体系,培育"实践智慧"。教师要想成长,必须走进教育现场,更重视现场经验的积累和改造,这是实践向理论转化、实践知识理论化的过程。学前师范教育不能只关注知识传授和技能训练,更需要关注教师在工作现场、真实情境中不断生成的教学智慧。教师教育必须实现从知识论培养观向实践智慧培养观的转型。② 首先,学前教育专业除了要有毕业论文、见习、实习等传统实践教学环节外,要加强和拓展研习、社会调查等形式的实践教学。其次,要灵活安排实践教学的形式,除了教育实习等此类集中性实践外,还可构建跨学期、覆盖全学程的"全实践"教学体系,克服传统上"先理论后实践"易出现的"两张皮"现象,促进教育理论与教育实践的及时结合和转化。再次,要创新课内实践教学安排,除集中性实践教学之外,可将部分课程内实训安排到幼儿园实施,加大在幼儿园开展课程教学的比重,增强教师教学的情境性,提升学生学习的体验感,这在业界被称为"驻园式"的人才培养模式③。最后,要制定并完善教育实践大纲,做到实践目标与专业核心素养育人目标相对接,实践内容与幼儿园教师工作

---

① 蔡军,刘迎接. 学前教育简史 [M]. 北京:北京师范大学出版社,2012:76.
② EISNER E W. From episteme to phronesis to artistry in the study and improvement of teaching [J]. Teaching and teacher education,2002,18(4):375-385.
③ 蔡军. 走出大学课堂 培养学前教育人才 [N]. 中国教育报,2018-04-18.

内容相对接,实践方式与核心素养建构方式和学生学习方式相对接,巩固学生的实践知识、实践能力,坚定学生的实践情意,培育学生的实践智慧。

第三,通过现场实践体验,建立"儿童立场",巩固"职业信念"。情感态度价值观的教育绝不是通过简单说教产生效果的,而是必须建立在实践认知、实践体验基础之上,通过"有效实践行为发出—反馈—巩固—再发出"的多次循环而产生效果。在真实的保育教育实践场域,教师与儿童、与自我、与理论发生对话,在此基础上激发、唤醒、培育教师对儿童的立场、观点和看法,对从教信念的坚定,对保育教育实践的反思和实践智慧。实践现场在其中发挥着基础性、中介性作用。

4. 以"三个课堂"改革巩固深化专业核心素养

所谓"三个课堂"就是第一课堂、第二课堂和第三课堂。第一课堂主要是在固定时间、在教室中依据教材和大纲完成学习任务并考核,第二课堂主要是在课余时间、在教室外(学校内)进行的有一定主题和目标的实践活动,第三课堂则是在假期中、在学校外进行的社会实践类活动。这三个课堂由于在教学目标、内容、方法、考核评价等方面存在显著区别,在学生的学习机制方面呈现不同特点:第一课堂侧重"认知"——了解是什么,第二课堂侧重"体验"——感受是什么样的,第三课堂侧重"实践"——如何做。鉴于此,"三个课堂"改革的方向分别为:第一课堂重在"做真",要帮助学前教育专业学生掌握关于保育教育方面的真知;第二课堂重在"做活",通过演讲、竞赛、表演、模拟教学等不同类型的实践活动丰富学生的实践体验;第三课堂重在"做实",通过送教下乡、假期支教、顶岗实践等方式真实履职,在真实情境中促进学生从第一课堂获取的知识技能与第二课堂收获的情感体验的有机融合与互动转化,提升其专业核心素养。

(三) 幼儿园教师在职教育的改进与变革

在迈向学习型社会的过程中,终身学习理念已经深入人心。传统教育体制中,个体职业生涯一般呈现"教育—工作—退休"三个阶段的特征,伴随学位和证书的取得,教育便终结在第一个阶段。新的教师发展观则认为,在学校接受正规系统的教育只是人生的一个教育阶段,学校教育只是提供了日后继续通过内外环境互动建构核心素养的基础,学校系统教育的结束是另一种教育过程的开始,教育过程必须延伸到成人教育乃至终身教育。终身学习让个体的学习和受教育得以无限延长,在职教育、回流教育、社区大学、老年大学等都是终身学习的途径。一个人无论何时都不可能完全掌握可受益一生的"终极"核心素养,核心素养的培育是一个持续终身的过程,幼儿园教师专业核心素养的培育也将贯穿幼儿园教师职业生涯的全程。

幼儿园教师的核心素养还需要通过职场的检验与磨合、与社会环境的互动不断更新。《终身学习核心素养:欧洲参考框架》将核心素养所跨越的生活场域分为家庭、职场、教育与训练及休闲等四大场域。这表明,并非所有的核心素养均能在学校教育中得到充分培育,它需要多方面的社会场域共同承担培育责任。学校扮演着核心素养奠基者的角色,社会扮演着核心素养强化者的角色。世界主要国家通过扩大或增加示范培训机构,加强对在职学前教育师资的培训,努力提高学前教育从业者的核心素养或关键能力。

1. 探索回流教育,促进素养回流重塑

回流教育由瑞典教育部长巴莫(Palme)于1969年提出,后经联合国教科文组织、经济合作与发展组织等国际组织的推广而备受关注。回流教育认为,教育不可能一次完成,个体从学校毕业后,在工作一段时间以后,需要重回学校继续进行全时或分时进修学习,使教育、工作、休闲等轮流展开。回流教育不是个体被动接受教育,而是强调个体受教育后对工作的积极促进。回流教育让个体从工作现场重返学习现场,从实践场域重归理性思考,使教育与工作实现良性交替互动。

回流教育不仅能够弥补幼儿园教师一次教育的不足和短板,更能结合保教实践工作的体会,对专业实践知识进行更新,对专业实践能力进行强化,对专业实践情意进行升华。其形式上是理论与实践的交替轮换,实质上是理论与实践的双向融合和相互促进。对于工作之后的回流学习,教师学习的目的性、针对性和投入度都将更高,返岗之后也可能产生不同的感悟和经验,促进教学艺术和教学效果的双提升。因此,幼儿园应积极鼓励教师脱产进修学习,教育主管部门应出台扶持政策,鼓励幼儿园教师回流高等学校,提升专业知能等相关专业核心素养。

2. 加强在职培训，深化园本教研

在职教育具有较强的针对性，能够围绕幼儿园教师专业核心素养的薄弱之处进行专题提升，但这种培训模式长期积累下来，会呈现片段化、模块化的特点，导致知识体系、能力体系、情感态度体系的纵横连接不足，一定程度上阻碍教师专业核心素养及专业水平的提升。因此要加强在职培训，应重点做好以下两个方面。一是对于周期性较长的培训计划，应兼顾针对性和系统性，构建职前职后一体化课程体系。在个体职业生涯全程中，在职教育的时间长度是职前专业教育的近10倍，可以说在职教育的成效对幼儿园教师的专业成长具有决定性影响。因此，要以专业核心素养为统领构建一体化的课程培训体系，实现专业核心素养培育的全程贯通。二是要有组织地开展学时短但频次高的园本教研类活动，特别是要创新园本教研的形式和机制，让园本教研成为专业核心素养成长的沃土。如通过"预操作与后分析""案例对比分析""互动式分享"等形式[①]，促使幼儿园教师将在实践中获得的经验沉淀、凝练、升华，促进教师知行合一、学思结合、研训一体，使教师在教学研究中不断提升专业核心素养。

（四）幼儿园教师专业发展共同体的共建与共享

学校与教育不是同义词，真正的教育不能只限定在学校。当今社会，知识与信息不应囿于学校的藩篱，幼儿园教师的专业发展也不能只局限于自己任教的班级和幼儿园。因此，幼儿园要有意识地联合教师发展的利益相关方，建立互联、互通、互聘、共建、共赢、共享的专业发展共同体。专业发展共同体有助于有相同岗位职责、相似专业成长经历的教师产生共鸣和共振，产生催化作用，教师们可以在一起探究并为他人提供建设性的意见。作为最重要的学习环境的专业发展共同体，教师在其中不是孤立工作的，他们可以充分交流教学策略。[②] 专业发展共同体的建设要突出共同体成员之间的互动性、

---

① 刘占兰. 深化教研实现幼儿园教师知行合一 [J]. 幼儿教育，2019（13）：54.
② 丹尼尔森，麦格里. 教师评价：提高教师专业实践能力 [M]. 陆如萍，唐悦，译. 北京：中国轻工业出版社，2005：24.

知识经验和资源的共享性以及背景经历的相似性三个特点。

因此，幼儿园教师专业发展共同体既是专业核心素养培育共同体，也是学习共同体、互动共同体和实践共同体。从幼儿园教师专业发展共同体的建设愿景来说，要致力于教师专业核心素养的培育以及教师高质量的专业发展。从构成上来说，高质量的学前教育绝不只是由幼儿园和教师直接决定的，还需要家庭、社区甚至政府等利益相关方的积极参与，其中幼儿园教师是主体。从建设内容上来说，要立足于幼儿园教师群体之间的专业经验、专业反思、专业生活史、个人生活史等方面的分享与对话。有研究者认为，此类交流和互动能使教师梳理自己的专业体验，聆听自己的专业声音，从其他教师的叙述中学到有价值的替代性经验，从而对自己的教育活动进行反思与批判，还能激励教师提升专业意识、团队精神、自信心。[1] 从学习形式上来说，要探索实施同伴互助（peer coaching）、知识分享（knowledge sharing）、课例研究（lesson study）等表现性和互动性的学习形式。通过互动，教师个体原有的认知结构、经验结构才会发生"扰动"，情感态度和价值观才会得到确证和升华，从而实现从被动到互动再到主动的不断转化。在此基础上，幼儿园教师的"儿童立场"逐步确立，"专业知能"得到巩固，"职业信念"进一步升华，专业核心素养得以培育和提升。

（五）幼儿园教师个体的自主发展与自我完善

科学技术领域正经历着巨变，这种变化带来了知识的惊人增长，也必然导致知识的快速陈旧。获得知识并将它融入自己的知识结构，不断添加新的知识并将其共享，被视为学习者应具备的强大能力。多项研究证明，社会需要个人改善自己，完善自己，具有终身学习的技能。[2][3] 孔斯和休格曼（Coons and Sugarman）认为实现个人自治（autonomy）就是教育的主要目标，

---

[1] BULLOUGH R V JR, BAUGHMAN K. Narrative reasoning and teacher development: a longitudinal study [J]. Curriculum inquiry, 1996, 26 (4): 385-415.

[2] ATKIN C. Lifelong learning-attitudes to practice in the rural context: a study using Bourdieu's perspective of habitus [J]. International journal of lifelong education, 2000, 19 (3): 253-265.

[3] BAGNALL R G. Lifelong learning and the limits of tolerance [J]. International journal of lifelong education, 2006, 25 (3): 257-269.

这与怀特海"学生是有血有肉的人，教育的目的是为了激发和引导他们的自我发展之路"①的观点一致，因为个体发展过程中真正重要的那些事情必须由自己完成。

可见，幼儿园教师作为主体，应该把自身作为目的，主动发展自己，将外部的"唤醒"与内部的"觉醒"相结合，产生出叠加效应，从而从"可能的主体"转化为"现实的主体"。②这种自主发展不是预先设定或由外在推动的，而是内在生成的，是自我设计、自我选择、自我反思、自我完善的结果。教师应当成为自身专业发展的主人，因为其专业发展的终极目标是成为一名自我教育者、自我成长者以及自我生长者。第斯多惠认为，教师进行自我教育是教育事业本身的内在要求，"没有一种目的比整个人类和教师的自我培养与自我完善的目的更为崇高了"③。凡是不能自我发展、自我培养和自我教育的人，同样也不能发展、培养和教育别人。幼儿园教师个体的发展也存在于自觉改造和建构自我与世界、与他人、与自身内部精神世界的互动过程中。自我完善是伴随教师终身的教育，这意味着教师既是教育者也是学习者，只有做好学习者，才能当好教育者。幼儿园教师自主发展与自我完善的关键在于确立他们在专业发展过程中的本体意识，激发他们进入自由自觉的生命状态④，从而实现专业核心素养的建构及专业发展过程从他动到自动、从被动到主动的转化。

---

① 怀特海. 教育的目的 [M]. 赵晓晴，张鑫毅，译. 上海：上海人民出版社，2018：4.
② 窦坤，桑元峰. 教师个体教学哲学的建构：高校教师自主发展的哲学解读 [J]. 法学教育研究，2019，27（4）：279-292.
③ 第斯多惠. 德国教师培养指南 [M]. 袁一安，译. 北京：人民教育出版社，1990：28-29.
④ 秦金亮.《幼儿园教师专业标准》的功能定位：兼谈幼儿园教师专业觉醒 [J]. 学前教育研究，2012（8）：7-10.

参考文献

一、中文类

柏拉图.理想国[M].郭斌和,张竹明,译.北京:商务印书馆,1986.

蔡军.敬畏童年:珍视童年期的价值[J].新课程评论,2017(6):11-16.

蔡军,刘迎接.学前教育简史[M].北京:北京师范大学出版社,2012.

蔡军.西部农村幼儿园转岗教师生存状态与专业发展研究[M].北京:教育科学出版社,2016.

蔡军.做一名富于实践智慧的幼儿园教师[J].今日教育(幼教金刊),2019(4):1.

蔡清田.课程发展与设计的关键DNA:核心素养[M].台北:五南图书出版股份有限公司,2012.

曹利乐,张金丽.提升幼儿教师核心素养的策略探究:基于《幼儿园教师专业标准》[J].考试周刊,2019(28):189.

车丽娜.中国古代教师文化的考察[J].山东师范大学学报(人文社会科学版),2007,52(2):137-141.

陈娟.幼儿教师胜任特征模型的建构[D].西南大学,2009.

陈鹏,高源.我国学前教育立法的现实诉求与基本问题观照[J].陕西师范大学学报(哲学社会科学版),2017,46(6):35-45.

陈鹏,李莹.国家特殊公职人员:公办中小学教师法律地位的新定位[J].教育研究,2020,41(12):141-149.

陈秋珠,余晓.卓越幼儿园教师的核心素养及培养:基于领域特殊性理论[J].幼儿教育（教育科学），2018（5）：20-23.

陈秋珠．卓越幼儿教师核心素养的内涵、构成及实现路径［J］．西北师大学报（社会科学版），2020，57（2）：85-92.

陈文强．核心素养与学校变革［M］．厦门：厦门大学出版社，2016.

陈向明．质的研究方法与社会科学研究［M］．北京：教育科学出版社，2000.

陈盈诗．幼儿园教师专业核心素养指标建构之研究［D］．台湾屏东大学，2015.

陈永明．现代教师论［M］．上海：上海教育出版社，1999.

陈玉琨．教育评价学［M］．北京：人民教育出版社，1999.

成尚荣．必备品格与关键能力：对道德价值的再认识［J］．中国德育，2017（4）：11-14.

成尚荣．基础性：学生核心素养之"核心"［J］．人民教育，2015（7）：24-25.

褚宏启．核心素养的国际视野与中国立场：21世纪中国的国民素质提升与教育目标转型［J］．教育研究，2016（11）：8-18.

第斯多惠．德国教师培养指南［M］．袁一安，译．北京：人民教育出版社，1990.

丁海东．儿童游戏权的价值及其在我国的现实困境［J］．东北师大学报（哲学社会科学版），2010（5）：178-182.

窦坤，桑元峰．教师个体教学哲学的建构：高校教师自主发展的哲学解读［J］．法学教育研究，2019，27（4）：279-292.

杜威．民主主义与教育［M］．2版．王承绪，译．北京：人民教育出版社，2001.

范梅南．教学机智：教育智慧的意蕴［M］．李树英，译．北京：教育科学出版社，2014.

高健．幼儿园教师健康教育胜任力研究［D］．南京师范大学，2015.

高葵芬，徐莉莉．农村小学全科教师核心素养及培养策略［J］．现代中小学教育，2017，33（12）：115-118.

郭杰，王丽波，杨玉美，等．手术室专科护士核心能力评价指标体系的构建［J］．中国护理管理，2013，13（5）：20-23.

郝文武．教育哲学研究［M］．北京：教育科学出版社，2009.

核心素养研究课题组．中国学生发展核心素养［J］．中国教育学刊，2016（10）：1-3.

黑格尔．法哲学原理［M］．范扬，张企泰，译．北京：商务印书馆，1961.

黑格尔. 哲学史讲演录：第二卷［M］. 贺麟, 王太庆, 译. 北京：商务印书馆, 1960.

怀特海. 教育的目的［M］. 赵晓晴, 张鑫毅, 译. 上海：上海人民出版社, 2018.

霍静. 生物职前教师实验教学能力指标体系的构建研究［D］. 西南大学, 2021.

姜勇, 严婧, 徐利智. 国际学前教师教育政策研究［M］. 上海：华东师范大学出版社, 2012.

教育大辞典编纂委员会. 教育大辞典：第2卷［M］. 上海：上海教育出版社, 1991.

经济合作与发展组织. 未来世界青少年行动指南：PISA如何评估全球胜任力［M］. 胡敏, 郝福合, 译. 北京：北京师范大学出版社, 2019.

卡麦兹. 建构扎根理论：质性研究实践指南［M］. 边国英, 译. 重庆：重庆大学出版社, 2009.

凯兹. 与幼儿教师对话：迈向专业成长之路［M］. 廖凤瑞, 译. 南京：南京师范大学出版社, 2004.

科宾, 施特劳斯. 质性研究的基础：形成扎根理论的程序与方法：第3版［M］. 朱光明, 译. 重庆：重庆大学出版社, 2015.

克里希那穆提. 生命的注释［M］. 范佳毅, 等译. 北京：九州出版社, 2012.

库姆斯, 殷普农. 师范教育的新设想（特约稿）［J］. 华东师范大学学报（教育科学版）, 1989（4）：1-7.

昆体良. 昆体良教育论著选［M］. 任钟印, 选译. 北京：人民教育出版社, 1989.

李朝晖. 幼儿教师核心素养养成策略研究［J］. 黑龙江教育学院学报, 2017, 36(10)：30-33.

李孔珍, 洪成文. 教育政策的重要价值追求：教育公平［J］. 清华大学教育研究, 2006（6）：65-69.

李利芳. 论童话的本质及其当代意义［J］. 兰州大学学报（社会科学版）, 2003, 31(2)：22-26.

李亮. 思想品德教师核心素养的提升策略研究［D］. 东北师范大学, 2018.

李敏谊. 全球学前教育发展趋势：注重提升师资队伍核心素养［J］. 幼儿教育（教育教学）, 2020（3）：56.

李少梅, 唐宇. "以本为本"背景下的学前教育专业课程改革：以"学前教育原理"课程为例［J］. 学前教育研究, 2019（9）：3-13.

李醒民．迈向科学的人文主义和人文的科学主义［J］．中国政法大学学报，2013，（4）：5-29+159．

栗洪武，郭向宁．"五经博士"的设置与儒学尊崇地位的形成［J］．教育研究，2006（10）：85-88．

林崇德．21世纪学生发展核心素养研究［M］．北京：北京师范大学出版社，2016．

刘天子，曾晓东．我国幼儿教师工资待遇政策变迁的历程、特点及趋势［J］．当代教育论坛，2021（1）：19-28．

刘晓东．发现伟大儿童：从童年哲学到儿童主义［M］．北京：生活·读书·新知三联书店，2021．

刘杨．初中生生物学学科核心素养的测评研究［D］．陕西师范大学，2019．

刘颖，乐晓云．美国提高学前教师工资水平的政策进展及启示［J］．教师教育研究，2017，29（3）：121-127．

刘永凤．国际"核心素养"研究的最新进展及启示［J］．全球教育展望，2017，46（2）：31-41+98．

刘占兰．深化教研实现幼儿园教师知行合一［J］．幼儿教育，2019（13）：54．

柳夕浪．从"素质"到"核心素养"：关于"培养什么样的人"的进一步追问［J］．教育科学研究，2014（3）：5-11．

龙宝新．论儿童成长本位型教育境遇［J］．辽宁师范大学学报（社会科学版），2020，43（4）：69-76．

罗正学，朱霞，陈静，等．任务绩效、关系绩效与工作绩效的关系研究［J］．中国行为医学科学，2006，15（5）：451-452．

马陆亭．关于能力的定义［J］．高等工程教育研究，1990（4）：78．

毛礼锐，瞿菊农，邵鹤亭．中国古代教育史［M］．北京：人民教育出版社，1979．

闵诗纭，颜国梁．国民小学教师十二年国民基本教育核心素养具备现况之研究［J］．学校行政，2018（114）：38-62．

牛翠平．幼儿教师的核心素质探讨［J］．盐城师范学院学报（人文社会科学版），2010，30（5）：109-111．

诺丁斯．学会关心：教育的另一种模式：第2版［M］．2版．于天龙，译．北京：教育科学出版社，2011．

裴斯泰洛齐．裴斯泰洛齐教育论著选［M］．夏之莲，等译．北京：人民教育出版社，

1992.

平卫伟.Delphi法的研究进展及其在医学中的应用[J].疾病控制杂志,2003,7(3):243-246.

祁占勇.学前教育阶段受教育权实现的国家限度研究[J].湖南师范大学教育科学学报,2019,18(3):57-62.

秦金亮.《幼儿园教师专业标准》的功能定位:兼谈幼儿园教师专业觉醒[J].学前教育研究,2012(8):7-10.

桑国元,郑立平,李进成.21世纪教师的核心素养[M].北京:北京师范大学出版社,2017.

盛艳燕.教师胜任力研究的取向与态势:基于核心期刊的文献计量分析[J].高教探索,2017(1):105-112.

施克灿.中国古代教育家理想中的教师标准探究[J].教师教育研究,2006,18(1):60-65.

司晓宏,樊莲花.义务教育均衡发展监测的理性困境及其超越[J].教育研究,2020,41(11):83-90.

斯特赖克,伊根.伦理学与教育政策[M].刘世清,李云星,等译.北京:北京大学出版社,2013.

苏航.幼儿教师核心素养体系研究[D].陕西师范大学,2018.

索长清,王元.美国幼儿保教专业人员核心素养研究:以纽约州与西弗吉尼亚州为例[J].教育评论,2021(8):158-168.

索长清.幼儿园教师文化研究[D].东北师范大学,2014.

涂尔干.职业伦理与公民道德[M].渠敬东,译.北京:商务印书馆,2015.

托夫勒A,托夫勒H.创造一个新的文明:第三次浪潮的政治[M].陈峰,译.上海:生活·读书·新知上海三联书店,1996.

王美君,顾銮斋.论国际视野中的教师核心素养[J].天津师范大学学报(社会科学版),2018(1):44-50.

王少娜,董瑞,谢晖,等.德尔菲法及其构建指标体系的应用进展[J].蚌埠医学院学报,2016,41(5):695-698.

王喜海.论回归童年的儿童教育[D].南京师范大学,2008.

王悦,王雁.优秀特殊教育教师核心素养的个案研究[J].绥化学院学报,2018,38

（1）：113-117.

吴超群．初中教师对教师核心素养认识的调查研究［D］．浙江师范大学，2017.

伍叶琴．教师蝶化发展论：基于文化身份的考量［M］．北京：教育科学出版社，2014.

肖凯．优秀教师成长的"中国经验"［J］．中国教育学刊，2013（3）：55-59.

谢建．教师精准教学能力模型构建研究［D］．东北师范大学，2020.

谢维和．论学前教育的"学前性"［J］．教育研究，2022，43（3）：88-96.

雅斯贝尔斯．什么是教育［M］．邹进，译．北京：生活·读书·新知三联书店，1991.

杨九诠．学生发展核心素养三十人谈［M］．上海：华东师范大学出版社，2017.

杨莉萍，亓立东，张博．质性研究中的资料饱和及其判定［J］．心理科学进展，2022，30（3）：511-521.

杨一帆，陈攀攀．幼儿园教师核心素养的内涵及培养路径［J］．科教导刊（下旬刊），2020（27）：62-63.

姚允柱．基于创新教育的知识、能力、素质关系辨析［J］．黑龙江高教研究，2006（11）：20-22.

叶澜．教育概论［M］．北京：人民教育出版社，2006.

于光远．教师素养新论［M］．兰州：兰州大学出版社，2001.

余琳燕．优秀幼儿教师胜任特征结构的研究［D］．江西师范大学，2008.

余萍．理解：新型师幼关系的现实旨趣：基于胡塞尔主体间性思想［J］．合肥学院学报（社会科学版），2012，29（3）：120-122+130.

虞永平．把保教结合落到实处［J］．山东教育，2011（36）：30.

喻小蝶，姚桂招．城区高中英语教师核心素养调查研究：以江西省赣州市为例［J］．湖北师范大学学报（哲学社会科学版），2017，37（3）：107-111.

臧乐源．教师学［M］．天津：天津人民出版社，1987.

张华．论核心素养的内涵［J］．全球教育展望，2016，45（4）：10-24.

张俊超，刘献君．优秀高校教师成长与发展的规律性特征探究［J］．高等教育研究，2014，35（8）：68-76.

张亚妮．幼儿园教师实践智慧生成：以"学习故事"行动研究为进路［M］．陕西：陕西师范大学出版社，2018.

张阳. 中国临床医学专业本科毕业生岗位胜任力模型构建与现状调查研究［D］. 中国医科大学, 2019.

张英娥. 幼儿教师胜任力模型及胜任力现状研究［D］. 福建师范大学, 2008.

赵红霞, 庄莲莲. 幼儿园教师核心素养的模型构建研究［J］. 湖北科技学院学报, 2021, 41（2）：128-136+143.

赵微. 我国学前教育质量现状的原因分析［J］. 学前教育研究, 2012（2）：11-14.

郑金洲, 吕洪波. 教师应具备的七大素养［J］. 人民教育, 2016（11）：54-57.

郑旭东. 面向我国中小学教师的数字胜任力模型构建及应用研究［D］. 华东师范大学, 2019.

中共中央马克思恩格斯列宁斯大林著作编译局. 马克思恩格斯选集：第1卷［M］. 2版. 北京：人民出版社, 1995.

中国社会科学院语言研究所词典编辑室. 现代汉语词典：第7版［M］. 5版. 北京：商务印书馆, 2016.

朱德全. 试论学前教育的特殊性原则［J］. 学前教育研究, 1996（6）：1-3.

朱晓颖. 幼儿教师胜任力问卷的编制及初步运用［D］. 江西师范大学, 2007.

朱永新, 袁振国. 中国教师：专业素质的修炼［M］. 南京：南京师范大学出版社, 2003.

佐藤学. 教师的挑战：宁静的课堂革命［M］. 钟启泉, 陈静静, 译. 上海：华东师范大学出版社, 2012.

二、外文类

ATKIN C. Lifelong learning-attitudes to practice in the rural context: a study using Bourdieu's perspective of habitus［J］. International journal of lifelong education, 2000, 19（3）：253-265.

BAGNALL R G. Lifelong learning and the limits of tolerance［J］. International journal of lifelong education, 2006, 25（3）：257-269.

BLAKELY G L, ANDREWS M C, MOORMAN R H. The moderating effects of equity sensitivity on the relationship between organizational justice and organizational citizenship behaviors［J］. Journal of business and psychology, 2005, 20（2）：259-273.

BLASKOVA M, BLASKO R, MATUSKA E, et al. Development of key competences of university teachers and managers [J]. Procedia-social and behavioral sciences, 2015, 182: 187-196.

BULLOUGH R V JR, BAUGHMAN K. Narrative reasoning and teacher development: a longitudinal study [J]. Curriculum inquiry, 1996, 26 (4): 385-415.

CHINGOS M M, PETERSON P E. It's easier to pick a good teacher than to train one: familiar and new results on the correlates of teacher effectiveness [J]. Economics of education review, 2010, 30 (3): 449-465.

COCHRAN-SMITH M, LYTLE S L. Relationships of knowledge and practice: teacher learning in communities [J]. Review of research in education, 1999, 24: 249-305.

ECO U, RORTY R, CULLER J, et al. Interpretation and overinterpretation [J]. Journal of aesthetics and art criticism, 1993, 51 (4): 632-634.

EISNER E W. From episteme to phronesis to artistry in the study and improvement of teaching [J]. Teaching and teacher education, 2002, 18 (4): 375-385.

GOODFELLOW J. Practical wisdom in professional practice: the person in the process [J]. Contemporary issues in early childhood, 2003, 4 (1): 48-63.

MAHMOOD S. "Reality shock": new early childhood education teachers [J]. Journal of early childhood teacher education, 2013, 34 (2): 154-170.

SINGLEFARY M W. Mass communication research: contemporary methods and applications [M]. New York: Longman, 1993.

MOSER C A, KALTON G. Survey methods in social investigation [M]. 2nd ed. London: Heinemann Educational Books, 1971.

PICCHIO M, GIOVANNINI D, MAYER S, et al. Documentation and analysis of children's experience: an ongoing collegial activity for early childhood professionals [J]. Early years, 2012, 32 (2): 159-170.

MENEGHEL I, SALANOVA M, MARTÍNEZ I M. Feeling good makes us stronger: how team resilience mediates the effect of positive emotions on team performance [J]. Journal of happiness studies, 2016, 17 (1): 239-255.

CHRISTENSEN R K, WHITING S W, IM T, et al. Public service motivation, task, and non-task behavior: a performance appraisal experiment with Korean MPA and MBA students [J]. International public management journal, 2013, 16 (1): 28-52.

VAN REKEN R E, RUSHMORE S. Thinking globally when teaching locally [J]. Kappa delta pi record, 2009, 45 (2): 60-68.

WAHLGREN B. Adult educators' core competences [J]. International review of education, 2016, 62 (3): 343-353.

RYCHEN D S, SALGANIK L H. Defining and selecting key competencies [M]. Seattle: Hogrefe & Huber Publishers, 2001.

YU Y. An analysis and implication on core competencies of early childhood teacher between U. S. and Canada [J]. The journal of educational idea, 2011, 25 (2): 153-177.

ZACK M H. Knowledge and strategy [M]. Woburn, WA: Butterworth - Heinemann, 1999.

附　录

附录1：幼儿园教师专业核心素养调查问卷（指标征集）

尊敬的各位老师：

您好！诚挚感谢您参与"幼儿园教师专业核心素养研究"项目的调查研究！该研究力图建构幼儿园教师专业核心素养模型。幼儿园教师核心素养是指幼儿园教师应具备的与岗位要求高度匹配的，满足个体职业发展需求，促进幼儿身心发展，适应社会发展需要的核心、高阶的必备品格与关键能力。为了更好地开展研究，课题组希望您能回答下面的1个问题。您所提供的宝贵意见，将决定幼儿园教师专业核心素养模型的具体指标构成，这对达成预期研究目标至关重要。谢谢您的支持！

一、基本信息

1. 您的性别：
A. 女　　　　　　　　　　　　B. 男

2. 您的年龄：
A. 20岁以下　　B. 20—40岁　　C. 41—60岁　　D. 60岁以上

3. 您在幼儿园的教龄：

A. 3 年以下　　　B. 3—10 年　　　C. 11—20 年　　　D. 20 年以上

4. 您的最高学历：

A. 硕士研究生及以上　　　　　B. 本科

C. 大专　　　　　　　　　　　D. 高中及以下

5. 您的职称：

A. 正高级　　　B. 高级　　　C. 一级　　　D. 二级

E. 三级　　　　F. 未定级

6. 您所在幼儿园的性质：

A. 公办　　　　　　　　　　　B. 民办

二、问题

结合自身工作实际体会，您认为幼儿园教师最应具备的"专业核心素养"是什么？回答不限定个数，建议用概括性较强的短语表述。

问卷至此结束，谢谢您的配合！

"幼儿园教师专业核心素养研究"课题组

2020 年 5 月 22 日

附录2："幼儿园教师专业核心素养研究"专家预访谈提纲

一、指导语

尊敬的专家您好！感谢您担任"幼儿园教师专业核心素养研究"项目的咨询专家！鉴于您在学前教育领域特别是幼儿园教师专业发展领域研究的卓越成就，您将作为从 38 位德尔菲专家中遴选出的 5 位最权威专家之一，接受本次预访谈。您在本次预访谈中提供的宝贵意见，对达成预期研究目标至关重要。为了便于您提前了解该研究的基本情况，**已经给您发送了《幼儿园教师专业核心素养研究概况》，请您在回答下列问题前完成阅读。**

本次预访谈将重点围绕前期通过文献研究、内容分析、问卷调查等初步形成的幼儿园教师专业核心素养的 35 个指标设置的层次、结构、数量的合理性和科学性听取您的意见，访谈也会部分涉及您对本研究的基本看法。

如果您不介意，在访谈过程中会进行笔录和录音。本次预访谈及随后的正式专家咨询所获得的资料均仅用于本研究，不公开专家姓名，特此承诺和说明。如果您没有其他问题，我们就开始谈话。

二、实施访谈

1. 【关于研究设计】您是否认同《幼儿园教师专业核心素养研究概况》

中所提到的35个核心素养指标产生的过程和方法？您有什么完善的建议？

2.【关于指标层级】在对该模型进行优化的过程中，幼儿园教师专业核心素养要体现素养中的"核心"地位，既然是核心，指标的层级就不应该太多，核心素养的一级指标应该直击"核心"、直达"关键"，您认为最多设几个层级合适？

3.【关于指标数量】您认为最终的幼儿园教师专业核心素养指标数在什么范围合适？

4.【关于模型结构】根据已有相关理论框架，教师素养一般涵盖知识、能力、态度和动机4个维度，您认为一级指标是沿用上述较为传统和全面的4个维度结构，还是为了突出态度、动机的重要地位而将知识与能力合并，建构"知识能力、情感态度、动机特质"3个维度的结构？

5.【关于具体指标】已有的35个指标，是否有足够的代表性、覆盖面，是否和幼儿园教师岗位需求密切结合，是否为比较关键、核心的指标？

6.【关于指标补充】除了上述35个指标之外，您是否还有需要补充的幼儿园教师专业核心素养指标？

7.【关于后续研究】您对本研究已经进行的和后续的工作还有什么意见和建议？

本次访谈结束，感谢您的支持与配合！

附录3:"幼儿园教师专业核心素养研究"专家咨询表(第一轮)

尊敬的专家:

您好!诚挚感谢您在百忙之中担任"幼儿园教师专业核心素养研究"项目的咨询专家!本研究意图通过德尔菲法(即专家访谈法,预计需进行三轮)建构幼儿园教师专业核心素养模型。课题组从理论、政策、实践3个领域已经建构由3个一级指标、35个二级指标构成的幼儿园教师专业核心素养模型,并对每个指标进行了描述性定义。请您对问卷中所列举的一级指标、二级指标的重要性程度进行判断,在相应的等级画"√";对指标的修改意见,请填写在表格最后一行。

为了便于您提前了解本研究的基本情况,请您在回答下列问题前阅读"补充说明"。您所提供的宝贵意见,将决定幼儿园教师专业核心素养模型的结构和具体指标,这对达成预期研究目标至关重要。谢谢您的支持!

补充说明:

1. 幼儿园教师核心素养是指幼儿园教师应具备的与岗位要求高度匹配的,满足个体职业发展需求,促进幼儿身心发展,适应社会发展需要的核心、高阶的必备品格与关键能力。

2. 遴选原则有两条。①专业性。幼儿园教师专业核心素养具有鲜明的幼儿园教师专业特征和岗位特征,不同于公民公共素养(如文化基础、自主发展、社会参与等),也不同于大中小学教师所需具备的一般教师职业素养

(如文化素养、语言表达等），应体现幼儿园教师工作任务的专业性和独特性。②高阶性。核心素养是教师若干素养中的"高级素养"，是稳定的、共同的关键素养，是"量少质精""以少胜多"的素养，不是基础素养。

"幼儿园教师专业核心素养研究"课题组
2021 年 9 月 16 日

一、基本信息

1. 就职单位：A. 高等院校　B. 幼儿园　C. 研究院（所）　D. 其他_____
2. 教（工）龄：A. 10 年以下　B. 10—20 年　C. 21—30 年　D. 30 年以上
3. 学历：A. 博士　B. 硕士　C. 本科及以下
4. 职称：A. 正高级　B. 副高级　C. 中级　D. 初级
5. 获得省级及以上业务荣誉：A. 教学名师　B. 学科带头人　C. 教学能手　D. 骨干教师　E. 其他_____

二、指标重要性评价

表 1　一级指标重要性程度评价表

序号	一级指标	指标含义	重要性（画√）				
			不重要	不太重要	一般	比较重要	非常重要
1	儿童本位	对促进幼儿身心发展有积极的态度和行为，关爱、理解、保护、尊重和支持幼儿，以幼儿的发展为幼儿园教师职业行为的出发点、落脚点和评价标准					

续表

序号	一级指标	指标含义	重要性（画√）				
			不重要	不太重要	一般	比较重要	非常重要
2	专业知能	具备幼儿园保育、教育方面的相关知识及教学智慧，以及实践反思、沟通合作等方面的专业能力和艺术					
3	职业信念	遵守教育法律法规，具有良好的幼儿园教师职业道德，认同幼儿园教师职业，热爱学前教育事业，积极进取，追求卓越，具有终身学习与持续发展的意识和能力					

您的修改意见：

表2　二级指标重要性程度评价表

一级指标	题号	二级指标	指标含义	重要性（画√）				
				不重要	不太重要	一般	比较重要	非常重要
儿童本位	1	关爱儿童	热爱幼儿，对幼儿富有爱心、责任心、耐心和细心					
	2	理解儿童	了解幼儿的生活方式、学习方式和年龄特征，承认、尊重幼儿发展的个体差异，以幼儿为核心立场开展工作					
	3	尊重儿童	以亲切、尊重的态度积极主动地与幼儿交往，构建平等、和谐的师幼关系					
	4	保护儿童	保障幼儿的发展权、受教育权、游戏权、隐私权等免受侵害					

续表

一级指标	题号	二级指标	指标含义	不重要	不太重要	一般	比较重要	非常重要
专业知能	5	支持儿童发展	为幼儿的身心健康发展创造良好的条件，并提供适宜的支持策略					
	6	沟通合作	用符合幼儿年龄特点的语言进行保教工作，能够与同事分享、合作、交流，与家长有效地沟通、合作，共同促进团队目标的达成					
	7	专业成长能力	有明确的职业发展规划，能够不断加强专业学习，促进专业知识、能力与情感的持续发展					
	8	保教知识	了解、熟悉幼儿发展相关知识，掌握婴幼儿保育、教育、教学的相关知识、基本方法和策略，注重知识的联系与整合					
	9	保教能力	科学规划幼儿在园一日生活，创设环境，设计、组织、实施和评价幼儿园教育教学活动，支持与引导幼儿的游戏活动，具有观察幼儿、与幼儿谈话并能记录与分析的能力					
	10	领域素养	掌握幼儿健康、语言、社会、科学、艺术等领域教育的基本知识和方法，理解幼儿园各领域教育之间的联系，注重领域之间的渗透与整合					
	11	反思意识	具有一定的反思和创新意识，掌握教育教学反思的基本方法和策略，能运用批判性思维方法分析和解决问题，改进保教工作					
	12	行政能力	教师在教育实践中具有组织力、协调力、沟通力、理解力、执行力，以及大局意识、责任意识等					
	13	探究实践	针对保教工作中的现实需要与问题进行探索、研究和改进					

续表

一级指标	题号	二级指标	指标含义	重要性（画√）				
				不重要	不太重要	一般	比较重要	非常重要
专业知能	14	终身学习	具有终身学习与专业发展意识，学习先进学前教育理念，了解国内外学前教育改革发展动态，及时更新知识结构					
	15	信息技术	注意借助信息技术改进教育教学活动的形式并丰富教育教学内容，能够熟练实现办公自动化，能适应信息技术革新对工作、学习和生活带来的挑战					
	16	通识素养	具备一定的自然科学和人文社会科学知识					
	17	家园共育	掌握家长工作的基本方法和途径，能与家长进行有效的沟通与合作，能调动家庭、社区等资源参与幼儿园教育					
	18	创新能力	具有一定的创新意识和创新思维，大胆开展保教实践的改革和行动研究					
	20	课程发展	具有幼儿园课程的生成能力，能对优秀的课程方案加以理解与转化，对课程的实施过程进行优化与创造					
	21	随机教育智慧	能自觉、灵活地运用专业知识与能力，具有机智、有效应对实践性问题的综合能力与品质					
	24	班级管理	建立班级秩序与规则，合理规划、利用时间与空间，营造良好的班级氛围，建立积极的同伴关系和师幼关系					
	30	艺术素养	具有相应的艺术欣赏和表现的知识与能力					
	31	观察评价儿童	习惯关注幼儿日常表现，乐于倾听、积极对话，善于发现和赏识幼儿的发展和进步					
	32	研究能力	了解国内外学前教育改革发展动态，参与各类科研活动，获得了解幼儿和研究幼儿的方法与体验					

续表

一级指标	题号	二级指标	指标含义	重要性（画√）				
				不重要	不太重要	一般	比较重要	非常重要
专业知能	33	实践反思	在日常学习和教育实践过程中不断积累，提升问题解决水平，促进理论与实践的双向转化与生成					
	34	实践体验	具有观摩、参与、研究学前教育实践的经验					
	35	综合育人	理解环境的教育价值，重视在园一日生活和园所文化对幼儿身心发展的意义，能充分开发和利用幼儿园、家庭和社区各种资源，全面育人					
职业信念	19	认同职业	拥有职业理想，认同幼儿教师工作的专业性和独特性					
	22	敬业精神	全身心投入学前教育事业，在忘我地付出和奉献中产生归属感、荣誉感和成就感					
	23	热心从教	热爱并忠诚于学前教育事业，乐于从事幼儿园教师职业，积极做幼儿成长的引路人					
	25	恪守师德	能够在教育实践中严守教师职业道德规范，恪守《新时代幼儿园教师职业行为十项准则》，依据《幼儿园工作规程》《幼儿园教育指导纲要（试行）》《3—6岁儿童学习与发展指南》等科学地开展保教活动					
	26	儿童立场	对促进幼儿身心发展持有积极的态度和行为，关爱、理解、保护、尊重和支持幼儿，以幼儿的发展为自身职业行为的出发点、落脚点和评价标准					
	27	遵守法律	能够遵守教育法律法规在内的各项国家法律法规，依法执教					
	28	职业理想	对所从事的幼儿园教师职业有持续发展的规划和愿景					
	29	积极人格	拥有乐观向上、积极进取、热情开朗的人格特征，表现出高乐群性、兴奋性、敢为性、敏感性及低怀疑性，希望在工作中更好地完成任务，追求自我的不断完善					

续表

一级指标	题号	二级指标	指标含义	重要性（画√）			
				不重要	不太重要	一般	比较重要	非常重要

您的修改意见：

三、"最重要"指标选择

请从以上35个二级指标中，选出您认为"最重要"的幼儿园教师专业核心素养指标_____【多选题】

四、重要性判断依据和对调查内容的熟悉程度

您对以上指标的判断依据及其影响程度：

判断依据 \ 影响程度	大	中	小
实践经验			
理论分析			
国内外研究			
直观感觉			

您对调查内容的熟悉程度：

熟悉程度	特别熟悉	比较熟悉	一般熟悉	不太熟悉	不熟悉
专家自述					

本轮问卷到此结束，感谢您的支持！

附录 4："幼儿园教师专业核心素养研究"专家咨询表（第二轮）

尊敬的专家：

您好！诚挚感谢您在百忙之中担任"幼儿园教师专业核心素养研究"项目的咨询专家！我们综合上一轮各位专家的意见后，修订了 1 个一级指标，删除、合并了 20 个二级指标。现邀请您对本轮 3 个一级指标、15 个二级指标的重要性程度进行判断；对指标的修改意见，请填写在表格最后一行。

为了便于您熟悉本研究的基本情况，您可在回答下列问题前阅读"补充说明"。您所提供的宝贵意见，将决定幼儿园教师专业核心素养模型的结构和具体指标，这对达成预期研究目标至关重要。谢谢您的支持！

补充说明：

1. 幼儿园教师核心素养是指幼儿园教师应具备的与岗位要求高度匹配的，满足个体职业发展需求，促进幼儿身心发展，适应社会发展需要的核心、高阶的必备品格与关键能力。

2. 遴选原则有两条。①专业性。幼儿园教师专业核心素养具有鲜明的幼儿园教师专业特征和岗位特征，不同于公民公共素养（如文化基础、自主发展、社会参与等），也不同于大中小学教师所需具备的一般教师职业素养（如文化素养、语言表达等），应体现幼儿园教师工作任务的专业性和独特性。②高阶性。核心素养是教师若干素养中的"高级素养"，是稳定的、共同的关键素养,是"量少质精""以少胜多"的素养,不是基础素养。

"幼儿园教师专业核心素养研究"课题组

2021 年 9 月 30 日

一、基本信息

1. 就职单位:A. 高等院校　B. 幼儿园　C. 研究院(所)
　　　　　　D. 其他_____
2. 教(工)龄:A. 10 年以下　B. 10—20 年　C. 21—30 年　D. 30 年以上
3. 学历:A. 博士　B. 硕士　C. 本科及以下
4. 职称:A. 正高级　B. 副高级　C. 中级　D. 初级
5. 获得省级及以上业务荣誉:A. 教学名师　B. 学科带头人　C. 教学能手
　　　　　　　　　　　　　D. 骨干教师　E. 其他_____

二、指标重要性评价

表 1　一级指标重要性程度评价表

序号	一级指标	指标含义	重要性(画√)				
			不重要	不太重要	一般	比较重要	非常重要
1	儿童立场	以幼儿的发展为幼儿园教师职业行为的出发点、落脚点和评价标准,能够关爱、理解、保护、尊重幼儿并支持其发展					
2	专业知能	具备幼儿园保育、教育方面的相关知识及教学智慧,以及实践反思、沟通合作等方面的专业能力和艺术					

续表

序号	一级指标	指标含义	重要性（画√）				
			不重要	不太重要	一般	比较重要	非常重要
3	职业信念	遵守教育法律法规，具有良好的幼儿园教师职业道德，认同幼儿园教师职业，热爱学前教育事业，积极进取，追求卓越，具有终身学习与持续发展的意识和能力					
您的修改意见：							

表2　二级指标重要性程度评价表

一级指标	序号	二级指标	指标含义	重要性（画√）				
				不重要	不太重要	一般	比较重要	非常重要
儿童立场	1	关爱儿童	热爱幼儿，对幼儿富有爱心、责任心、耐心和细心					
	2	理解儿童	了解幼儿的生活方式、学习方式和年龄特征，承认、尊重幼儿发展的个体差异，以幼儿为核心立场开展工作					
	3	尊重儿童	以亲切、尊重的态度积极主动地与幼儿交往，构建平等、和谐的师幼关系					
	4	保护儿童	保障幼儿的发展权、受教育权、游戏权、隐私权等免受侵害					

续表

一级指标	序号	二级指标	指标含义	重要性（画√）				
				不重要	不太重要	一般	比较重要	非常重要
专业知能	5	支持儿童发展	为幼儿的身心健康发展创造良好的条件，并提供适宜的支持策略					
	6	沟通合作	用符合幼儿年龄特点的语言进行保教工作，能够与同事分享、合作、交流，与家长有效地沟通、合作，共同促进团队目标的达成					
	7	专业成长能力	有明确的职业发展规划，能够不断加强专业学习，促进专业知识、能力与情感的持续发展					
	8	保教知识	了解、熟悉幼儿发展相关知识，掌握婴幼儿保育、教育、教学的相关知识、基本方法和策略，理解幼儿园五大领域教育之间的联系，注重领域之间的渗透与整合					
	9	保教能力	科学规划幼儿在园一日生活，创设环境，设计、组织、实施和评价幼儿园教育教学活动，支持与引导幼儿的游戏活动，具有观察幼儿日常表现、与幼儿积极对话并能记录与分析的能力					
	11	实践反思	具有一定的反思和创新意识，掌握教育教学反思的基本方法和策略，在日常学习和教育实践过程中不断积累，不断促进理论和实践的双向转化与生成，改进保教工作，提升解决问题的水平					

续表

一级指标	序号	二级指标	指标含义	重要性（画√）				
				不重要	不太重要	一般	比较重要	非常重要
职业信念	22	敬业精神	全身心投入学前教育事业，在忘我地付出和奉献中产生归属感、荣誉感和成就感					
	23	热心从教	热爱并忠诚于学前教育事业，乐于从事幼儿园教师职业，积极做幼儿成长的引路人					
	25	恪守师德	能够遵守教育法律法规在内的各项国家法律法规，能够在教育实践中严守教师职业道德规范，恪守《新时代幼儿园教师职业行为十项准则》，依据《幼儿园工作规程》《幼儿园教育指导纲要（试行）》《3—6岁儿童学习与发展指南》等科学地开展保教活动					
	28	职业理想	具有终身学习与专业发展意识，对所从事的幼儿因教师职业有持续发展的规划和愿景					
	29	积极人格	拥有乐观向上、积极进取、热情开朗的人格特征，表现出高乐群性、兴奋性、敢为性、敏感性及低怀疑性，希望在工作中更好地完成任务，追求自我的不断完善					

您的修改意见：

三、"最重要"指标选择

请从以上15个二级指标中，选出您认为"最重要"的幼儿园教师专业核心素养指标＿＿＿＿＿＿＿＿＿＿＿＿＿＿＿＿＿＿＿＿【多选题】

四、重要性判断依据和对调查内容的熟悉程度

您对以上指标的判断依据及其影响程度：

影响程度 判断依据	大	中	小
实践经验			
理论分析			
国内外研究			
直观感觉			

您对调查内容的熟悉程度：

熟悉程度	特别熟悉	比较熟悉	一般熟悉	不太熟悉	不熟悉
专家自述					

本轮问卷到此结束，感谢您的支持！

附录5:"幼儿园教师专业核心素养研究"专家咨询表(第三轮)

尊敬的专家:

您好!诚挚感谢您在百忙之中担任"幼儿园教师专业核心素养研究"项目的咨询专家!我们综合上一轮各位专家的意见后,删除、合并3个二级指标。现邀请您对本轮3个一级指标、12个二级指标的重要性程度进行判断并排序;对指标的修改意见,请填写在表格最后一行。

为了便于您熟悉本研究的基本情况,您可在回答下列问题前阅读"补充说明"。您所提供的宝贵意见,将决定幼儿园教师专业核心素养模型的结构和具体指标,这对达成预期研究目标至关重要。谢谢您的支持!

补充说明:

1. 幼儿园教师核心素养是指幼儿园教师应具备的与岗位要求高度匹配的,满足个体职业发展需求,促进幼儿身心发展,适应社会发展需要的核心、高阶的必备品格与关键能力。

2. 遴选原则有两条。①专业性。幼儿园教师专业核心素养是具有鲜明的幼儿园教师专业特征和岗位特征,不同于公民公共素养(如文化基础、自主发展、社会参与等),也不同于大中小学教师所需具备的一般教师职业素养(如文化素养、语言表达等),应体现出幼儿园教师工作任务的专业性和独特性。②高阶性。核心素养是教师若干素养中的"高级素养",是稳定的、共同的关键素养,是"量少质精""以少胜多"的素养,不是基础素养。

"幼儿园教师专业核心素养研究"课题组

2021 年 10 月 17 日

一、基本信息

1. 就职单位：A. 高等院校　B. 幼儿园　C. 研究院（所）

　　　　　D. 其他＿＿＿＿＿＿＿＿＿

2. 教（工）龄：A. 10 年以下　B. 10—20 年　C. 21—30 年　D. 30 年以上

3. 学历：A. 博士　B. 硕士　C. 本科及以下

4. 职称：A. 正高级　B. 副高级　C. 中级　D. 初级

5. 获得省级及以上业务荣誉：A. 教学名师　B. 学科带头人　C. 教学能手

　　　　　　　　　　　　　D. 骨干教师　E. 其他＿＿＿＿＿＿＿＿＿

二、指标重要性评价

表 1　一级指标重要性程度评价表

序号	一级指标	指标含义	重要性（画√）				
			不重要	不太重要	一般	比较重要	非常重要
1	儿童立场	以幼儿的发展为幼儿园教师职业行为的出发点、落脚点和评价标准，能够关爱、理解、保护、尊重幼儿并支持其发展					
2	专业知能	具备幼儿园保育、教育方面的相关知识及教学智慧，以及实践反思、沟通合作等方面的专业能力和艺术					

续表

序号	一级指标	指标含义	重要性（画√）			
			不重要	不太重要	一般	比较重要	非常重要
3	职业信念	遵守教育法律法规，具有良好的幼儿园教师职业道德，认同幼儿园教师职业，热爱学前教育事业，积极进取，追求卓越，具有终身学习与持续发展的意识和能力					

您的修改意见：

表2 二级指标重要性程度评价表

一级指标	序号	二级指标	指标含义	重要性（画√）				
				不重要	不太重要	一般	比较重要	非常重要
儿童立场	1	关爱儿童	热爱幼儿，对幼儿富有爱心、责任心、耐心和细心					
	2	理解儿童	了解幼儿的生活方式、学习方式和年龄特征，承认、尊重幼儿发展的个体差异，以幼儿为核心立场开展工作					
	3	尊重儿童	以亲切、尊重的态度积极主动地与幼儿交往，构建平等、和谐的师幼关系					
	4	保护儿童	保障幼儿的发展权、受教育权、游戏权、隐私权等免受侵害					

续表

一级指标	序号	二级指标	指标含义	重要性（画√）			
				不重要	不太重要	一般	比较重要	非常重要
专业知能	6	沟通合作	用符合幼儿年龄特点的语言进行保教工作，能够与同事分享、合作、交流，与家长有效地沟通、合作，共同促进团队目标的达成					
	8	保教知识	了解、熟悉幼儿发展相关知识，掌握婴幼儿保育、教育、教学的相关知识、基本方法和策略，理解幼儿园五大领域教育之间的联系，注重领域之间的渗透与整合					
	9	保教能力	科学规划幼儿在园一日生活，创设环境，设计、组织、实施和评价幼儿教育教学活动，为幼儿身心健康发展创造良好条件，并提供适宜的策略支持，具有观察幼儿日常表现、与幼儿积极对话并能记录与分析的能力					
	11	实践智慧	在实践场域中自觉、灵活地运用专业知识与能力，通过不断地反思与审视，机智、有效应对实践性问题的策略、能力与品质					

续表

一级指标	序号	二级指标	指标含义	重要性（画√）				
				不重要	不太重要	一般	比较重要	非常重要
职业信念	22	敬业精神	热爱并忠诚于学前教育事业，全身心投入幼儿教育工作，在忘我地付出和奉献中产生归属感、荣誉感和成就感					
	25	恪守师德	能够遵守教育法律法规在内的各项国家法律法规，能够在教育实践中严守教师职业道德规范，恪守《新时代幼儿园教师职业行为十项准则》，依据《幼儿园工作规程》《幼儿园教育指导纲要（试行）》《3—6岁儿童学习与发展指南》等科学地开展保教活动					
	28	职业理想	具有终身学习与专业发展意识，对所从事的幼儿园教师职业有持续发展的规划和愿景					
	29	积极人格	拥有乐观向上、积极进取、热情开朗的人格特征，表现出高乐群性、兴奋性、敢为性、敏感性及低怀疑性，希望在工作中更好地完成任务，追求自我的不断完善					

您的修改意见：

三、指标权重评价

请您评估指标体系中各指标的相对重要程度。

1. 幼儿园教师专业核心素养指标体系中各一级指标的相对重要程度请依据各指标的重要程度排序：＿＿＿＿＿＿

A. 儿童立场　　　B. 专业知能　　　C. 职业信念

2. "儿童立场"包含的各二级指标的相对重要程度

请依据各指标的重要程度排序：_____

①关爱儿童　　②理解儿童　　③尊重儿童　　④保护儿童

3. "专业知能"包含的各二级指标的相对重要程度

请依据各指标的重要程度排序：_____

①沟通合作　　②保教知识　　③保教能力　　④实践智慧

4. "职业信念"包含的各二级指标的相对重要程度

请依据各指标的重要程度排序：_____

①敬业精神　　②恪守师德　　③职业理想　　④积极人格

四、重要性判断依据和对调查内容的熟悉程度

您对以上指标的判断依据及其影响程度：

影响程度 判断依据	大	中	小
实践经验			
理论分析			
国内外研究			
直观感觉			

您对调查内容的熟悉程度：

熟悉程度	特别熟悉	比较熟悉	一般熟悉	不太熟悉	不熟悉
专家自述					

本轮问卷到此结束，感谢您的支持！

附录6：幼儿园教师专业核心素养调查问卷（因子分析）

尊敬的各位老师：

　　您好！诚挚感谢您参与"幼儿园教师专业核心素养研究"项目的调查研究！本研究力图建构幼儿园教师专业核心素养模型。为了更好地开展研究，课题组在前期研究基础上，预先建构出包含3个维度、12个指标的幼儿园教师专业核心素养模型，并对每个指标进行了描述性定义。请您对问卷中所列举的12个指标的重要性程度进行判断。您所提供的宝贵意见，将决定幼儿园教师专业核心素养模型的结构和具体指标，这对达成预期研究目标至关重要。谢谢您的支持！

补充说明：

　　1. 幼儿园教师核心素养是指幼儿园教师应具备的与岗位要求高度匹配的，满足个体职业发展，促进幼儿身心发展，适应社会发展需要的核心、高阶的必备品格与关键能力。

　　2. 遴选原则。①专业性。幼儿园教师专业核心素养是具有鲜明的幼儿园教师专业特征和岗位特征，不同于公民公共素养（如文化基础、自主发展、社会参与等），也不同于大中小学教师所需具备的一般教师职业素养（如文化素养、语言表达等），应体现幼儿园教师工作任务的专业性和独特性。②高阶性。核心素养是教师若干素养中的"高级素养"，是稳定的、共同的关键素养，是"量少质精""以少胜多"的素养，不是基础素养。

"幼儿园教师专业核心素养研究"课题组

2021年12月11日

一、基本信息

1. 您的性别：

A. 女　　　　　　　　　　B. 男

2. 您的年龄：

A. 20 岁以下　　B. 20—40 岁　　C. 41—60 岁　　D. 60 岁以上

3. 您的职务：

A. 主班教师

B. 副（配）班教师

C. 保教主任/教研主任等中层领导

D. 园长/副园长等园级领导

E. 与业务相关的其他人员

4. 您的最高学历：

A. 硕士研究生及以上　　　　B. 本科

C. 大专　　　　　　　　　　D. 高中及以下

5. 您的职称：

A. 正高级　　B. 高级　　C. 一级　　D. 二级

E. 三级　　F. 未定级

6. 您在幼儿园的教龄：

A. 3 年以下　　B. 3—10 年　　C. 11—20 年　　D. 20 年以上

7. 您是否获得过市级及以上教学名师/学科带头人/教学能手/骨干等荣誉称号？

A. 是　　　　　　　　　　B. 否

8. 您所在幼儿园的性质：

A. 公办　　　　　　　　　　B. 民办

9. 您所在单位的省份：_____

二、指标重要性评价

表1 指标重要性程度评价表（针对A1-C4指标）

维度	指标	指标含义	重要性（画√）				
			不重要	不太重要	一般	比较重要	非常重要
A 儿童立场	A1 关爱儿童	热爱幼儿，对幼儿富有爱心、责任心、耐心和细心					
	A2 理解儿童	了解幼儿的生活方式、学习方式和年龄特征，承认、尊重幼儿发展的个体差异，以幼儿为核心立场开展工作					
	A3 尊重儿童	以亲切、尊重的态度积极主动地与幼儿交往，构建平等、和谐的师幼关系					
	A4 保护儿童	保障幼儿的发展权、受教育权、游戏权、隐私权等免受侵害					
B 专业知能	B1 沟通合作	用符合幼儿年龄特点的语言进行保教工作，能够与同事分享、合作、交流，与家长有效地沟通、合作，共同促进团队目标的达成					
	B2 保教知识	了解熟悉幼儿发展相关知识，掌握婴幼儿保育、教育、教学的相关知识、基本方法和策略，理解幼儿园五大领域教育之间的联系，注重领域之间的渗透与整合					
	B3 保教能力	科学规划幼儿在园一日生活，创设环境，设计、组织、实施和评价幼儿园教育教学活动，为幼儿身心健康发展创造良好条件，并提供适宜的策略支持，具有观察幼儿日常表现、与幼儿积极对话并能记录与分析的能力					

续表

维度	指标	指标含义	不重要	不太重要	一般	比较重要	非常重要
B 专业知能	B4 实践智慧	在实践场域中自觉、灵活地运用专业知识与能力，通过不断地反思与审视，机智、有效应对实践性问题的策略、能力与品质					
C 职业信念	C1 敬业精神	热爱并忠诚于学前教育事业，全身心投入幼儿教育工作，在忘我地付出和奉献中产生归属感、荣誉感和成就感					
	C2 恪守师德	能够遵守教育法律法规在内的各项国家法律法规，能够在教育实践中严守教师职业道德规范，恪守《新时代幼儿园教师职业行为十项准则》，依据《幼儿园工作规程》《幼儿园教育指导纲要（试行）》《3—6岁儿童学习与发展指南》等科学地开展保教活动					
	C3 职业理想	具有终身学习与专业发展意识，对所从事的幼儿教师职业有持续发展的规划和愿景					
	C4 积极人格	拥有乐观向上、积极进取、热情开朗的人格特征，表现出高乐群性、兴奋性、敢为性、敏感性及低怀疑性，希望在工作中更好地完成任务，追求自我的不断完善					

问卷到此结束，感谢您的支持！

后　　记

　　黑格尔在《逻辑学》第二版序言中说过："一本属于现代世界的著作，所要研究的是更深的原理、更难的对象和范围更广的材料，就应该让作者有自由的闲暇作七十七遍的修改才好。"① 在这一点上，笔者内心甚为惭愧，总是遗憾留给书稿修改的时间不够充分。尽管"七十七遍"修改任务依然艰巨，但是我深知，必须要腾出一个相对完整的时间，来回顾、总结本书的撰写过程。

　　回首求学历程，从1997年踏入陕西师范大学攻读本科，到2005年读硕士，再到2022年完成博士学业，我已经在这所美丽的校园跨越了25个年头。在这所孕育着西部红烛精神的大学读书，是我一辈子的荣光。感谢我的母校——陕西师范大学！

　　在这所学校，遇到恩师陈鹏教授是我一辈子的幸运。陈老师对学生既有专业而睿智的学术引领，也有正义善良的品格影响，更有温暖亲切的生活关照。从研究选题到成文，陈老师字斟句酌、精益求精。陈老师为我的专著撰写的序言更是充满了鼓励，鞭策我在教育研究的道路上坚定信心、迎难而上。他还在我工作中遇到困惑时给予减压和纾解。在陈老师的谆谆教诲下，我逐步从教育学的门外汉成长为赶路人；在陈老师的人格影响下，我不断体会并建构自己的"师者"概念，力争做一名学生心目中的"好老师"。感恩这改

---

① 黑格尔. 逻辑学：上卷［M］. 杨一之, 译. 北京：商务印书馆, 1966：21.

变我一生的美好相遇，感恩陈老师对我的亲切指导、殷切期望和关爱呵护，我会且行且珍惜。谢谢您，我的恩师陈老师！

感谢悉心指导本书撰写的可亲可敬的郝文武教授、栗洪武教授、司晓宏教授、胡卫平教授。感谢在本研究论证过程中予以悉心指导的陆根书教授、孙华教授、赵微教授、王庭照教授、张旸教授。感谢在我写作过程中予以倾力支持的祁占勇教授、龙宝新教授、段海军教授。感谢关心、鼓励并悉心指导我的程秀兰教授、李少梅教授、王鹏炜教授、杨聚鹏副教授、冯加渔副教授、李威博士。感谢师门孙宏恩、张春海、刘璞、梁鹤、王雅荔、曾庆玫、冯东、路娟、张鹤、田虎、王君妍、李莹、康韩笑，你们都曾在我的求学生涯中带给我欢乐、感动和帮助。还要感谢博士同学黄润榕、徐静、姚晓鸽、雒强、敖永前、高文涛、洪松松，感谢你们的陪伴与支持。

时常回味起和台湾成功大学许育典教授在长安和嘉南相聚的欢乐时刻，以及他随时随处都会进行的学习指导和人格影响。每当我因书稿写作毫无进展而灰心丧气时，总会翻起许老师从台湾远途带来送我的专著《教育法》，书中开篇的"人，没有教育，难得未来"，总是能深深地触动我，让我鼓起勇气继续完成我应该完成的任务。

感谢福建师范大学丁海东教授、北京师范大学刘焱教授、中国教育科学研究院刘占兰研究员和易凌云研究员在选题和研究过程中的专业指导。

感谢帮我填写并转发问卷的校友、朋友和学友，让我得以在数小时内回收问卷超过1000份。

感谢接受德尔菲咨询的30余位省内外专家，是你们的智慧成就了本研究。

感谢西安文理学院的领导和同仁对我的呵护、支持和鼓励！

最后一个感谢，送给我的父母妻儿。父亲是一名老党员、老教师，一直是我的学习榜样和精神支柱，他通过自身的勤奋和努力不仅改变了自己和家庭的命运，也不断地激励我进步和成长；母亲是一位善良、贤惠、勤朴的传统女性，虽未接受过高等教育，却无比重视对我的教育。父母不仅给了我生命，也呵护和温暖了我的学术道路。特别感谢我的妻子，在我工作和学业双重交织的繁忙时刻，默默承担家庭的重担、对儿子的教养和对我的悉心照顾。儿子则时常用自己的语言提醒、督促我。妻儿的期盼给了我坚持的勇气和力量。

陪伴太少，遗憾太多，唯有努力，方得安心。

后记仅是一篇小文，感恩却是一辈子的主题。眼里含着泪、心中带着爱，"在时间的断层中踽踽走向过去和未来"①。

2022 年 5 月 22 日

---

① 雅斯贝尔斯. 什么是教育 [M]. 邹进, 译. 北京：生活·读书·新知三联书店, 1991：41.

出 版 人　郑豪杰
责任编辑　杨　阳
版式设计　杨玲玲
责任校对　张晓雯
责任印制　叶小峰

图书在版编目（CIP）数据

幼儿园教师专业核心素养研究／蔡军著．—北京：教育科学出版社，2023.4
　ISBN 978-7-5191-3243-9

Ⅰ.①幼…　Ⅱ.①蔡…　Ⅲ.①幼教人员—师资培养—研究　Ⅳ.①G615

中国版本图书馆 CIP 数据核字（2022）第 190810 号

幼儿园教师专业核心素养研究
YOU'ERYUAN JIAOSHI ZHUANYE HEXIN SUYANG YANJIU

出版发行	教育科学出版社			
社　　址	北京·朝阳区安慧北里安园甲 9 号	邮　　编	100101
总编室电话	010-64981290	编辑部电话	010-64989430
出版部电话	010-64989487	市场部电话	010-64989572
传　　真	010-64989419	网　　址	http：//www.esph.com.cn
经　　销	各地新华书店		
制　　作	北京金奥都图文制作中心		
印　　刷	保定市中画美凯印刷有限公司		
开　　本	720 毫米×1020 毫米　1/16	版　　次	2023 年 4 月第 1 版
印　　张	14.75	印　　次	2023 年 4 月第 1 次印刷
字　　数	205 千	定　　价	48.00 元

图书出现印装质量问题，本社负责调换。